高职高专"十三五"规划教材·智慧港航系列

远洋运输单证

YUANYANG YUNSHU DANZHENG

刘宝森　张明齐　主编

微信扫一扫　　　　　微信扫一扫

教师服务入口　　　　　学生服务入口

南京大学出版社

内容简介

本书是基于 2017 年天津市提升办学能力建设项目"港口与航运管理专业"而建设的优质教材。本书结合港航行业发展新动向，充分吸收行业专家的经验，致力于帮助港航与物流相关专业的大学生提升港航与物流专业的知识与技能。

本书采用任务单形式编撰而成，主要分为出口篇、进口篇和附录（远洋运输常用空白单据及外贸常用英文词汇），重点阐述了外贸合同、信用证、商业发票、装箱单、货运委托书、海上货物运输保险单、海运提单、汇票等行业内常用单据的缮制及操作。

本书内容简洁，逻辑清晰，具有极强的可读性、易用性和实践性，适合高职高专港航与物流专业的教学及相关从业人员的培训。

图书在版编目（CIP）数据

远洋运输单证 / 刘宝森，张明齐主编. -- 南京：南京大学出版社，2018.4
高职高专"十三五"规划教材. 智慧港航系列
ISBN 978-7-305-20082-3

Ⅰ. ①远… Ⅱ. ①刘… ②张… Ⅲ. ①远洋运输—原始凭证—高等职业教育—教材 Ⅳ. ①F550.74

中国版本图书馆 CIP 数据核字(2018)第 061634 号

出版发行	南京大学出版社
社　　址	南京市汉口路 22 号　　　邮　　编　210093
出 版 人	金鑫荣

书　　名	远洋运输单证
主　　编	刘宝森　张明齐
策划编辑	胡伟卷
责任编辑	胡伟卷　蔡文彬　　　　编辑热线　010-88252319
照　　排	北京圣鑫旺文化发展中心
印　　刷	宜兴市盛世文化印刷有限公司
开　　本	787×1092　1/16　印张 15　字数 375 千
版　　次	2018 年 4 月第 1 版　　2018 年 4 月第 1 次印刷

ISBN 978-7-305-20082-3
定　　价　39.80 元

网　　址：	http://www.njupco.com
官方微博：	http://weibo.com/njupco
微信服务号：	njuyuexue
销售咨询热线：	（025）83594756

前　言

我国最近提出了赋予自由贸易试验区更大改革自主权,探索建设自由贸易港,创新对外投资方式,促进国际产能合作,形成面向全球的贸易、投融资、生产、服务网络,加快培育国际经济合作和竞争新优势。在这一背景下,我国从远洋运输大国正迈向远洋运输强国,航运人面临着新挑战与机遇。值此际遇,我们依据《国务院关于加快发展现代职业教育的决定》(国发〔2014〕19 号)、《高等职业教育创新发展行动计划(2015—2018 年)》(教职成〔2015〕9号)和《交通运输信息化"十三五"发展规划》编写了"智慧港航"丛书,希望本丛书对我国港航产业转型升级有所裨益,更希望借此机会助力"一带一路"的建设与发展。

本书由国内港航企业资深经理人刘宝森和天津海运职业学院张明齐主编。两位编者深入贸易、运输型企业调研取经,还原业务场景,将技能点展现于各个业务环节,遵循"知识点够用即可、技能点多练有益"的原则,以实现高等职业教育培养面向基层、面向服务和管理第一线需要的高等技术应用型人才为目标编写了本书,在内容的选取上强调实用性、针对性。

本书具体编写分工如下:任务二、任务十四至十六、任务二十三至二十五及附录 A 由张馥通负责编写;任务四由周艳负责编写;任务十由张明齐负责编写;任务十一至任务十三及附录 B 由陈静负责编写;任务二十六和二十七由张楠负责编写;其余内容由刘宝森负责编写。

在此特别感谢天津港劳务发展有限公司总经理霍胜春、锦程物流网络技术有限公司总经理李文才、天津克运捷运国际货运代理有限公司刘刚、万嘉集运物流有限公司天津分公司总经理崔秋平。本书在成稿过程中得到以上各位的鼎力支持,在此表示感谢!

由于编者水平有限,书中难免存在疏漏之处,敬请行业专家、同仁及广大读者批评指正。批评意见可发电子邮件至 bosonliu@163.com。

编　者
2018 年 3 月

目　录

第一部分　出口篇

CIF 合同(支付方式为即期信用证)的出口单证业务流程如下。

1) 买卖双方签订合同。

2) 进口方(开证申请人)申请开立信用证,缮制开证申请书。

3) 开证行开出信用证,将信用证传递到通知行。

4) 通知行将信用证传递到出口方(受益人)。

5) 受益人对信用证进行审核。

6) 受益人备货,缮制商业发票、装箱单。

7) 出口商办理出口货物运输手续,缮制海运出口货物委托书。

8) 出口商办理官方认证,申请签发原产地证书。

9) 出口商办理保险手续,缮制投保单,保险公司出具保单。

10) 出口商办理出口货物检验检疫,缮制报检单,申请签发检验检疫证书或出口货物通关单。

11) 出口商办理出口货物报关手续,缮制报关单。

12) 经海关核准放行后,货物装船,获取海运提单,并向进口商发出装运通知。

13) 缮制汇票,向议付行交单结汇。

项目一

出口国际贸易单证

任务一 销售合同认知

知识目标

1. 了解销售合同的结构。
2. 掌握销售合同的主要条款。

能力目标

1. 能看懂销售合同。
2. 能缮制销售合同。

任务引入

2018年4月初,天津知学国际贸易有限公司外销员经过与韩国三永贸易公司采购人员的艰苦谈判,达成了9 600件纯棉男士T恤衫的出口意向并签订了销售合同,号码18KR0402。

一、销售合同的结构

1. 约首

约首部分包括文件名称(如销售合同)、合同号码、合同签订日期、卖方、买方等信息。除了文件名称是印就内容以外,其他4项内容是随着国际贸易内容的变化而随时更新的。此外,约首部分印就的条款大意为"此合同由(此后称为卖方)与(此后称为买方)商定签署。根据以下列明的条款和条件,卖方同意销售、买方同意购买以下商品"。

2. 正文

正文属于合同的核心部分,其内容包括品名及规格、包装、数量、单价、总金额等,以表格形式呈现。

3. 约尾

约尾部分包括运输条款、保险条款、付款条款、佣金约定、双方签字等内容。运输条款中关于唛头的条款大意为"装运唛头：由卖方设计，若买方有特殊要求，须在实际装货日 10 天前书面告知卖方并征得卖方同意"。需要说明的是，合同印就的争议处理条款、索赔条款、免责条款等内容因很少使用未被本书收录。

英文版与中英文对照版销售合同分别如图 1-1、图 1-2 所示。

SALES CONTRACT

No. :18KR0402
Date：Apr. 02 ,2018

THIS CONTRACT IS MADE BY AND BETWEEN Tianjin Zhixue Trading Co.,Ltd. (HEREINAFTER CALLED THE SELLERS) AND M/S. Samyung Trading Co.,Ltd. (HEREINAFTER CALLED THE BUYERS) ；WHEREBY THE SELLERS AGREE TO SELL AND THE BUYERS AGREE TO BUY THE UNDERMENTIONED GOODS ACCORDING TO THE TERMS AND CONDITIONS AS STIPULATED BELOW：

COMMODITY AND SPECIFICATION	PACKING	QUANTITY	UNIT PRICE	AMOUNT
100% Cotton Men's T-shirt S ~ XXL Size	24pcs net in each carton	9,600 pcs	CIF Busan USD8. 25/pc	Total CIF Busan USD79 ,200. 00 ============

(SAY)US DOLLARS：SEVENTY NINE THOUSAND AND TWO HUNDRED ONLY.

SHIPPING MARKS：TO BE DESIGNATED BY THE SELLERS, IN CASE THE BUYERS DESIRE TO DESIGNATE THEIR OWN SHIPPING MARKS. THE BUYERS MUST ADVISE THE SELLERS ACCORDINGLY 10 DAYS BEFORE LOADING AND OBTAIN THE SELLERS' CONSENT.

INSURANCE：COVERED PICC ALL RISKS AND WAR RISKS FOR 110% OF THE INVOICE VALUE

PORT OF SHIPMENT：XINGANG CHINA

PORT OF DESTINATION：BUSAN KOREA

TIME OF SHIPMENT：BEFORE THE END OF MAY 2018

TERMS OF PAYMENT：L/C 60 DAYS

COMMISSION AMOUNT：N/A

Seller
=======

Buyer
=======

图 1-1　英文版销售合同

销售合同
SALES CONTRACT

No. (号)：
Date(日期)：

THIS CONTRACT IS MADE BY AND BETWEEN (HEREINAFTER CALLED THE SELLERS) AND (HEREINAFTER CALLED THE BUYERS)；WHEREBY THE SELLERS AGREE TO SELL AND THE BUYERS AGREE TO BUY THE UNDERMENTIONED GOODS ACCORDING TO THE TERMS AND CONDITIONS AS STIPULATED BELOW：

此合同由(此后称为卖方)与(此后称为买方)商定签署。根据以下列明之条款和条件，卖方同意销售、买方同意购买以下商品。

COMMODITY AND SPECIFICATION 品名及规格	PACKING 包装	QUANTITY 数量	UNIT PRICE 单价	AMOUNT 总金额

图 1-2　中英文对照版销售合同

（SAY）US DOLLARS（美元总计）：

SHIPPING MARKS：TO BE DESIGNATED BY THE SELLERS，IN CASE THE BUYERS DESIRE TO DESIGNATE THEIR OWN SHIPPING MARKS. THE BUYERS MUST ADVISE THE SELLERS ACCORDINGLY 10 ADYS BEFORE LOADING AND OBTAIN THE SELLERS'CONSENT.

装运唛头：由卖方设计，若买方有特殊要求，需在实际装货日10天前书面告知卖方并征得卖方同意。

INSURANCE（保险）：

PORT OF SHIPMENT（装货港）：

PORT OF DESTINATION（目的港）：

TIME OF SHIPMENT（装期）：

TERMS OF PAYMENT（支付条款）：

COMMISSION AMOUNT（佣金）：

Seller（卖方）　　　　　　　　　　　　　　　　　Buyer（买方）

========　　　　　　　　　　　　　　　　　　　========

图1-2（续）

二、销售合同的主要条款

1. 品名及规格

品名指商品名称；规格是对商品的具体限定。不同类型商品的规格限定具有不同特点。图1-1合同所列100% Cotton Men's T-shirt S～XXL Size（纯棉男士T恤衫尺码小号至特大号），即商品名为T恤衫；规格为纯棉、男士、小号至特大号。

参考以下资料加深对"品名及规格"的理解。

例如，液晶电视机43E（43英寸）；滴滴涕杀虫剂95%（有效成分浓度95%）；L码红色纯毛女式开衫（尺码、颜色、材质）；PZM-1型手持式电动木工锯（型号、使用方法、工作原理、用途等）。

试着分别列出上述品名，再列出对应的规格。

做一做

请你举出与日常生产、生活相关的例子，填写表1-1。

表1-1　品名及规格举例

序　号	品　名	规　格	规格划分依据
1（示例）	铅笔	2B	铅的硬度
2			
3			
4			

2. 包装

这里特别需要强调的是分清零售包装与运输包装。一桶牙膏，我们真正购买的是可以刷牙的膏状部分，牙膏桶就是"零售包装"，印有品牌的纸盒也是零售包装。而牙膏从厂家运往商店时使用的瓦楞纸板箱,才是"运输包装",一般消费者往往看不到。通常一个运输包装内包含多个零售商品,也包含了多个零售包装。

运输包装的定义:外形独立、可单独搬运计件、保护产品的外部包装。常见的有桶、箱、包、袋等。可根据内装货物的性状、重量不同而采用不同材质。

合同中的包装栏目,需要列明每个运输包装中包含具体多少数量的商品。常见的包装类型请参考表1-2。

表1-2 常见运输包装类型

代 码	中 文	英 文
1	木箱	wooden case
2	纸箱	carton
3	桶装	drums
4	散装(裸装)	break bulk
5	托盘	pallet
6	包、袋	bale,bag
7	其他	Others

想一想

出口东北五常稻米,规格为 2.5 kg／听、4 听／纸箱、16 纸箱／托盘。你可以分清楚零售包装与运输包装吗?

3. 计量单位

根据产品类型不同,计量单位也不相同。买绳子、电线论长度,如 m;买布料、液晶屏幕论面积,如 m^2;买机动车、自行车论辆;买活动物论头、只;买粮食或其他原料论重量,如 kg;买天然气论体积,如 m^3;买罐头论听;买工业制成品论个、打(每12个为一打);买鞋袜论双;买酒论瓶,等等。

做一做

请将合理的计量单位填入表1-3的空白栏目中。

表1-3 4种不同计量单位下的商品

序 号	品 名	计量单位
1	山羊皮	
2	1.5 英寸木工螺丝	
3	联想笔记本电脑	
4	装修用大理石瓷砖	

4. 单价中的国际贸易术语

根据 2011 年 1 月 1 日起实施的国际贸易术语解释通则 2010（INCOTERMS 2010）解释，11 种贸易术语为：EXW，FAS，FOB，CFR，CIF，FCA，CPT，CIP，DAT，DAP，DDP。

其中，海运最常使用的贸易术语有 FOB，CFR，CIF，与之分别对应的适合于任何运输方式（包括多式联运）的贸易术语有 FCA，CPT，CIP。

国际贸易合同的单价栏目，切忌只写价格而忽略国际贸易术语。因为，同样的售价，因贸易术语的改变而使得原本赚钱的生意变得少赚，甚至赔钱。此外，币制也是重要因素，不得忽略。

5. 装运唛头

运输包装上印刷的一些文字与图案共同组成唛头，可以为运输仓储人员起到提示作用。通常包括收货人、目的地、运输包装件数、原产地、合同编号、货号等信息。一定要注意装运唛头与警示性标志的区别。

6. 装运条款

① 运输方式。可选择海运、公路运输、铁路运输、航空运输、多式联运等。

② 装运港。多为货物所在地出口国家的港口或机场。

③ 卸货港。多为货物输出地进口国家的港口或机场。

④ 最晚装运期限。约定最晚不得迟于某年某月某日，或者规定一个时间段内出运均可。

⑤ 可否分批装运。允许或者禁止。

⑥ 可否转船运输。允许或者禁止。

7. 国际贸易收付汇方式

这是指用哪种方法支付货款。常用的方法有信用证 L/C、托收 D/P、电汇 T/T 等。

知识拓展

1. 常用币制表达法

币制又称币种，即一个国家或地区通行的货币名称。例如，中国货币为人民币、美国使用的货币是美元等。国际贸易货款及远洋运输运费一般使用美元结算。常用币制如表 1-4 所示。

表 1-4　常用币制一览

序　号	币制符号	币制名称
1	USD	美元
2	CNY	人民币
3	EUR	欧元
4	HKD	港币

2．常用英语数字表达法

有时候一些数字的表达,除了使用阿拉伯数字之外,还需要用文字描述。例如,我们消费了人民币 65 元,财务单据上面除了写明"65"之外,还有以下描述:"总计人民币陆拾伍元整"。这是符合财务规定的做法,同时可以不给别有用心的人篡改单据留下可乘之机。大家需要具备用文字描述数字的能力,无论中文还是英文。

例如,如果合同金额是 USD 65,正确的文字描述为"总计美元陆拾伍元整",对应的英文描述为 Total USD Sixty Five only。

英文的计数方法是小数点前每隔 3 位加一个逗号。例如,1 000 写成 1,000;10 000 写成 10,000,也就是十千;十万写成 100,000,也就是一百千,以此类推。

记住以下单词连同以上规律,可以轻松描述亿以内的各个数字:one 表示个,ten 表示十,hundred 表示百,thousand 表示千(也可以是 kilo),million 表示百万。

英语园地

1. 1 月到 12 月:January,February,March,April,May,June,July,August,September,October,November,December

2. seller and buyer:卖方及买方

3. commodity and specification 或 description of goods:品名及规格

4. packing:包装

5. shipping mark 或 marks & numbers:装运唛头

6. insurance:保险

7. PICC:中国人民保险公司

8. all risks:一切险

9. war risks:战争险

10. time of shipment:装运期

11. commission:佣金

12. N/A:不适用,不能提供

课后训练

1．根据图 1-1 中的合同内容填写表 1-5 中的空白栏目。

表 1-5　销售合同要素

序　号	合同要素	参考图 1-1,从合同中提取相关资料
1	合同号码	18KR0402
2	签订日期	
3	签订地点	
4	卖方	

序　号	合同要素	参考图 1-1,从合同中提取相关资料
5	买方	
6	品名及规格	
7	数量	
8	单价	
9	总金额	
10	包装	
11	装货港	
12	卸货港	
13	可否转船	
14	可否分批	
15	装期	
16	保险条款	
17	支付条款	
18	装运唛头	

2. 根据已知资料缮制销售合同,补充合同空白处。

出口商:TIANJIN TECHSUN CO.,LTD.（天津德迅有限公司）
　　　　60 DONGFENG ROAD,TIANJIN,CHINA
进口商:VESTE BEYAS CO.,LTD.（土耳其韦斯特贝亚思有限公司）
　　　　45030,MANISA,TURKEY
合同号码:TECH1305
装运港:TIANJIN,CHINA
目的港:IZMIR,TURKEY
运输标志:N/M
货名:HAMMERS ART NO. 245（锤子货号 245）
数量:10 000 PCS
包装:纸箱装,每箱 20 PCS
佣金:无
保险条款:PICC All Risks（人保一切险）
体积:56 CBM
单价:USD4. 00/PC CIF IZMIR
支付条件:L/C AT SIGHT
合同签订地点及日期:TIANJIN,MAR. 15,2018
装期:2018 年 5 月

SALES CONTRACT

No. :

Date:

　　THIS CONTRACT IS MADE BY AND BETWEEN ＿＿＿＿＿＿＿＿＿＿＿＿＿＿＿＿＿（HEREINAFTER CALLED THE SELLERS) AND M/S. ＿＿＿＿＿＿＿＿＿＿＿＿＿＿＿（HEREINAFTER CALLED THE BUYERS）; WHEREBY THE SELLERS AGREE TO SELL AND THE BUYERS AGREE TO BUY THE UNDERMENTIONED GOODS ACCORDING TO THE TERMS AND CONDITIONS AS STIPULATED BELOW:

COMMODITY AND SPECIFICATION	PACKING	QUANTITY	UNIT PRICE	AMOUNT

（SAY）US DOLLARS：

SHIPPING MARKS：TO BE DESIGNATED BY THE SELLERS, IN CASE THE BUYERS DESIRE TO DESIGNATE THEIR OWN SHIPPING MARKS. THE BUYERS MUST ADVISE THE SELLERS ACCORDINGLY 10 DAYS BEFORE LOADING AND OBTAIN THE SELLERS' CONSENT.

INSURANCE：

PORT OF SHIPMENT：

PORT OF DESTINATION：

TIME OF SHIPMENT：

TERMS OF PAYMENT：

COMMISSION AMOUNT：

Seller
=======
.

Buyer
=======

任务二　信用证认知

知识目标

1. 了解信用证的结构。

2. 掌握信用证的主要条款。

能力目标

1. 能看懂信用证。

2. 能读取 L/C 相关信息。

任务引入

　　2018 年 4 月 26 日,天津知学国际贸易有限公司接到中国银行天津分行通知,韩国新韩银行开来信用证,对应外销合同号 S/C NO.18KR0402。销售合同参见图 1-1,英文版信用证摘录如图 1-3 所示。

:27: [Sequence of Total] 1/1

:40A: [Form of Documentary Credit] Irrevocable

:20: [Documentary Credit No.] M4323102NU00876

:31C: [Date of Issue] 180425

:40E: [Applicable Rules] UCP latest version

:31D: [Date and Place of Expiry] 180615 in China

:51D: [Applicant Bank]

Shinhan Bank

Daehan Plaza, Seoul, Korea

:50: [Applicant]

Samyung Trading Co., Ltd.,

18 Victory Road, Sonnan Dong, Kangnam Ku

Seoul, Korea

:59: [Beneficiary]

Tianjin Zhixue Trading Co., Ltd.

No. 8, Yashen Road,

Jinnan District, Tianjin 300350, P. R. China

:32B: [Currency Code Amount] USD79,200.00

:41D: [Available with...by...] Any bank In China by negotiation

:42C: [Drafts at...] 60 days after sight

:42D: [Drawee] SHBKUS33XXX, Shinhan Bank, Seoul, Korea

:43P: [Partial Shipments] Not allowed

:43T: [Transshipment] Not allowed

:44E: [Port of Loading/Airport of Departure] Xingang China

:44F: [Port of Discharge/Airport of Destination] Busan Korea

:44C: [Latest Date of Shipment] 180531

:45A: [Description of Goods and/or Services]

9,600 pcs of 100% Cotton Men's T-shirt S ~ XXL Size at unit price of USD8.25 CIF Busan

:46A: [Documents Required]

1. Signed original commercial invoices in triplicate, certifying that the goods are of China origin.

2. Full set of clean shipped on board ocean bills of lading made out to order marked freight prepaid and notify applicant.

3. Full set of insurance policy endorsed in blank for 110% of the commercial invoice value, with claims payable in Korea in the currency of draft, covering the PICC all risks and war risks clause.

4. Detailed packing list in triplicate.

:47A: [Additional Conditions]

1) Invoice exceeding this credit amount is not acceptable.

2) All documents must show the documentary credit number and issuance date.

3) If discrepant documents are presented an amount of USD70/ – would be deducted out of proceeds being discrepancy handling fee.

:71B: [Charges]

All bank charges outside the country of issuance of the credit including advising, negotiation and reimbursement are on beneficiary account.

:48: [Period for Presentation]

Within 15 days after B/L date(but within the validity of this credit.)

:49: [Confirmation Instructions] Without

:72: [Sender to Receiver Information]

This credit is subject to the Uniform Customs and Practice for Documentary Credit(2007 Revision) international chamber of commerce publication No. 600.

图1-3 英文版信用证摘录

一、信用证的当事人

信用证(Letter of Credit,L/C)是一种由银行依照客户的要求和指示开立的有条件的承诺付款的书面文件。

① 开证申请人(applicant)。这是指向银行申请开立信用证的人,在信用证中又称开证人(opener)。

② 开证行(opening/issuing bank)。这是指接受开证申请人的委托开立信用证的银行。它承担保证付款的责任。

③ 通知行(advising/notifying bank)。这是指受开证行的委托,将信用证转交出口人的银行。它只证明信用证的真实性,不承担其他义务。

④ 受益人(benificiary)。这是指信用证上所指定的有权使用该证的人,即出口人或实际供货人。

⑤ 议付银行(negotiating bank)。这是指愿意买入受益人交来跟单汇票的银行。

⑥ 付款银行(paying/drawee bank)。这是指信用证上指定付款的银行。在多数情况下,付款行就是开证行。

二、信用证方式的一般收付程序

1）开证申请人根据合同填写开证申请书并交纳押金或提供其他保证,请开证行开证。

2）开证行根据申请书内容,向受益人开出信用证并寄交出口人所在地通知行。

3）通知行核对印鉴无误后,将信用证交受益人。

4）受益人审核信用证内容与合同规定相符后,按信用证规定装运货物、备妥单据并开出汇票,在信用证有效期内,送议付行议付。

5）议付行按信用证条款审核单据无误后,把货款垫付给受益人。

6）议付行将汇票和货运单据寄开证行或其指定的付款行索偿。

7）开证行核对单据无误后,付款给议付行。

8）开证行通知开证人付款赎单。

三、信用证的主要内容

① 对信用证本身的说明,如其种类、性质、有效期及到期地点。

② 对货物的要求。根据合同进行描述。

③ 对运输的要求。

④ 对单据的要求,即货物单据、运输单据、保险单据及其他有关单证。

⑤ 特殊要求。

⑥ 开证行对受益人及汇票持有人保证付款的责任文句。

⑦ 国外来证大多数均加注"除另有规定外,本证根据国际商会《跟单信用证统一惯例

（2007 年修订）》，即国际商会 600 号出版物（UCP 600）办理"。

⑧ 银行间电汇索偿条款（T/T Reimbursement Clause）。

信用证常用条款含义如表 1-6 所示。

表 1-6　信用证常用条款

条　款	含　义	原　文	
40A	跟单信用证类型	Form of Documentary Credit	
20	跟单信用证号码	Documentary Credit No.	
31C	开证日期	Date of Issue	
40E	适用规则	Applicable Rules	
31D	有效期及地点	Date and Place of Expiry	
51D	开证行	Issuing（Applicant）Bank	
50	申请人	Applicant	
59	受益人	Beneficary	
32B	币种金额	Currency Code Amount	
41D	议付行……凭……	Available with...by...	
42C	汇票类型	Draft at...	
42D	付款行	Drawee	
43P	分批装运	Partial Shipments	
43T	转船运输	Transshipment	
44E	装货港/机场	Port of Loading/Airport of Departure	
44F	卸货港/机场	Port of Discharge/Airport of Destination	
44C	装期	Latest Date of Shipment	
45A	货物描述/服务	Description of Goods and/or Services	
46A	需要的单据	Documents Required	1. Full set of B/L
			2. Commercial Invoice
			3. Insurance Policy
			4. Packing List

 想一想

　　某公司向澳大利亚出口一批化工产品 3 000 MT（公吨），采用信用证支付方式。国外来证规定"禁止分批装运，允许转运"。该证还标明按《跟单信用证统一惯例》（UCP 600）办理。现在按信用证规定的装期已临近，该公司原已订妥一艘驶往澳大利亚的货轮，该船先停靠天津新港，后停靠青岛港。但此时，该批化工产品在新港和青岛港各有 1 500 MT。如果你是这笔业务的经办业务员，你会怎么处理这笔交易？为什么？

知识拓展

1. 信用证有以下几个特点：独立性，完全脱离于买卖合同之外；交易标的是单据（脱离于货物质量）；属于银行信誉。

2. 开证日期，即信用证开立的日期。

3. 装期，即规定的最晚装运日期。

4. 交单期，即向银行提供全套单据的日期。由于信用证业务术语均来自国外，因此用英语表述，之前的教材都将 presentation 译为"提示"，其实就是交单。

5. 有效期，超过这一天信用证便失去效力。

6. 双到期。有些信用证没有规定装期，实践中将有效期视为装期，称为双到期。

7. 不符点。银行依据信用证规定审核受益人（出口人）提交的单据，每发现一处不符合的地方称为一个不符点，需要扣除 50～80 美元不等的费用。不符点多，或者重要节点的不符合可能直接导致受益人收不到货款。因此，制单员必须认真仔细。

8. 信用证的修改。受益人收到信用证后，应该依据合同条款对信用证进行审核，如果发现不一致或现实工作中难以执行的条款，应该在第一时间联系开证申请人（进口方），对该条款提出修改意见。善意的申请人会依据受益人提出的修改意见，通知开证行，对部分信用证条款进行修改。随后开证行将信用证修改文件送达通知行，通知行再转交给受益人。

9. UCP 600 是跟单信用证统一规则，国际商会第 600 号出版物，是目前规定信用证操作规程的最新版本章程。进出口人、有关银行都需要遵照 UCP 600 的规定执行，较之先前出版的 UCP 500，本规定更加明确具体，使得信用证更具可操作性。

 想一想

为什么信用证的装运期一般应有"最迟"或"不迟于"等字样？

 英语园地

1. beneficiary：受益人，也是合同中的卖方

2. applicant：申请人，也是合同中的买方

3. issuing(applicant) bank：开证行（一般在进口国）

4. advising bank：通知行（通常在出口国）

5. documentary credit：跟单信用证

6. documents required：需要的单据

7. latest date of shipment：最晚装期（也称装期）

8. date of presentation：交单期

9. expiry date：有效期

10. drawee：付款行（通常为开证行）

课后训练

1. 根据图 1-3 中的 M4323102NU00876 号信用证填写表 1-7。

表 1-7 信用证要素

条 款	含 义	从信用证中摘取相关内容
40A	跟单信用证类型	Irrevocable 不可撤销的
20	跟单信用证号码	
31C	开证日期	
40E	适用规则	
31D	有效期及地点	
51D	开证行	
50	申请人	
59	受益人	
32B	币种金额	
41D	议付行……凭……	
42C	汇票类型	
42D	付款行	
43P	分批装运	
43T	转船运输	
44E	装货港/机场	
44F	卸货港/机场	
44C	装期	
45A	货物描述/服务	
46A	需要的单据	Documents Required	1. Full set of B/L 全套提单（　　）份
			2. Commercial Invoice 商业发票（　　）份
			3. Insurance Policy 全套保险单（　　）份
			4. Packing List 装箱单（　　）份

2. 根据下面所给合同回答后面的单项选择题。

SALES CONTRACT

Contract No. RS161536

Date：JUL. 10，2018

The Seller：SHANGHAI JINFU CO.，LTD.

Address：15 KONGJIANG ROAD，SHANGHAI，China

The Buyer：JOYFAIR TRADING CORP.

Address：Rm 9008 Tower Building NY，USA

This Sales Contract is made by and between Seller and Buyer，whereby the Seller agree to sell and the Buyer agree to buy the undermentioned goods according to the terms and conditions stipulated below：

Description of Goods	Quantity	Unit Price	Amount
100% Cotton Shirt Style No. KSN948 As per Contract No. RS161536 Colour:Black Pink Blue White	 1,000 PCS 1,000 PCS 1,000 PCS 1,000 PCS	CIFC5 NEW YORK USD19. 19/PC	USD76,760. 00
TOTAL	4,000 PCS		USD76,760. 00
TOTAL AMOUNT:Say US Dollars Seventy Six Thousand Seven Hundred And Sixty Only.			

Packing:20 pcs are packed in one export standard carton.

Time of Shipment:Before the end of Sept. 2018.

Loading Port and Destination:From ShangHai,China to NEW YORK,USA.

Partial shipment:Not ALLOWED.

Transshipment:Allowed.

Insurance:To be effected by the seller for 110% invoice value covering All Risks and War Risk.

Terms of Payment:By L/C at 30 days after sight,reaching the seller before Aug. 15,2018,and remaining valid for negotiation in China for further 15 days after the effected shipment. L/C must mention this contract number. L/C advised by BANK OF CHINA. All banking charges outside China(the mainland of China)are for account of the Drawee.

Documents:

+ Signed commercial invoice in triplicate.

+ Full set(3/3)of clean on board ocean Bill of Lading marked Freight Prepaid made out to order blank endorsed notifying the applicant.

+ Insurance Policy in duplicate endorsed in blank.

+ Packing List in triplicate.

+ Certificate of Origin issued by China Chamber of Commerce.

Signed by:

THE SELLER:	THE BUYER:
SHANGHAI JINFU CO.,LTD.	JOYFAIR TRADING CORP.
JOYCE	MAITY

（1）根据合同,信用证开证日期应为(　　　)。

　　A. Before Aug. 15,2018　　　　　　　　B. Aug. 16,2018

　　C. July 15,2018　　　　　　　　　　　D. Before the end of Sept.

（2）如果提单日期为 Sept. 15,2018,则信用证的有效期为(　　　)。

　　A. Sept. 30,2018　　　B. Sept. 15,2018　　C. July 15,2018　　　D. Aug. 15,2018

（3）根据合同,信用证的到期地点应为(　　　)。

　　A. 开证申请人所在地　　　　　　　　　B. 货物所在地

　　C. 受益人所在地　　　　　　　　　　　D. 目的港

（4）根据合同,信用证的开证申请人应为(　　　)。

　　A. SHANGHAI JINFU.,LTD　　　　　　B. JOYFAIR TRADING CORP.

　　C. BANK OF CHINA　　　　　　　　　D. BANK OF ANERICA

（5）根据合同,信用证的受益人应为(　　　)。

　　A. SHANGHAI JINFU CO.,LTD　　　　　B. JOYFAIR TRADING CORP.

　　C. BANK OF CHINA　　　　　　　　　D. BANK OF ANERICA

（6）根据合同,信用证金额应为(　　　)。

A. USD19.99   B. USD19.90   C. USD79,960.00   D. USD79,690.00

(7) 根据合同,信用证的付款期限应为(   )。

   A. 即期   B. 出票 30 天

   C. 提单日期后 30 天   D. 见票后 30 天

(8) 根据 UCP 600,信用证项下汇票的付款人应为(   )。

   A. 开证行   B. 开证申请人   C. 受益人   D. 通知行

(9) 根据合同,信用证贸易术语应为(   )。

   A. CIF   B. FOB   C. CFR   D. CIP

(10) 根据合同,包装应该是(   )。

   A. 纸箱装   B. 木箱装   C. 铁箱装   D. 塑料箱装

(11) 根据合同,信用证关于分批装运和转船的规定应为(   )。

   A. 允许分批,不允许转运   B. 不允许分批,允许转船

   C. 允许分批,允许转船   D. 不允许分批,不允许转船

(12) 根据合同,信用证的装运港应为(   )。

   A. 天津   B. 纽约   C. 洛杉矶   D. 上海

(13) 根据合同,信用证的目的港应为(   )。

   A. 天津   B. 纽约   C. 洛杉矶   D. 上海

(14) 根据合同,信用证的装运日期规定正确的是(   )。

   A. before Sept. 15,2018   B. before Sept. 1,2018

   C. before Sept. 30,2018   D. Sept. 30,2018

(15) 根据合同,信用证项下商业发票的签署人应为(   )。

   A. 出口地商会   B. 商检机构   C. 受益人   D. 开证申请人

(16) 按照合同,保险加成比例应该是(   )。

   A. 10%   B. 20%   C. 30%   D. 5%

(17) 按照合同,信用证项下保险单的险别应为(   )。

   A. 平安险   B. 平安险加战争险   C. 一切险   D. 一切险加战争险

(18) 根据合同,信用证项下海运提单的抬头应为(   )。

   A. TO ORDER   B. STRIGHT B/L

   C. TO BEARER   D. TO JOYFAIR TRADING CORP.

(19) 根据合同,信用证项下原产地证明的出单人应为(   )。

   A. 受益人   B. 出口地商会   C. 商检机构   D. 出口地海关

(20) 按惯例,承担信用证开证费用的人应为(   )。

   A. 议付行   B. 受益人   C. 开证行   D. 开证申请人

任务三　信用证需要的单据清单

知识目标

1. 了解信用证46A条款内容。
2. 掌握信用证所需单据名称。

能力目标

1. 能看懂信用证46A条款。
2. 能识别信用证所需单据。

任务引入

2018年4月,天津知学国际贸易有限公司接到韩国新韩银行开来的信用证(见图1-3),信用证号码为M4323102NU00876。请识读信用证中有关单据的条款。

一、通常情况下信用证需要的单据

① 由受益人缮制并签署的单据包括商业发票、装箱单、重量单、品质证、汇票、产地证、受益人证明。

② 由船公司或货运代理公司缮制并签署的单据包括海运提单或货运代理提单、货物收据、船龄证明、运费证明。

③ 由保险公司缮制并签署的单据包括保险单、保险凭证。

④ 由商会或检验检疫机构签署的单据包括普通原产地证、FORM A等格式化产地证。

二、单据基础知识

1. 基础单据与附属单据
① 重要的基础单据包括商业发票、运输单据、保险单据。
② 附属单据包括汇票、箱单、产地证、受益人证明、开船通知等。
2. 商业发票
商业发票是受益人开具的、主要列明货物价格和价值信息的单据。
此文件为其他文件的源头。发票一旦出错,其他文件肯定随着出错,因此重要性不言而喻。发票只要求包括必要的内容,格式并无统一要求。
3. 运输单据
运输单据包括海运提单、海运单、空运单、铁路运单、公路运单、邮局邮政凭条等。
如果信用证要求一整套提单,则需提供一式三份正本。

4. 保险单

只有 CIF、CIP 等贸易术语出口时,受益人才需要购买运输保险。

如果信用证要求一整套保险单,则需提供一式二份正本。

5. 汇票

汇票是一种财务单据,详见信用证 42C: [Drafts at...] 60 days after sight。

汇票的英文是 draft,或 bill of exchange。

即期汇票表示为 draft at sight,意为见票即付款,也就是即期信用证。

远期汇票后接××天。例如,60 days after sight,意为见票后 60 天付款,也就是 60 天远期信用证。常见的远期信用证有 30、45、60、90、120 天付款期。

 做一做

请你写出 45 天远期汇票的英文和 30 天远期信用证的英文。

1. 45 天远期汇票＿＿＿＿＿＿＿＿＿＿＿＿＿＿＿＿＿＿＿＿＿

2. 30 天远期信用证＿＿＿＿＿＿＿＿＿＿＿＿＿＿＿＿＿＿＿＿＿

6. 装箱单

装箱单(packing list)是用以描述单独包装及运输包装细节,体现个体毛重、净重、尺码以及整体毛重、净重、尺码的单据。

7. 原产地证

原产地证是受益人出具的证明货物原产自哪个国家或地区的文件。如果信用证没有特殊规定,收益人加盖单据章后即可生效。如果信用证要求需要由商会签署,可以申请贸促会会签。如果信用证要求官方机构签署,可以要求 CIQ(中国出入境检验检疫局)会签。

原产地证有以下 3 个级别。

① 受益人出具并签署。

② 一般原产地证由贸促会签署。

③ FORM A 原产地证由 CIQ 签署。

8. 受益人证明

受益人证明分为很多种,具体要看信用证有什么具体规定。此类文件制作没有特殊格式要求,主要用于证明受益人已经按照信用证有关规定执行了相应义务。

9. 开船通知

如果国际贸易成交价格术语是 FOB 或 CFR,进口方需要自费购买海运保险,信用证往往要求受益人给申请人直接发开船电报,也就是装运通知,以便申请人迅速购买货运险,并提供该电报副本用于银行结汇。

开船通知的主要内容包括船名、航次、提单号、预计离港日期等信息。

三、识别信用证所需单据

① 主要看信用证的 46A 单据条款,其中详细罗列了一个信用证需要的单据明细。

② 其次看信用证的 47A 附加条件条款,如果信用证 46A 条款不能述尽单据要求,47A 中会补充说明。

③ 最后看信用证的 42C 汇票条款,其中会规定是否需要汇票及汇票期限。

四、信用证 46A 条款识读

仔细阅读图 1-4 所示信用证 46A 条款节选。对于英语基础薄弱的人来说,通篇读取英文信息是一件痛苦的事情。但是我们可以将任务分解为几个不同的阶段,由浅入深地来识读。

1）可以找出 46A 条款共需要几种文件吗?

2）可以找到每一种文件的名称吗?

3）可以发现每一种文件需要几份正本、几份副本吗?

4）可以发现每一种文件的正本、副本中几份交给银行、几份寄给客户吗?

5）可以依据信用证的要求正确缮制每一种文件吗?

6）可以看清每一种文件需要由谁签署吗?

:46A:［Documents Required］
1. Signed original commercial invoices in triplicate,certifying that the goods are of China origin.
2. Full set of clean shipped on board ocean bills of lading made out to order marked freight prepaid and notify applicant.
3. Full set of insurance policy endorsed in blank for 110% of the commercial invoice value,with claims payable in Korea in the currency of draft,covering the PICC all risks and war risks clause.
4. Detailed packing list in triplicate.

图 1-4　46A 条款节选

在此只需要学会解决上面的 1）~3）三个简单问题,其他问题留给后面的内容逐一解决。文件名称没有捷径可走,需要熟记英文的单据名称。表 1-8 列出了信用证 46A 条款中的文件名称和正本份数。

表 1-8　信用证 46A 条款中文件明细

序　号	Document name(文件名称)	No. of original(正本份数)
1	Commercial Invoice(商业发票)	Triplicate(3)
2	B/L(提单)	Full set(3)
3	Insurance Policy(保险单)	Full set(2)
4	Packing List(装箱单)	Triplicate(3)

知识拓展

1. 文件份数的表达方法。

① 直接用阿拉伯数字表达,1,2,3,4,5,...

② 用英文表达,one,two,three,four,five,...

③ 一式几份的英文表达法,duplicate,triplicate,...

④ 行业规定法。例如一整套,用在提单上就是 3 份正本单据;用在保险单上就是 2 份正本。

2. 当一份正本文件名称用 2/3 限定时,表示需要出具 3 份正本,其中 2 份提交银行。

做一做

请你根据图 1-4 中的 46A 条款节选,填写表 1-9(信用证要素)。

表 1-9 信用证要素

条　款	含　义	从图 1-4 中的 46A 条款节选摘取相关内容
46A	需要的单据 (Documents Required)	Commercial Invoice(商业发票)(　　)份
		Full set of B/L(全套提单)(　　)份
		Insurance Policy(全套保险单)(　　)份
		Packing List(装箱单)(　　)份

英语园地

1. document:文件,单据

2. signed:签字盖章的

3. commercial invoice:商业发票

4. Bill of Lading,B/L:提单

5. insurance policy:保险单

6. packing list:装箱单

7. triplicate:一式三份

8. duplicate:一式二份

9. full set:一套

10. certificate of origin:原产地证

11. original:正本的

12. copy:副本的(形容词性)

13. copy:页(名词性)

1. 根据图 1-3 所示信用证内容填写相关栏目。要求在相应的文件栏目内填写需要的文件份数。

审单记录

编号:(填写发票号)

信用证号:					
金额:					

汇票	发票	提单	船公司证明	原产地证	快递收据
货主证明	保险单	装箱单	品质证	开船电	传真报告

2. 根据以下信用证内容填写相关栏目。要求在相应的文件栏目内填写需要的文件份数。

:46A/Documents Required

+ SIGNED ORIGINAL COMMERCIAL INVOICES IN 3 COPIES
+ 2/3 SET OF CLEAN ON BOARD OCEAN BILLS OF LADING MADE OUT TO ORDER OF SHIPPER AND BLANK EN-DORSED AND MARKED "FREIGHT PREPAID" AND NOTIFY APPLICANT AND/OR CLEAN AIR WAYBILL CON-SIGNED TO APPLICANT
+ PACKING LIST IN THREE COPIES
+ BENEFICIARY'S CERTIFICATE STATING THAT ONE SET OF NON-NEGOTIABLE SHIPPING DOCUMENTS AND 1/3 SET OF ORIGINAL B/L HAVE BEEN SENT DIRECTLY TO APPLICANT IMMEDIATELY AFTER SHIPMENT BY COURIER

审单记录

编号:TJ18-3001

信用证号:LC-012-612-15116					
金　　额:USD120,000.00					

汇票	发票	提单	船公司证明	原产地证	快递收据
货主证明	保险单	装箱单	品质证	开船电	传真报告

3. 根据以下信用证内容填写相关栏目。要求在相应的文件栏目内填写需要的文件份数。

:46A:[Documents Required]

1. BENEFICIARY MANUALLY SIGNED ORIGINAL COMMERCIAL INVOICES CFR KARACHI IN OCTUPLICATE IN THE NAME OF APPLICANT WITH FULL ADDRESS INDICATING NTN NO. 1478108, IMPORT REGISTRATION NO. W-10691, H. S. CODE NO. 3204-1910, LC NO. AND CERTIFYING THE GOODS ARE OF CHINA ORIGIN.
2. FULL SET OF CLEAN SHIPPED ON BOARD OCEAN BILLS OF LADING EVIDENCING SHIPMENT OF GOODS LC NUMBER WITH TOTAL NET AND GROSS WEIGHT DRAWN OR ENDORSED TO THE ORDER OF HABIB METRO-POLITAN BANK LTD. SHOWNING FREIGHT PREPAID AND MARKED NOTIFY HABIB METROPOLITAN BANK LTD. AND APPLICANT.
3. INSURANCE COVERED BY APPLICANT, BENEFICIARY SHIPMENT ADVICE QUOTING THE NAME OF THE CAR-RYING VESSEL, DATE OF SHIPMENT, AMOUNT, QUANTITY AND THIS CREDIT NUMBER SHOULD BE SENT TO M/S. E. F. U. GENERAL INSURANCE LTD., P. O. BOX 5005. KARACHI-PAKISTAN AT FAX NO. 9221-32311646 OR BY E-MAIL: INFO@EFUINSURANCE. COM REFERRING TO THEIR COVER NOTE NO. 255038865/05/2018

WITHIN 4 DAYS OF SHIPMENT AND COPY OF SHIPMENT ADVICE MUST ACCOMPANY ORIGINAL DOCU-MENTS.

4. DETAILED BENEFICIARY SIGNED PACKING LIST WITH TOTAL NET AND GROSS WEIGHT OF CONSIGNMENT TOTAL NUMBER OF BAGS AND WEIGHT OF EACH BAGS IN FOUR COPIES.

5. CERTIFICATE FROM SHIPPING COMPANY OR THEIR AGENT CERTIFYING THAT (I) SHIPMENT/TRANSSHIP-MENT ON ISRAELI FLAG VESSEL NOT EFFECTED. (II) CONSINGNMENT WILL NOT BE DISCHARGED AT PORT QASIM, PAKISTAN.

6. CERTIFICATE OF ANALYSIS REQUIRED.

7. BENEFICIARY'S SIGNED CERTIFICATE CONFIRMING THAT GOODS SHIPPED UNDER THIS CREDIT DOES NOT CONTAIN BENZIDINE.

审单记录

编号：TJ18-3002

信用证号：LC/01/001/69587
金额：USD54,400.00

汇票	发票	提单	船公司证明	原产地证	快递收据
货主证明	保险单	装箱单	品质证	开船电	传真报告

任务四　缮制商业发票

知识目标

1. 了解商业发票的缮制基础。
2. 掌握商业发票的缮制规范。

能力目标

1. 能看懂商业发票。
2. 能缮制商业发票。

任务引入

　　2018年4月26日,天津知学国际贸易有限公司外销员收到买方韩国三永贸易公司的开证银行韩国新韩银行开来的信用证,信用证号码为M4323102NU00876。买方要求卖方尽快审核信用证,故天津知学国际贸易有限公司外贸部随即开展此项工作,经过认真核对双方签订的贸易合同,并未发现该信用证有不妥之处,所以函告韩方此信用证卖方确认。

　　天津知学国际贸易有限公司外销员根据此信用证缮制商业发票。

一、商业发票的概念

　　商业发票(commercial invoice)是出口方向进口方开列的发货价目清单,是买卖双方记

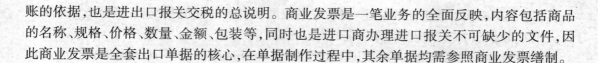

账的依据,也是进出口报关交税的总说明。商业发票是一笔业务的全面反映,内容包括商品的名称、规格、价格、数量、金额、包装等,同时也是进口商办理进口报关不可缺少的文件,因此商业发票是全套出口单据的核心,在单据制作过程中,其余单据均需参照商业发票缮制。

二、商业发票的作用

① 商业发票是交易的合法证明文件,是货运单据的中心,也是装运货物的总说明。

② 商业发票是买卖双方收付货物和记账的依据。

③ 商业发票是买卖双方办理报关纳税的计算依据。

④ 在信用证不要求提供汇票的情况下,商业发票代替汇票作为付款的依据。

⑤ 商业发票是出口方缮制其他出口单据的依据。

三、商业发票缮制内容

① 开票人的名称与地址(exporter's Name and Address),即开票人要按信用证的规定填写名称和地址的全称。一般名称和地址要分行打。

② 发票名称(name of document)。发票名称应用英文粗体标出 Commercial Invoice 或 Invoice 字样。发票的名称应与信用证规定的一致。如果信用证要求是 Certified Invoice 或 Detailed Invoice,则发票的名称也应这样显示。另外在发票的名称中不能有"临时发票(Provisional Invoice)"或"形式发票(Proforma Invoice)"等字样出现。

③ 发票号码(no.)。发票号码由出口公司根据本公司的实际情况自行编制,是全套结汇单据的中心编号。

④ 发票日期(date)。发票日期应晚于合同和信用证的签发日期,在结汇单据中是最早签发的单据。

⑤ 信用证号码(L/C no. 或 documentary credit no.)。信用证项下的发票必须填入信用证号码,其他支付方式可不填。

⑥ 合同号(contract no.)。合同号应与信用证列明的一致。信用证未规定合同号的,可不填。其他支付方式下,必须填入。

⑦ 收货人(messrs),缩写为 M/S,称为进口方,又称抬头人,即发票开给的一方。信用证方式下须按信用证规定的填制,一般是开证申请人。托收方式下,通常是买方。二者填写时,名称地址不应同行放置,应分行表明。

⑧ 航线(from...to...)。填写货物实际的起运港(地)、目的港(地),如货物需经转运,应把转运港(地)的名称表示出来。例如,From Shanghai to London W/T Rotterdam. ;From Guangzhou to Piraeus W/T at HongKong by Steamer.。如果货物运至目的港后再转运内陆城市,可在目的港下方打上 In transit to... to... 或 In transit 字样。

⑨ 唛头及件号(marks and number)。发票唛头应按信用证或合同规定的填制,通常包括收货人简称、参考号码、目的地和货物总件数。如未做具体的规定,则填写 N/M。

⑩ 货物描述(description of goods)。货物描述一般包括品名、品质、数量、包装等内容。

信用证方式下必须与信用证的描述一致,省略或增加货名的任何字或句,都会造成单证不符。如为其他支付方式,应与合同规定的内容相符。

常见的信用证引导货物内容的词或词组主要有:Description of goods;Description of merchandise;Covering shipment of;Covering the following goods by;Covering value of;Shipment of goods。

⑪ 单价及价格术语(unit price and trade terms)。完整的单价应包括计价货币、单位价格、计量单位和贸易术语四部分内容。例如,USD100 Per DOZ CIF London。价格术语关系到买卖双方风险和费用的划分,也是海关征税的依据,必须正确表述。

⑫ 总值(total amount)。发票总额不能超过信用证金额,对于佣金和折扣应按信用证规定的处理。如果来证要求分别列出运费、保险费和 FOB 价格,必须照办;如果来证要求分别扣除佣金和折扣列出净价格,必须照办。举例如下。

CIF Tokyo	USD	30,000
Less F	USD	250
Less I	USD	150
FOB	USD	29,600
CIF Tokyo	USD	30,000
Less C	USD	250
Less D	USD	150
NET	USD	29,600

⑬ 声明文句及其他内容(declaration and other contents)。这是根据信用证的规定或特别需要在发票上注明的内容。例如,某些参考号,如 Import License No.(进口许可证号码);证明文句,如 We hereby declare that the goods are of pure national origin of the exporting country(兹声明该商品保证产于出口国),We hereby certify that the contents of invoice herein are true and correct(兹证明发票中的内容是真实正确的)。

⑭ 出票人签章(signature)。通常出票人签章是在发票的右下角打上出口公司的名称,并由经办人签名或盖章。如信用证规定手签(manual signed),则必须按规定照办。对墨西哥、阿根廷的出口,无论信用证是否规定,都必须手签。

四、商业发票缮制要素同信用证的对应关系

商业发票缮制要素同信用证的对应关系如表 1−10 所示。

表 1−10　商业发票要素及资料来源

序　号	商业发票要素	资料来源
1	商业发票号码	受益人自己编制便于归档,可含有字母、数字等
2	文件名称	46A 条款,Commercial Invoice
3	开票人名称地址	59 条款,受益人名称地址
4	抬头人名称地址	50 条款,申请人名称地址
5	发票日期	开发票的日期,通常在开证日后的 2~3 天内

（续表）

序　号	商业发票要素	资料来源
6	运输方式	按照合同约定或贸易惯例
7	从（装货港）	44E 条款
8	到（卸货港）	44F 条款
9	装运唛头	合同约定或工厂提供
10	运输包装种类	45A 条款或同上
11	运输包装件数	45A 条款或同上
12	计价数量	45A 条款或同上
13	品名及规格	45A 条款
14	单价	45A 条款,包括币制、单件金额、贸易术语
15	总金额	32B 条款,包括币制、总额
16	包装情况	合同约定或工厂提供
17	特殊条款 1	信用证号码和开证日期
18	特殊条款 2	原产地声明等

根据图 1-5 所示韩方提供的已审核无误的信用证,缮制的商业发票如图 1-6 所示。

:27:［Sequence of Total］1/1
:40A:［Form of Documentary Credit］Irrevocable
:20:［Documentary Credit No.］M4323102NU00876
:31C:［Date of Issue］180425
:40E:［Applicable Rules］UCP latest version
:31D:［Date and Place of Expiry］180615 in China
:51D:［Applicant Bank］
Shinhan Bank
Daehan Plaza,Seoul,Korea
:50:［Applicant］
Samyung Trading Co.,Ltd.,
18 Victory Road,Sonnan Dong,Kangnam Ku
Seoul,Korea
:59:［Beneficiary］
Tianjin Zhixue Trading Co.,Ltd.
No. 8,Yashen Road,
Jinnan District,Tianjin 300350,P. R. China
:32B:［Currency Code Amount］USD79,200. 00
:41D:［Available with. . . by. . .］Any bank In China by negotiation
:42C:［Drafts at. . .］60 days after sight
:42D:［Drawee］SHBKUS33XXX,Shinhan Bank,Seoul,Korea
:43P:［Partial Shipments］Not allowed
:43T:［Transshipment］Not allowed
:44E:［Port of Loading/Airport of Departure］Xingang China
:44F:［Port of Discharge/Airport of Destination］Busan Korea
:44C:［Latest Date of Shipment］180531
:45A:［Description of Goods and/or Services］
9,600 pcs of 100% Cotton Men's T-shirt S ~ XXL Size at unit price of USD8. 25 CIF Busan
:46A:［Documents Required］
1. Signed original commercial invoices in triplicate,certifying that the goods are of China origin.
2. Full set of clean shipped on board ocean bills of lading made out to order marked freight prepaid and notify applicant.

图 1-5　信用证摘录

3. Full set of insurance policy endorsed in blank for 110% of the commercial invoice value, with claims payable in Korea in the currency of draft, covering the PICC all risks and war risks clause.

4. Detailed packing list intriplicate.

:47A:[Additional Conditions]

A) Invoice exceeding this credit amount is not acceptable.

B) All documents must show the documentary credit number and issuance date.

C) If discrepant documents are presented an amount of USD70/-would be deducted out ofproceeds being discrepancy handling fee.

:71B:[Charges]

All bank charges outside the country of issuance of the credit including advising, negotiation and reimbursement are on beneficiary account.

:48:[Period for Presentation]

Within 15 days after B/L date(but within the validity of this credit.)

:49:[Confirmation Instructions]Without

:72:[Sender to Receiver Information]

This credit is subject to the Uniform Customs and Practice for Documentary Credit(2007 Revision)international chamber of commerce publication no. 600.

图 1-5(续)

天津知学国际贸易有限公司

TIANJIN ZHIXUE TRADING CO.,LTD.

NO. 8 YASHEN ROAD,JINNAN DISTRICT,TIANJIN 300350 P. R. CHINA.

TEL:022-83552766 FAX:022-83552866

COMMERCIAL INVOICE

Invoice No. TJ18-3002   Tianjin May. 5,2018

To:M/S. Samyung Trading Co.,Ltd.,18 Victory Road,Sonnan Dong,Kangnam Ku Seoul,Korea

Shipped by Sea

From Xingang China   To Busan Korea

Shipping Marks	Description of Goods	Amount
N/M	400 cartons = 9,600 pcs Net of:- 100% Cotton Men's T-shirt S ~ XXL Size At USD8. 25/pc,total CIF Busan... Packing:each one in plastic bag and 24 pcs in one carton	USD79,200. 00

We hereby certify that the goods are of China origin.

The documentary credit number M4323102NU00876 and issuance date 180425.

图 1-6　商业发票

 知识拓展

1. 发票的种类

发票的种类主要包括商业发票、银行发票、海关发票、领事发票、形式发票等。

(1) 商业发票(commercial invoice),是出口商于货物运出时开给进口商作为进货记账或结算货款和报关缴税的凭证。

(2) 银行发票(banker's invoice),是出口商为办理议付和结汇,以适应议付行和开证行需要而提供的发票。

（3）海关发票（customs invoice），是某些国家规定在进口货物时，必须提供其海关规定的一种固定格式和内容的发票。

海关发票是出口商应进口国海关要求出具的一种单据，基本内容同普通的商业发票类似，其格式一般由进口国海关统一制定并提供，主要用于进口国海关统计、核实原产地、查核进口商品价格的构成等。海关发票常见的名称有以下几种：①Customs Invoice；②C.C.V.O.（Combined Certificate of Value and Origin）；③Certified Invoice in Accordance with ×××（进口国名称）Customs Regulations；④Appropriate Certified Custom。

海关发票的主要作用如下。

① 为进口国海关统计提供依据。

② 供进口国海关核定货物的原产地，以便根据不同国别政策采取不同的征收进口关税比率。

③ 提供给进口国海关掌握对该商品在出口国市场的价格情况，以便确定该商品是否对进口国低价倾销。

④ 供进口国海关借以了解进口商是否有虚报价格，预防进口商逃、减关税的情况。

⑤ 是进口国海关对进口货物估价定税的根据。

海关发票的缮制需注意以下几点。

① 与商业发票的相应项目必须完全一致。

② 须列明国内市场价或成本价时，应注意其低于销售的离岸价。

③ 经准确核算的运费、保险费及包装费。

④ 海关发票应以收货人或提单的被通知人为抬头人。

⑤ 海关发票可由出口单位负责办事人员签字，证明人须另由其他人员签字，不能是同一人。

（4）领事发票（consular invoice）又称签证发票，是按某些国家法律规定，出口商对其国家输入货物时必须取得进口国在出口国或其邻近地区的领事签证的、作为装运单据一部分和货物进口报关的前提条件之一的特殊发票。

（5）形式发票（proforma invoice）也称预开发票或估价发票，是进口商为了向其本国当局申请进口许可证或请求核批外汇，在未成交之前，要求出口商将拟出售成交的商品名称、单价、规格等条件开立的一份参考性发票。

2．缮制商业发票应注意的问题。

（1）如果46A条款明确提出signed或certified字样，受益人缮制发票后必须签字或盖章；如果信用证有manually signed，则必须手签。如果没有上述要求，商业发票无须盖章。

（2）无法从信用证中找到的发票信息：

① 运输包装种类及件数

② 装运唛头

③ 包装形式

④ 发票号码及发票日期

针对以上困惑,A～C 可以向生产厂家获取,或参考合同规定;D 的发票号码由受益人自行编制,发票日期是信用证开立之后的某一天。

(3) 发票号码十分重要,一旦确定之后,即成为随后一系列业务的参考编号。例如,装箱单号与之相同,与工厂订货、付款时的参考号,向船公司或货代公司订舱时的委托编号,向保险公司购买保单时的参考号,向银行递交结汇单据时的参考号等,都是以发票号区分的。

(4) 商业发票的货物描述栏中的内容必须与信用证 45A 条款要求严格一致。如果信用证 45A 条款规定的品名是染料 DYESTUFFS,发票的货名除写明 DYESTUFFS 之外,还允许具体列明,如 RED(红)、BLUE(蓝)、GREEN(绿)等。如果受益人使用格式发票,这一栏的填制很简单,直接写明货物名称及规格即可。对于开放式发票(如本书案例中的商业发票),这一栏包含的内容较为丰富,除了品名与规格外还应包含运输包装的种类、运输包装的件数、计价数量、币制、单价、贸易术语、特殊条款等。

做一做

请仔细阅读图1—6 中的商业发票内容,填写表1—11。

表1—11　商业发票要素

序　号	商业发票要素	从图1—6中提取相关内容填写
1	商业发票号码	
2	文件名称	
3	开票人名称、地址	
4	抬头人名称、地址	
5	发票日期	
6	运输方式	
7	从(装货港)	
8	到(卸货港)	
9	装运唛头	
10	运输包装种类	
11	运输包装件数	
12	计价数量	
13	品名及规格	
14	单价	
15	总金额	
16	包装情况	
17	特殊条款1	
18	特殊条款2	

英语园地

1. commercial invoice：商业发票
2. shipped by：运输方式
3. shipping marks：装运唛头
4. original：正本，原件
5. proforma invoice：形式发票（提前开具的，供进口方申请外汇额度使用）
6. signed：签字的，盖章的
7. manually signed：手签的
8. stamped：盖章的

课后训练

根据以下信用证内容、工厂资料及发票缮制要求缮制商业发票。
商业发票格式不限，但发票要素不得缺少。

Own Address：CIBKCNBJ300 CHINA CITIC BANK（TIANJIN BRANCH）TIANJIN
Input Message Type：700 Issue of a Documentary Credit
Input Date/Time：180110/1616
Sent by：BIKEJPJSXXX THE SENSHU IKEDA BANK LTD. OSAKA
Output Date/Time：180110/1516
Priority：Normal
***　　　　***　　　　　***　　　　　***
:27［Sequence of Total］1/1
:40A［Form of Documentary Credit］IRREVOCABLE
:20［Documentary Credit No.］LC-012-612-15116
:31C［Date of Issue］180110
:40E［Applicable Rules］UCP LATEST VERSION
:31D［Date and Place of Expiry］180210 BENEFICIARY'S COUNTRY
:50［Applicant］
AI KIKAKU CO.,LTD.
AW BUILDING,2-8-6 MINAMIKYUHOUJI-MACHI
CHUO-KU OSAKA JAPAN
:59［Beneficiary］
TIANJIN ZHIXUE TRADING CO.,LTD.
NO. 8,YASHEN ROAD,
JINNAN DISTRICT,TIANJIN 300350,P. R. CHINA
:32B［Currency Code Amount］USD120,000. 00
:39A［Percentage Credit Amount］Tolerance 5/5
:41D［Available with. . . by. . .］ANY BANK BY NEGOTIATION
:42C［Drafts at. . .］DRAFTS AT SIGHT FOR FULL INVOICE COST
:42A［Drawee］BIKEJPJS THE SENSHU IKEDA BANK LTD. OSAKA
:43P［Partial Shipments］ALLOWED
:43T［Transshipment］PROHIBITED
:44E［Port of Loading/Airport of Departure］CHINESE PORT/AIR PORT
:44F［Port of Discharge/Airport of Destination］JAPANESE PORT/AIR PORT
:44C［Latest Date of Shipment］180131
:45A［Description of Goods and/or Services］
SNEAKERS 6,000 PAIRS CFR JAPAN

:46A[Documents Required]

+ SIGNED ORIGINAL COMMERCIAL INVOICES IN 3 COPIES.

+ 2/3 SET OF CLEAN ON BOARD OCEAN BILLS OF LADING MADE OUT TOORDER OF SHIPPER AND BLANK EN-
DORSED AND MARKED "FREIGHT PREPAID" AND NOTIFY APPLICANT AND/OR CLEAN AIR WAYBILL CON-
SIGNED TO APPLICANT.

+ PACKING LIST IN THREE COPIES.

+ BENEFICIARY'S CERTIFICATE STATING THAT ONE SET OF NON-NEGOTIABLE SHIPPING DOCUMENTS AND
1/3 SET OF ORIGINAL B/L HAVE BEEN SENT DIRECTLY TO APPLICANT IMMEDIATELY AFTER SHIPMENT BY
COURIER.

:47A[Additional Conditions]

+ T/T REIMBURSEMENT PROHIBITED

+ INSURANC TO BE EFFECTED BY APPLICANT.

+ 5 PERCENT MORE OR LESS IN AMOUNT AND QUANTITY IS ACCEPTABLE.

+ THE THIRD PARTY DOCUMENTS ARE ACCEPTABLE.

+ ALL DOCUMENTS MUST BE SENT US BY ONE LOT.

:71[Charges]

ALL BANKING CHARGES OUTSIDE JAPAN ARE FOR ACCOUNT OF BENEFICIARY.

:48[Period for Presentation]

10 DAYS AFTER THE DATE OF SHIPMENT BUT WITHIN THE VALIDITY OF THE CREDIT.

:49[Confirmation Instructions]WITHOUT

:78[Instructions to the paying/negotiating bank]

+ NEGOTIATING BANK MUST AIRMAIL DRAFTS AND ALL DOCUMENTS DIRECT TO US IN ONE LOT BY COURIER
SERVICE(MAIL TO:THE SENSHU IKEDA BANK LTD. INT'L DIV. ADDRESS:18-14 CHAYAMACHI,KITA-KU,O-
SAKA CITY,OSAKA 530-0013,JAPAN).

+ IN REIMBURSEMENT,WE SHALL REMIT THE PROCEEDS ACCORDING TO NEGOTIATING BANK'S INSTRUC-
TIONS LESS REMITTANCE CHARGES USD60. 00.

+ DISCREPANCY FEE OF USD50. 00 WILL BE DEDUCTED FROM THE PROCEEDS FOR EACH PRESENTATION OF
DISCREPANT DOCUMENTS UNDER THIS CREDIT.

:57D[Advise Through Bank]YR OFFICE NO. 14 NANJING ROAD,HE XI DISTRICT,TIANJIN,CHINA

***   ***   ***   ***

工厂提供的补充资料如下。

装运唛头:

AI

OSAKA

C/#1-500

MADE IN CHINA

纸箱包装,共计 500 个纸箱
配船信息:新港装船,大阪卸货,1×40′集装箱运输

任务五　缮制装箱单

知识目标

1. 了解装箱单的结构。

2. 掌握装箱单的主要条款。

能力目标

1. 能看懂装箱单。

2. 能缮制装箱单。

任务引入

2018 年 4 月 26 日,天津知学国际贸易有限公司接到韩国新韩银行开来的信用证,信用证号码为 M4323102NU00876。商业发票已经缮制完毕,发票号码为 TJ18-3002,发票日期为 May 5,2018。据此缮制装箱单。

一、装箱单简介

1. 装箱单的用途

装箱单是银行结汇的单据之一,是出口报检、报关的附属单据,或在客户进口报关时需要提供,等等。

2. 装箱单的签署

除非信用证有明确规定,否则装箱单无须盖章。

3. 无法从信用证中找到的装箱单信息

无法从信用证中找到的装箱单信息有运输包装种类及件数、装运唛头、包装形式。可参考已经缮制的商业发票或向生产厂家获取。

4. 装箱单的货物描述栏

装箱单的货物描述,无须与信用证 45A 条款严格相符,只要做到不矛盾即可。例如,信用证 45A 条款列明染料(DYESTUFFS),红色(RED)50 桶,绿色(GREEN)60 桶,则装箱单的货物描述可以使用统称或简称,只写明染料(DYESTUFFS)即可。

5. 装箱单上的特殊条款

仔细观察信用证 46A 条款中关于装箱单的要求,另外再审查一下 47A 特殊条款,不落下任何一款对装箱单的要求,才可以缮制出符合要求的装箱单。

6. 重量单位、体积单位

装箱单常用重量单位为千克(kgs),体积单位为立方米(m^3)。

7. 净重

净重是去除运输包装后货物本身的重量。

8. 毛重

毛重是货物自身重量加上运输包装的重量之和。

二、装箱单的缮制

根据图 1-5 所示的信用证、图 1-6 所示的商业发票,缮制的装箱单如图 1-7 所示。

TIANJIN ZHIXUE TRADING CO.,LTD.
PACKING LIST

No. TJ18-3002   Tianjin May 5 ,2018

To: M/S. Samyung Trading Co.,Ltd.,18 Victory Road,Sonnan Dong,Kangnam Ku Seoul,Korea

Shipping Marks   Description of Goods

        400 cartons = 9,600 pcs Net of:-

N/M   100% cotton men's T-shirt

        S ~ XXL Size

        Packing : each one in plastic bag and 24pcs in one carton

        Carton Details :

        Measurement : @45 CM * 40 CM * 35 CM Total 25.2 M^3

        Net Weight : @8.5 KGS   Total 3,400 KGS

        Gross Weight : @9.0 KGS   Total 3,600 KGS

        The documentary credit number M4323102NU00876

        and issuance date 180425

图1-7　装箱单

装箱单要素及资料来源如表1-12所示。

表1-12　装箱单要素及资料来源

序　号	装箱单要素	资料来源
1	装箱单号码	同商业发票号码
2	文件名称	46A 条款,Packing List
3	开票人名称	59 条款中的受益人名称
4	抬头人名称、地址	50 条款中的申请人名称、地址
5	装箱单日期	同商业发票日期
6	装运唛头	同商业发票
7	运输包装种类	同商业发票
8	运输包装件数	同商业发票
9	计价数量	同商业发票
10	品名及规格	同商业发票,或可以写统称
11	包装情况	同商业发票
12	单个包装净重	工厂提供
13	单个包装毛重	工厂提供
14	总净重	计算而得
15	总毛重	计算而得
16	单个包装尺码	工厂提供
17	总尺码	计算而得
18	特殊条款	参考信用证46A、47A

做一做

请你仔细阅读图1-7中的装箱单内容,填写表1-13。

表1-13　装箱单要素

序　号	装箱单要素	从图1-7中提取相关内容填写
1	装箱单号码	
2	文件名称	
3	开票人名称	
4	抬头人名称、地址	
5	装箱单日期	
6	装运唛头	
7	运输包装种类	
8	运输包装件数	
9	计价数量	
10	品名及规格	
11	包装情况	
12	单个包装净重	
13	单个包装毛重	
14	总净重	
15	总毛重	
16	单个包装尺码	
17	总尺码	
18	特殊条款	

英语园地

1. packing list:装箱单

2. packing:包装

3. measurement:尺码

4. CBM:立方米

5. Metric Ton:缩写为 MT,公吨。1 MT = 1 000 kg

6. detailed:详细的

7. Net Weight:缩写为 N. W.,净重

8. Gross Weight:缩写为 G. W.,毛重

9. number of packages:包装数量

10. kind of packages：包装种类

11. marks & numbers 或 shipping marks：唛头

课后训练

1. 根据下面的信用证及工厂资料缮制装箱单。格式不限，但装箱单要素不得缺失。

Own Address：CIBKCNBJ300 CHINA CITIC BANK(TIANJIN BRANCH)TIANJIN

Input Message Type：700 Issue of a Documentary Credit

Input Date/Time：180110/1616

Sent by：BIKEJPJSXXX THE SENSHU IKEDA BANK LTD. OSAKA

Output Date/Time：180110/1516

Priority：Normal

　*** 　　　 *** 　　　 *** 　　　 ***

:27[Sequence of Total]1/1

:40A[Form of Documentary Credit]IRREVOCABLE

:20[Documentary Credit No.]LC-012-612-15116

:31C[Date of Issue]180110

:40E[Applicable Rules]UCP LATEST VERSION

:31D[Date and Place of Expiry]180210 BENEFICIARY'S COUNTRY

:50[Applicant]

AI KIKAKU CO.,LTD.

AW BUILDING,2-8-6 MINAMIKYUHOUJI-MACHI

CHUO-KU OSAKA JAPAN

:59[Beneficiary]

TIANJIN ZHIXUE TRADING CO.,LTD.

NO. 8,YASHEN ROAD,

JINNAN DISTRICT,TIANJIN 300350,P. R. CHINA

:32B[Currency Code Amount]USD120,000. 00

:39A[Percentage Credit Amount Tolerance]5/5

:41D[Available with. . . by. . .]ANY BANK BY NEGOTIATION

:42C[Drafts at. . .]DRAFTS AT SIGHT FOR FULL INVOICE COST

:42A[Drawee]BIKEJPJS THE SENSHU IKEDA BANK LTD. OSAKA

:43P[Partial Shipments]ALLOWED

:43T[Transshipment]PROHIBITED

:44E[Port of Loading/Airport of Departure]CHINESE PORT/AIR PORT

:44F[Port of Discharge/Airport of Destination]JAPANESE PORT/AIR PORT

:44C[Latest Date of Shipment]180131

:45A[Description of Goods and/or Services]

SNEAKERS 6,000 PAIRS CFR JAPAN

:46A[Documents Required]

+ SIGNED ORIGINAL COMMERCIAL INVOICES IN 3 COPIES.

+2/3 SET OF CLEAN ON BOARD OCEAN BILLS OF LADING MADE OUT TO ORDER OF SHIPPER AND BLANK
　ENDORSED AND MARKED "FREIGHT PREPAID" AND NOTIFY APPLICANT AND/OR CLEAN AIR WAYBILL
　CONSIGNED TO APPLICANT.

+ PACKING LIST IN THREE COPIES.

+ BENEFICIARY'S CERTIFICATE STATING THAT ONE SET OF NON-NEGOTIABLE SHIPPING DOCUMENTS AND
　1/3 SET OF ORIGINAL B/L HAVE BEEN SENT DIRECTLY TO APPLICANT IMMEDIATELY AFTER SHIPMENT BY
　COURIER.

:47A[Additional Conditions]

+ T/T REIMBURSEMENT PROHIBITED.

+ INSURANC TO BE EFFECTED BY APPLICANT.

+5 PERCENT MORE OR LESS IN AMOUNT AND QUANTITY IS ACCEPTABLE.

+ THE THIRD PARTY DOCUMENTS ARE ACCEPTABLE.

+ ALL DOCUMENTS MUST BE SENT US BY ONE LOT.

:71[Charges]

ALL BANKING CHARGES OUTSIDE JAPAN ARE FOR ACCOUNT OF BENEFICIARY.

:48［Period for Presentation］

10 DAYS AFTER THE DATE OF SHIPMENT BUT WITHIN THE VALIDITY OF THE CREDIT.

:49［Confirmation Instructions］WITHOUT

:78［Instructions to the paying/negotiating bank］

+ NEGOTIATING BANK MUST AIRMAIL DRAFTS AND ALL DOCUMENTS DIRECT TO US IN ONE LOT BY COURIER SERVICE(MAIL TO：THE SENSHU IKEDA BANK LTD. INT'L DIV. ADDRESS：18-14 CHAYAMACHI, KITA-KU, OSAKA CITY, OSAKA 530-0013, JAPAN).

+ IN REIMBURSEMENT, WE SHALL REMIT THE PROCEEDS ACCORDING TO NEGOTIATING BANK'S INSTRUCTIONS LESS REMITTANCE CHARGES USD60. 00.

+ DISCREPANCY FEE OF USD50. 00 WILL BE DEDUCTED FROM THE PROCEEDS FOR EACH PRESENTATION OF DISCREPANT DOCUMENTS UNDER THIS CREDIT.

:57D［Advise Through Bank］YR OFFICE NO. 14 NANJING ROAD, HE XI DISTRICT, TIANJIN, CHINA

***　　　　***　　　　***　　　　***

工厂提供的补充资料如下。

装运唛头：

AI

OSAKA

C/#1-500

MADE IN CHINA

单个纸箱体积：70 cm×40 cm×35 cm

单个纸箱净重、毛重：

净重：12 kg

毛重：14 kg

纸箱包装，共计 500 个纸箱

配船信息：新港装船，大阪卸货，1×40′集装箱运输

2. 根据下面的信用证及工厂资料缮制装箱单。格式不限,但装箱单要素不得缺失。

Input Message Type：700 Issue of a Documentary Credit

Input Date/Time：180220/1016

Sender：BARCCNSHXX THE BARCLAY BANK LTD.

Receiver：BANK OF CHINA TIANJIN BRANCH

Priority：Normal

***　　　　***　　　　***　　　　***

:27［Sequence of Total］1/1

:40A［Form of Documentary Credit No.］IRREVOCABLE

:20［Documentary Credit］51160943

:31C［Date of Issue］180220

:40E［Applicable Rules］UCP 600

:31D［Date and Place of Expiry］180420 CHINA

:50［Applicant］

GLOBAL STANDARDS LTD.

507 HACKNEY ROAD LONDON UK E2 9ED

PHONE：0044 91710292

:59［Beneficiary］

TIANJIN ZHIXUE TRADING CO.,LTD.

NO. 8,YASHEN ROAD,

JINNAN DISTRICT,TIANJIN 300350,P. R. CHINA

:32B［Currency Code Amount］USD9,120. 00

:41D［Available with. . .by. . .］ANY BANK BY NEGOTIATION

:42C［Drafts at. . .］DRAFTS AT SIGHT

:42A［Drawee］BARCCNSHXX THE BARCLAY BANK LTD.

:43P［Partial Shipments］PROHIBITED

:43T［Transshipment］ALLOWED

:44E[Port of Loading/Airport of Departure]XINGANG CHINA
:44F[Port of Discharge/Airport of Destination]SOUTHAMPTON UK
:44C[Latest Date of Shipment]170330
:45A[Description of Goods and/or Services]
4800PCS PLASTIC WRAP WIDTH 200MM AT USD1.90/PC CIF SOUTHAMPTON
:46A[Documents Required]
+ SIGNED ORIGINAL COMMERCIAL INVOICES IN TRIPLICATE.
+ 3/3 CLEAN ON BOARD OCEAN BILLS OF LADING MADE OUT TO ORDER AND BLANK ENDORSED MARKED "FREIGHT PREPAID" AND NOTIFY APPLICANT.
+ DETAILED PACKING LIST IN THREE COPIES.
+ INSURANCE POLICY VALUED 110% OF INVOICE AMOUNT COVERING ICC(A)CLAUSES WITH CLAIM PAYABLE AGENT AT UK.
+ FORM A CERTIFICATE STATING THAT GOODS ARE OF CHINA ORIGIN.
:47A[Additional Conditions]
+ T/T REIMBURSEMENT PROHIBITED.
+ FORWARDER B/L IS ACCEPTABLE.
+ THE L/C NUMBER MUST BE INDICATED ON ALL DOCUMENTS.
:71[Charges]
ALL BANKING CHARGES OUTSIDE UK ARE FOR ACCOUNT OF BENEFICIARY.
:49[Confirmation Instructions]WITHOUT
:78[Instructions to the paying/negotiating bank]
+ NEGOTIATING BANK MUST AIRMAIL DRAFTS AND ALL DOCUMENTS DIRECT TO US IN ONE LOT BY COURIER SERVICE.
+ IN REIMBURSEMENT,WE SHALL REMIT THE PROCEEDS ACCORDING TO NEGOTIATING BANK'S INSTRUCTIONS LESS REMITTANCE CHARGES USD60.00.
+ DISCREPANCY FEE OF USD50.00 WILL BE DEDUCTED FROM THE PROCEEDS FOR EACH PRESENTATION OF DISCREPANT DOCUMENTS UNDER THIS CREDIT.
***   ***   ***   ***

工厂补充资料如下。

品名及规格:200 毫米宽度塑料保鲜膜(Plastic Wrap Width 200 mm)
包装:48 pcs in one carton
每个纸箱装48 卷
纸箱尺寸:21 cm×30 cm×40 cm
纸箱重量:0.5 kg
每只保鲜膜重量:0.4 kg
船名(Vessel):COSCO NETHERLANDS
航次(V.):006W
提单号(B/L No.):TJUK098267
预计开航日期:2018 年3 月15 日
装运唛头:G.S.
       PE WRAP
       S. AMPTON
       CTN NO. 1-100

任务六　缮制海运出口货物委托书

知识目标

1. 了解海运出口货物委托书的结构。

2. 掌握海运出口货物委托书的主要条款。

能力目标

1. 能看懂海运出口货物委托书。

2. 能缮制海运出口货物委托书。

任务引入

　　2018 年 4 月 26 日,天津知学国际贸易有限公司接到韩国新韩银行开来的信用证,跟单信用证号码为 M4323102NU00876。商业发票、装箱单已经缮制完毕。发票号码为 TJ18-3002,发票日期为 May 5,2018。据此缮制海运出口货物委托书。

一、海运出口货物委托书的主要栏目

　　① 发货人(shipper)也称托运人,一般为出口商。本栏填出口商的名称、地址、电话、传真号码等。托运人可以是货主,也可以是其贸易代理人或是货运代理,在信用证方式下一般是信用证的受益人。

　　② 收货人(consignee),指收取货物的人,一般为进口商或其代理人。填写时应按合同或信用证的规定填写。

　　③ 被通知人(notify party),可以是收货人的代理人;信用证下为开证申请人,即实际的收货人;如有第二收货人,也可以填写第二收货人。

　　④ 接货地点(Place of Receipt,POR),承运人接收货物的内陆地点。

　　⑤ 装运港(Port of Loading,POL),实际货物装运的港口。

　　⑥ 卸货港(Port of Discharge,POD),实际货物被卸离船舶的最终港口。

　　⑦ 目的地(Final Destination,FND),货物最终的交货地的城市名称或地区名称。

　　⑧ 货物名称(description of goods),填写货物的名称、规格、型号、成分等。

　　⑨ 箱数与件数(nos. and kind of packages),集装箱内货物的外包装种类和数量。

　　⑩ 标记与封志号(Marks & Nos.),即唛头,是货物外包装上印有由简单的几何图形,一些字母、数字及简单文字组成的内容,其作用在于使货物在装卸、运输、保管过程中容易被有关人员识别,以防错发错运。

　　⑪ 毛重(Gross Weight,G. W.),以千克为计量单位。

　　⑫ 体积(Measurement,MEAS.),以立方米为计量单位。

　　⑬ 特种货物情况说明,如冷藏货物所需的温度,危险货物性能、等级等。

　　⑭ 运费支付(freight & charges),包括运费预付(freight prepaid)和运费到付(freight collect)两种方式。

　　⑮ 集装箱的种类、规格和箱数。

　　⑯ 集装箱的交接方式,即收、发货人与承运人交接集装箱货物的责任划分。

　　⑰ 提单签发要求,包括提单的签发份数、签发地点等。

　　⑱ 订舱货物的运输要求,如内陆运输是由发货人或其代理人自行安排还是海运承运人代为安排,托运人对货物在配载及时间上是否有特殊要求,货物可否转船、可否分批,装船期限以及信用证最迟装运期限等。可在空白处注明。

二、海运出口货物委托书的缮制

根据图 1-5 所示的信用证内容及图 1-7 所示的装箱单内容,缮制的海运出口货物委托书如图 1-8 所示。

海运出口货物委托书

2018 年 5 月 8 日

Shipper: Tianjin Zhixue Trading Co., Ltd.	B/L NO. : INV NO. : TJ18-3002
Consignee: To order	
Notify Party: Samyung Trading Co., Ltd., 18 Victory Road, Sonnan Dong, Kangnam Ku Seoul, Korea	
Vessel & V. :	
Port of Loading: Xingang China	Port of discharge: Busan Korea
No. of Original B/L: Three	Place and date of issue: Tianjin

SHIPPING MARKS	NO.	DESCRIPTION OF GOODS	G. W.	MEAS.
N/M	400 cartons	100% Cotton Men's T-shirt S~XXL Size Freight Prepaid Total four hundred cartons only.	3,600 kgs	25. 2 m³

特殊条款: 订舱 1×20′FCL,工厂装箱。

图 1-8　海运出口货物委托书

海运出口货物委托书要素及资料来源如表 1-14 所示。

表 1-14　海运出口货物委托书要素及资料来源

序　号	海运出口货物委托书要素	资料来源
1	订舱参考号码	同商业发票号码、装箱单号码
2	文件名称	订舱委托书
3	托运人	59 条款中的受益人名称
4	收货人	46A 条款中关于提单的条款 To Order
5	通知人	50 条款中的申请人名称地址
6	船名航次	空白
7	提单号	空白
8	装货港	44E 条款
9	卸货港	44F 条款
10	正本提单份数	46A 条款中关于提单条款,通常为 3 份
11	签单地点	装运港口所在城市
12	装运唛头	同商业发票、装箱单
13	运输包装种类	同商业发票、装箱单
14	运输包装件数	同商业发票、装箱单

（续表）

序　号	海运出口货物委托书要素	资料来源
15	货物描述	45A 条款或同装箱单
16	总毛重	同装箱单
17	总尺码	同装箱单
18	运费支付方式	46A 条款中关于提单条款
19	运输包装件数大写	Total...only.
20	特殊条款	希望的船期、箱型箱量、装箱地点等

做一做

根据图 1-8 中的海运出口货物委托书的内容,填写表 1-15。

表 1-15　海运出口货物委托书要素

序　号	海运出口货物委托书要素	从图 1-8 中提取相关内容填写
1	订舱参考号	
2	文件名称	
3	托运人	
4	收货人	
5	通知人	
6	船名航次	
7	提单号	
8	装货港	
9	卸货港	
10	正本提单份数	
11	签单地点	
12	装运唛头	
13	运输包装种类	
14	运输包装件数	
15	货物描述	
16	总毛重	
17	总尺码	
18	运费支付方式	
19	运输包装件数大写	
20	特殊条款	

知识拓展

1. 海运出口货物委托书的用途

海运出口货物委托书又称订舱单,是托运人(就是受益人)向货代、船代、船公司订舱使用的单据。制作精良的海运出口货物委托书还可用作提单样本。海运出口货物委托书是托运人与运输公司(承运人)订立运输合同的书面证据。

2. 海运出口货物委托书的货物描述栏

海运出口货物委托书的货物描述,无须与信用证的45A条款严格相符,只要做到不矛盾即可。例如,信用证45A条款列明染料(DYESTUFFS),红色(RED)50桶,绿色(GREEN)60桶,则该委托书的货物描述可以使用统称或简称,只写明染料(DYESTUFFS)即可。

3. 海运出口货物委托书的特殊条款

关于希望订舱的船期,参考班轮公司船期表获取。

关于指定的箱型,根据货物特性指定。例如,特殊体积的货物指定高箱,甚至开顶箱;需要温度控制的货物指定冷冻箱,等等。

关于装箱地点,可以约定托运人送货至货代的装箱点装箱,即CFS装箱,还可以约定让货代委托车队拖运空箱到托运人的工厂、仓库装箱,即到门服务Door。

4. 海运费支付方式

如果信用证的贸易术语为FOB,多为海运费到付(freight collect)。

如果信用证的贸易术语为CFR或CIF,多为海运费预付(freight prepaid)。

5. 重量单位、体积单位

常用重量单位为千克(kgs),体积单位为立方米(m^3)。

英语园地

1. shipper 或 consignor:托运人,发货人

2. consignee:收货人

3. notify party:通知人

4. vessel:船

5. voyage:航次,缩写为 Voy. 或 V.

课后训练

1. 根据下面的信用证及工厂资料缮制海运出口货物委托书。格式不限,但委托书要素不得缺失。

Own Address:CIBKCNBJ300 CHINA CITIC BANK(TIANJIN BRANCH)TIANJIN

Input Message Type:700 Issue of a Documentary Credit

Input Date/Time:180110/1616

Sent by : BIKEJPJSXXX THE SENSHU IKEDA BANK LTD. OSAKA
Output Date/Time : 180110/1516
Priority : Normal
***　　　　***　　　　***　　　　***
:27[Sequence of Total]1/1
:40A[Form of Documentary Credit]IRREVOCABLE
:20[Documentary Credit No.]LC-012-612-15116
:31C[Date of Issue]180110
:40E[Applicable Rules]UCP LATEST VERSION
:31D[Date and Place of Expiry]180210 BENEFICIARY'S COUNTRY
:50[Applicant]
AI KIKAKU CO., LTD.
AW BUILDING, 2-8-6 MINAMIKYUHOUJI-MACHI
CHUO-KU OSAKA JAPAN
:59[Beneficiary]
TIANJIN ZHIXUE TRADING CO., LTD.
NO. 8, YASHEN ROAD,
JINNAN DISTRICT, TIANJIN 300350, P. R. CHINA
:32B[Currency Code Amount]USD120,000.00
:39A[Percentage Credit Amount Tolerance]5/5
:41D[Available with... by...]ANY BANK BY NEGOTIATION
:42C[Drafts at...]DRAFTS AT SIGHT FOR FULL INVOICE COST
:42A[Drawee]BIKEJPJS THE SENSHU IKEDA BANK LTD. OSAKA
:43P[Partial Shipments]ALLOWED
:43T[Transshipment]PROHIBITED
:44E[Port of Loading/Airport of Departure]CHINESE PORT/AIR PORT
:44F[Port of Discharge/Airport of Destination]JAPANESE PORT/AIR PORT
:44C[Latest Date of Shipment]180131
:45A[Description of Goods and/or Services]
SNEAKERS 6,000 PAIRS CFR JAPAN
:46A[Documents Required]
+ SIGNED ORIGINAL COMMERCIAL INVOICES IN 3 COPIES.
+ 2/3 SET OF CLEAN ON BOARD OCEAN BILLS OF LADING MADE OUT TO ORDER OF SHIPPER AND BLANK
　ENDORSED AND MARKED "FREIGHT PREPAID" AND NOTIFY APPLICANT AND/OR CLEAN AIR WAYBILL
　CONSIGNED TO APPLICANT.
+ PACKING LIST IN THREE COPIES.
+ BENEFICIARY'S CERTIFICATE STATING THAT ONE SET OF NON-NEGOTIABLE SHIPPING DOCUMENTS AND
　1/3 SET OF ORIGINAL B/L HAVE BEEN SENT DIRECTLY TO APPLICANT IMMEDIATELY AFTER SHIPMENTBY
　COURIER.
:47A[Additional Conditions]
+ T/T REIMBURSEMENT PROHIBITED.
+ INSURANC TO BE EFFECTED BY APPLICANT.
+ 5 PERCENT MORE OR LESS IN AMOUNT AND QUANTITY IS ACCEPTABLE.
+ THE THIRD PARTY DOCUMENTS ARE ACCEPTABLE.
+ ALL DOCUMENTS MUST BE SENT US BY ONE LOT.
:71[Charges]
ALL BANKING CHARGES OUTSIDE JAPAN ARE FOR ACCOUNT OF BENEFICIARY.
:48[Period for Presentation]
10 DAYS AFTER THE DATE OF SHIPMENT BUT WITHIN THE VALIDITY OF THE CREDIT.
:49[Confirmation Instructions]WITHOUT
:78[Instructions to the paying/negotiating bank]
+ NEGOTIATING BANK MUST AIRMAIL DRAFTS AND ALL DOCUMENTS DIRECT TO US IN ONE LOT BY COURIER
　SERVICE(MAIL TO : THE SENSHU IKEDA BANK LTD. INT'L DIV. ADDRESS : 18-14 CHAYAMACHI, KITA-KU,
　OSAKA CITY, OSAKA 530-0013, JAPAN).
+ IN REIMBURSEMENT, WE SHALL REMIT THE PROCEEDS ACCORDING TO NEGOTIATING BANK'S INSTRUC-
　TIONS LESS REMITTANCE CHARGES USD60.00.
+ DISCREPANCY FEE OF USD50.00 WILL BE DEDUCTED FROM THE PROCEEDS FOR EACH PRESENTATION OF
　DISCREPANT DOCUMENTS UNDER THIS CREDIT.

:57D[Advise Through Bank]YR OFFICE NO. 14 NANJING ROAD,HE XI DISTRICT,TIANJIN,CHINA
***   ***   ***   ***

工厂提供的补充资料如下。

装运唛头:
AI
OSAKA
C/#1-500
MADE IN CHINA

单个纸箱尺码:70 cm×40 cm×35 cm
单个纸箱净重、毛重:
净重:12 kg
毛重:14 kg
纸箱包装,共计500个纸箱
配船信息:新港装船,大阪卸货,1×40′集装箱运输

2. 根据下面的信用证及工厂资料缮制海运出口货物委托书。格式不限,但委托书要素不得缺失。

Input Message Type:700 Issue of a Documentary Credit
Input Date/Time:180220/1016
Sender:BARCCNSHXX THE BARCLAY BANK LTD.
Receiver:BANK OF CHINA TIANJIN BRANCH
Priority:Normal
***   ***   ***   ***
:27[Sequence of Total]1/1
:40A[Form of Documentary Credit]IRREVOCABLE
:20[Documentary Credit No.]51160943
:31C[Date of Issue]180220
:40E[Applicable Rules]UCP 600
:31D[Date and Place of Expiry]180420 CHINA
:50[Applicant]
GLOBAL STANDARDS LTD.
507 HACKNEY ROAD LONDON UK E2 9ED
PHONE:0044 91710292
:59[Beneficiary]
TIANJIN ZHIXUE TRADING CO.,LTD.
NO. 8,YASHEN ROAD,
JINNAN DISTRICT,TIANJIN 300350,P. R. CHINA
:32B[Currency Code Amount]USD9,120. 00
:41D[Available with...by...]ANY BANK BY NEGOTIATION
:42C[Drafts at...]DRAFTS AT SIGHT
:42A[Drawee]BARCCNSHXX THE BARCLAY BANK LTD.
:43P[Partial Shipments]PROHIBITED
:43T[Transshipment]ALLOWED
:44E[Port of Loading/Airport of Departure]XINGANG CHINA
:44F[Port of Discharge/Airport of Destination]SOUTHAMPTON UK
:44C[Latest Date of Shipment]180330
:45A[Description of Goods and/or Services]
4,800 PCS PLASTIC WRAP WIDTH 200 MM AT USD1. 90/PC CIF SOUTHAMPTON

:46A[Documents Required]
+ SIGNED ORIGINAL COMMERCIAL INVOICES IN TRIPLICATE.
+ 3/3 CLEAN ON BOARD OCEAN BILLS OF LADING MADE OUT TO ORDER AND BLANK ENDORSED MARKED "FREIGHT PREPAID" AND NOTIFY APPLICANT.
+ DETAILED PACKING LIST IN THREE COPIES.
+ INSURANCE POLICY VALUED 110% OF INVOICE AMOUNT COVERING ICC(A)CLAUSES WITH CLAIM PAYABLE AGENT AT UK.
+ FORM A CERTIFICATE STATING THAT GOODS ARE OF CHINA ORIGIN.
:47A[Additional Conditions]
+ T/T REIMBURSEMENT PROHIBITED.
+ FORWARDER B/L IS ACCEPTABLE.
+ THE L/C NUMBER MUST BE INDICATED ON ALL DOCUMENTS.
:71[Charges]
ALL BANKING CHARGES OUTSIDE UK ARE FOR ACCOUNT OF BENEFICIARY]
:49[Confirmation Instructions]WITHOUT
:78[Instructions to the paying/negotiating bank]
+ NEGOTIATING BANK MUST AIRMAIL DRAFTS AND ALL DOCUMENTS DIRECT TO US IN ONE LOT BY COURIER SERVICE.
+ IN REIMBURSEMENT,WE SHALL REMIT THE PROCEEDS ACCORDING TO NEGOTIATING BANK'S INSTRUCTIONS LESS REMITTANCE CHARGES USD60.00.
+ DISCREPANCY FEE OF USD50.00 WILL BE DEDUCTED FROM THE PROCEEDS FOR EACH PRESENTATION OF DISCREPANT DOCUMENTS UNDER THIS CREDIT.
*** *** *** ***

工厂补充资料如下。

品名及规格:200 毫米宽度塑料保鲜膜(Plastic Wrap Width 200 mm)
包装:48 pcs in one carton
每个纸箱装48 卷
纸箱尺寸:21 cm×30 cm×40 cm
纸箱重量:0.5 kg
每只保鲜膜重量:0.4 kg
船名(Vessel):COSCO NETHERLANDS
航次(V.):006W
提单号(B/L No.):TJUK098267
预计开航日期:2018 年 3 月 15 日
装运唛头:G. S.
   PE WRAP
   S. AMPTON
   CTN NO. 1-100

任务七 缮制投保单

知识目标
 1. 了解投保单的结构。
 2. 掌握投保单的主要条款。

能力目标
 1. 能看懂保险单。
 2. 能缮制投保单。

任务引入

2018 年 4 月 26 日,天津知学国际贸易有限公司接到韩国新韩银行开来的信用证,跟单信用证号码为 M4323102NU00876。商业发票、装箱单已经缮制完毕。发票号码为 TJ18-3002,发票日期为 May 5,2018。5 月 8 日海运出口货物委托书递交天津诚达货运代理公司订舱。同日取得订舱回执,配船信息如下:船名为 QING YUN HE(青云河),航次为 0033S,提单号为 TGFXG000008,船公司为中国远洋集装箱运输有限公司(COSCO),预计开航日期为 MAY 15,2018。根据上述资料缮制投保单。

一、投保单

1. 投保单

投保申请单(简称投保单)一般是保险公司根据不同险种事先设计内容格式,由投保人进行填写的单据。投保单是保险公司风险衡量、保费计算、合同订立(出保单)的依据。投保单没有固定格式,由各保险公司自行设计,也可由货主自行设计。

2. 投保单栏目

① 投保人。投保人又称被保险人,是指与保险公司订立保险合同,并按照保险合同负有交付保险费义务的人。

② 发票号码。应填上所附的出口商业发票的号码。

③ 唛头。应与发票、提单上所载的标记符号相一致,特别要同刷在货物外包装上的实际标记符号一样,以免发生赔案时,引起检验、核赔、确定责任的混乱。

④ 包装及数量。按发票、装箱单如实填写。

⑤ 货物项目。填写货物的品名,此项要填具体货物名称,一般不要笼统地写纺织品、百货、杂货等,一定要与信用证上的名称保持一致。

⑥ 投保金额。应为商业发票金额的 110%。

⑦ 装载运输工具。按海运提单如实填写。

⑧ 赔付地点。多数为卸货港。

⑨ 起运日期/开航日期。填写提单日期。

⑩ 起运地名称。同提单。

⑪ 目的地名称。同提单。

⑫ 承保条件。同信用证 46A 条款相关信息。

⑬ 投保人签章。投保人签字并加盖公章。

⑭ 签单日期。应晚于商业发票日期,早于提单日期。

二、缮制投保单

根据图 1-5 所示的信用证内容、图 1-6 所示的商业发票内容及配船信息,缮制的投保单如图1-9所示。

配船信息如下。

船名:QING YUN HE(青云河)
航次:0033S
提单号:TGFXG000008
船公司:中国远洋集装箱运输有限公司(COSCO)
预计开航日期:MAY 15,2018

投 保 单

INVOICE NO. TJ18-3002

被保险人	TIANJIN ZHIXUE TRADING CO.,LTD.		
唛头	数量	保险物资项目	保险金额
AS PER INV NO. TJ18-3002	400 CARTONS	100% COTTON MEN'S T-SHIRT S ~ XXL Size Documentary Credit No. M4323102NU00876 dated 180425	USD87,120.00

装　QING YUN HE V. 0033S　开航日期约为AS PER B/L DATE
自　XINGANG CHINA 至BUSAN KOREA

投保险别:(将信用证要求条件全部录下)
Full set of insurance policy endorsed in blank for 110% of the commercial invoice value,with claims payable in Korea in the currency of draft,covering the PICC all risks and war risks clause.
NO. OF ORIGINAL INSURANCE POLICY ISSUED:TWO

ISSUE DATE: MAY. 12,2018	投保人签章

图1-9　投保单

投保单要素及资料来源如表1-16所示。

表1-16　投保单要素及资料来源

序　号	投保单要素	资料来源
1	参考号码	同商业发票号码
2	文件名称	投保单
3	被保险人	59条款受益人名称
4	装运唛头	同对应商业发票号码唛头
5	数量	同商业发票运输包装的种类及件数
6	保险物资项目	同商业发票货名及规格
7	保险金额	商业发票金额×110%,币制与商业发票同
8	装运方式	船名、航次
9	装货港	44E条款
10	卸货港	44F条款
11	开航日	同提单日
12	投保险别	46A条款中关于保险的摘录
13	正本保单份数	2份
14	保单签署日期	商业发票日之后,提单日之前
15	赔付地点	进口国
16	赔付币制	同商业发票、汇票、信用证

做一做

请你仔细阅读图1-9中的投保单内容,填写表1-17。

表1-17　投保单要素

序　号	投保单要素	从图1-9中提取相关内容填写
1	参考号码	
2	文件名称	
3	被保险人	
4	装运唛头	
5	数量	
6	保险物资项目	
7	保险金额	
8	装运方式	
9	装货港	
10	卸货港	
11	开航日	
12	投保险别	
13	正本保单份数	
14	保单签署日期	
15	赔付地点	
16	赔付币制	

知识拓展

1. 投保单的作用

投保单是被保险人(受益人、投保人)向保险人(保险公司)购买保险单时使用的单据,也是被保险人向保险人订立保险合同的书面申请。

2. 保险人

保险人又称承保人,一般是保险公司。保险公司按照约定的保险费率向被保险人收取保费之后,签署正式保险单。当货物在运输途中遭遇风险时,应对被保险人做出相应赔偿。

3. 被保险人

被保险人通常是提单的托运人,信用证的受益人,也称投保人。

4. 赔付地点

多数保单的赔付地点约定在进口国。因为保险单可以经过背书后,将索赔权利转让给进口方。

5. 投保险别

中国人保(PICC)系统的 3 个基本险种为 FPA(Free Particular Average,平安险)、WPA(With Particular Average,水渍险)、All Risks(一切险);另外还有 2 个附加险种,分别为 War Risks(战争险)和 Strike Risks(罢工险)。

伦敦保险协会的 3 个基本险种为 ICC(A)、ICC(B)、ICC(C);另外还有 2 个附加险种,分别为 War Risks(战争险)和 Strike Risks(罢工险)。

6. 保险加成

通常信用证规定保险金额为发票金额的 110%,即有 10% 的加成。

7. 保险费

保险费 = 保险标的金额 × 保险费率

英语园地

1. insurance policy:保险单

2. assured 或 insured:被保险人

3. insurer:保险人

4. claims:索赔

5. payable:赔偿

6. endorse:背书

7. blank:空白的

8. as per:如同,参见

课后训练

1. 根据下面的信用证缮制的商业发票及海运出口货物委托书,以及所提供的模拟订舱信息(船名、航次、提单号及预计离港日期),填写投保单。格式不限,但投保单要素不得缺失。

```
Input Message Type:700 Issue of a Documentary Credit
Input Date/Time:180220/1016
Sender:BARCCNSHXX THE BARCLAY BANK LTD.
Receiver:BANK OF CHINA TIANJIN BRANCH
Priority:Normal
  ***        ***        ***         ***
:27[Sequence of Total]1/1
:40A[Form of Documentary Credit]IRREVOCABLE
:20[Documentary Credit No.]51160943
:31C[Date of Issue]180220
:40E[Applicable Rules]UCP 600
:31D[Date and Place of Expiry]180420 CHINA
:50[Applicant]
GLOBAL STANDARDS LTD.
507 HACKNEY ROAD LONDON UK E2 9ED
PHONE:0044 91710292
```

:59〔Beneficiary〕

TIANJIN ZHIXUE TRADING CO.,LTD.

NO. 8 ,YASHEN ROAD ,

JINNAN DISTRICT ,TIANJIN 300350 ,P. R. CHINA

:32B〔Currency Code Amount〕USD9 ,120. 00

:41D〔Available with. . . by. . . 〕ANY BANK BY NEGOTIATION

:42C〔Drafts at. . . 〕DRAFTS AT SIGHT

:42A〔Drawee〕BARCCNSHXX THE BARCLAY BANK LTD.

:43P〔Partial Shipments〕PROHIBITED

:43T〔Transhipment〕ALLOWED

:44E〔Port of Loading/Airport of Departure〕XINGANG CHINA

:44F〔Port of Discharge/Airport of Destination〕SOUTHAMPTON UK

:44C〔Latest Date of Shipment〕180330

:45A〔Description of Goods and/or Services〕

4 ,800 PCS PLASTIC WRAP WIDTH 200 MM AT USD1. 90/PC CIF SOUTHAMPTON

:46A〔Documents Required〕

+ SIGNED ORIGINAL COMMERCIAL INVOICES IN TRIPLICATE.

+ 3/3 CLEAN ON BOARD OCEAN BILLS OF LADING MADE OUT TO ORDER AND BLANK ENDORSED MARKED
"FREIGHT PREPAID" AND NOTIFY APPLICANT.

+ DETAILED PACKING LIST IN THREE COPIES.

+ INSURANCE POLICY VALUED 110% OF INVOICE AMOUNT COVERING ICC(A)CLAUSES WITH CLAIM PAYA-
BLE AGENT AT UK.

+ FORM A CERTIFICATE STATING THAT GOODS ARE OF CHINA ORIGIN.

:47A〔Additional Conditions〕

+ T/T REIMBURSEMENT PROHIBITED.

+ FORWARDER B/L IS ACCEPTABLE.

+ THE L/C NUMBER MUST BE INDICATED ON ALL DOCUMENTS.

:71〔Charges〕

ALL BANKING CHARGES OUTSIDE UK ARE FOR ACCOUNT OF BENEFICIARY

:49〔Confirmation Instructions〕WITHOUT

:78〔Instructions to the paying/negotiating bank〕

+ NEGOTIATING BANK MUST AIRMAIL DRAFTS AND ALL DOCUMENTS DIRECT TO US IN ONE LOT BY COURIER
SERVICE.

+ IN REIMBURSEMENT ,WE SHALL REMIT THE PROCEEDS ACCORDING TO NEGOTIATING BANK'S INSTRUC-
TIONS LESS REMITTANCE CHARGES USD60. 00.

+ DISCREPANCY FEE OF USD50. 00 WILL BE DEDUCTED FROM THE PROCEEDS FOR EACH PRESENTATION OF
DISCREPANT DOCUMENTS UNDER THIS CREDIT.

***   ***   ***   ***

工厂补充资料如下。

品名及规格 :(200 毫米宽度塑料保鲜膜)Plastic Wrap Width 200 mm

包装 :48 pcs in one carton

每个纸箱装 48 卷

纸箱尺寸 :21 cm × 30 cm × 40 cm

纸箱重量 :0. 5 kg

每只保鲜膜重量 :0. 4 kg

船名(Vessel) :COSCO NETHERLANDS

航次(V.) :006W

提单号(B/L No.) :TJUK098267

预计开航日期 :2018 年 3 月 15 日

装运唛头 :G. S.

        PE WRAP

        S. AMPTON

        CTN NO. 1-100

2. 根据已填制的投保单及信用证审核保险单。要求 ,参考图 1 - 5 所示信用证条款及

图 1-9 所示投保单,审核保险公司签署的保险单是否符合规定。若发现不符点,请修改保险单。

中国人民保险公司天津市分公司

The People's Insurance Company of China TianJin Branch

总公司设于北京　　　　　　　　一九四九年创立

Head Office Beijing　　　　　　Established in 1949

货物运输保险单

CARGO TRANSPORTATION INSURANCE POLICY

发票号码(INVOICE NO.)TJ18-3002　　　　　　　　　　保险单号次

合同号(CONTRACT NO.)　　　　　　　　　　　　　　Policy No.　　PLC0693

信用证号(L/C NO.)M4323102NU00876　　DATED 180425

被保险人:

Insured:TIANJIN ZHIXUE TRADING CO.,LTD

中国人民保险有限公司(以下简称本公司)根据被保险人的要求,由被保险人向本公司缴付约定的保险费,按照本保险单承担险别和背面所载条款与下列特别条款承保下列货物运输保险,特立本保险单。

This policy of Insurance witnesses that the People's Insurance Company of China(hereinafter called "The Company"),at the request of the Insured and in consideration of the agreed premium paid to the company by the Insured,undertakes to insure the undermentioned goods in transportation subject to conditions of the Policy as per the Clauses printed overleaf and other special clauses attached hereon.

标记 Marks & Nos.	包装及数量 Quantity	保险货物项目 Descriptions of Goods	保险金额 Amount Insured
AS PER INV NO. TJ18-3002	9,600 PCS	100% COTTON MEN'S T-SHIRT S~XXL Size	USD87,120.00

总保险金额:

Total Amount Insured:SAY US DOLLARS EIGHTY SEVEN THOUSAND ONE HUNDRDE AND TWENTY ONLY

保费　　　　　　　　起运日期　　　　　　　　　　装载运输工具

Premium　AS ARRANGED　　Date of commencement:AS PER B/L　　Per conveyance：QING YUN HE V. 0033S

自　　　　　　　　　经　　　　　　　　　　　　　至

Form　XINGANG CHINA　　VIA　　　　　　　　　To　BUSAN KOREA

承保险别(Conditions):For 110% of the invoice value covering PICC all risks and clause

所保货物,如发生本保险单项下可能引起索赔的损失或损坏,应立即通知本公司下述代理人查勘。如有索赔,应向本公司提交保险单正本(本保险单共有　2　份正本)及有关文件。如一份正本已用于索赔,其余正本则自动失效。

In the event of loss or damage which may result in acclaim under this Policy,immediate notice must be given to the Company's Agent as mentioned here under. Claims,if any,one of the Original Policy which has been issued in　TWO　original(s)together with the relevant documents shall be surrendered to the Company. If one of the Original Policy has been accomplished,the others to be void.

中国人民保险公司天津市分公司

The People's Insurance Company of China Tianjin Branch

赔款偿付地点

Claim payable at　BUSAN KOREA IN USD

王天华

出单日期　　　　　　　　　　　　　　　　　　　Authorized Signature

Issuing Date　MAY 12,2018

地址:　　　　　　　　　　　　　　　　电话(TEL):

Address:TIANJIN CHINA　　　　　　　　传真(FAX):

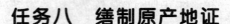

任务八 缮制原产地证

知识目标

1. 了解原产地证的结构。
2. 掌握原产地证的主要条款。

能力目标

1. 能缮制一般原产地证。
2. 能缮制 FORM A 原产地证。

任务引入

2018 年 2 月 20 日,天津知学国际贸易有限公司接到中国银行天津分行通知,英国巴克利银行开来信用证,跟单信用证号码为 51160943。其中信用证 46A 条款需要的单据中列明:FORM A CERTIFICATE STATING THAT GOODS ARE OF CHINA ORIGIN。请根据信用证条款、商业发票、工厂提供的货物信息填制 FORM A 原产地证。

一、原产地证的概念

原产地证是国际贸易中的出口国或地区的签证机构根据原产地规则和有关规定签发的,明确指明该证书所列货物的原产地为某一国家或地区的书面文件。原产地证在国际贸易中具有非常重要的作用,是各国海关确定进口商品关税适用税率的重要依据。

随着世界经济区域化、全球化进程的不断推进,原产地证的应用领域已覆盖到包括最惠国待遇、国别数量限制、自由贸易区关税政策、政府采购等国际贸易活动的方方面面。我国出口货物原产地证是由国家授权的签证机构根据《中华人民共和国进出口货物原产地条例》以及原产地判定标准等配套法规来签发的。原产地的认定标准与获得原产地证书十分重要,它直接关系到贸易国之间的贸易关系,影响到国家产业政策、吸收外资政策以及贸易政策等政府决策的实施。随着我国对外贸易规模地不断扩大,对外贸易地位地不断提升,出口企业应当重视和熟悉原产地证以及原产地相关的法律法规和国际条约;签证机构和相关主管部门应当管理好、宣传好原产地证及法律法规,使原产地证在促进我国对外贸易发展方面发挥更加积极的作用。

二、原产地证的种类

原产地证大致分为一般原产地证(CERTIFICATE OF ORIGIN)和普惠制原产地证(FORM A)。前者仅证明出口货物原产自中国,既可由代表民间商会机构的中国贸促会

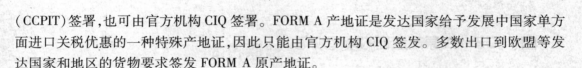

（CCPIT）签署,也可由官方机构 CIQ 签署。FORM A 产地证是发达国家给予发展中国家单方面进口关税优惠的一种特殊产地证,因此只能由官方机构 CIQ 签发。多数出口到欧盟等发达国家和地区的货物要求签发 FORM A 原产地证。

三、一般原产地证的填写规范

① 出口商(exporter)。此栏不得留空,填写出口商的名称、详细地址及国家(地区)。出口商名称是指在中国工商行政管理局注册批准的名称,应与第 11 栏签章相符。若需转口其他地区,则填写转口商名称时,在出口商后面加英文 VIA,再填写转口商名称、地址和国家。

② 收货方(consignee)。此栏应填写最终收货方的名称、详细地址及国家(地区)。通常是外贸合同中的买方或信用证上规定的提单通知人。但往往由于贸易的需要,信用证上规定所有单证收货人一栏留空,在这种情况下,此栏应加注 To whom it may concern,或 To order,或"＊＊＊",但不得留空。

③ 运输方式和路线(means of transport and route)。此栏填写 2 项内容:运输方式,如海运、空运、陆运;运输路线。海运、陆运应填写装货港、到货港。如果经转运,还应注明转运地。注意装货港必须在中国境内。多式联运要分阶段说明。

④ 目的地国家(地区)(country/region of destination)。此栏填写货物最终运抵目的地的国家或地区,即货物最终进口国(地区),一般应与最终收货人所在国家(地区)一致,或最终目的港国别一致,不能填写中间商国家名称。

⑤ 供出证签证机构使用(for certifying authority use only)。此栏由签证机构在签发后发证书、补发证书或加注其他声明时使用,一般留空不填。

⑥ 标记唛码(marks and numbers)。此栏按照商业发票上所列唛头填写完整。若没有唛头,则填"N/M",不得留空不填。

⑦ 品名及包装种类和件数(Number and kind of packages；Description of goods)。此栏按商业发票填写,品名要具体,不得概括;包装种类和件数要按具体单位填写总的包装件数,并在阿拉伯数字后加注英文表述,末行要打上表示结束的符号,以防加填。若货物为散装,则在品名后加注 In bulk。

⑧ HS 编码(HS code)。此栏目填写海关商品编码前 6 位数。

⑨ 数量或质量(quantity of weight)。此栏填写出口货物的量值及商品计量单位,若无则填质量。

⑩ 发票号码及日期(number and date of invoice)。此栏按实际填写,如 INVOICE NO.: FHTO21T INVOICE DATE:DEC 10,2018。

⑪ 出口商声明(declaration by the exporter)。此栏已事先印好,由出口商填写签发地点、日期并盖公章和专人签字,且签字和公章不得重合。

⑫ 证明(certification)。此栏由贸促会或商检局签发地点、日期、盖章和手签。

四、FORM A 原产地证的填写规范

① 出口商名称、地址及所在国（exporter's business name，address，country）。此栏应填明在中国境内的出口商详细地址，包括街道名、门牌号码等。出口商必须是已办理产地证注册的企业，且公司英文名称应与检验检疫局注册备案的一致。此栏切勿有香港、台湾等中间商出现。

② 收货人名称、地址、国家（consignee's name，address，country）。此栏一般应填给惠国最终收货人名称（即信用证上规定的提单通知人或特别声明的收货人）。此栏不能填香港、台湾等其他中间商的名称。在特殊情况下，此栏也可填上 To order 或 To whom it may concern。

③ 运输方式和路线（means of transport and route）。此栏按信用证或合同规定，填起运地、目的地及采用的运输方式。运输路线始发地应填中国大陆最后一个离境地，如果是转运货物，应加上转运港，如 FROM NINGBO TO PIRAEUS，GREECE VIA HONGKONG BY SEA。运输方式有海运、陆运、空运、海空联运等。

④ 供官方使用（for official use）：由签证机构根据需要填写。

- 如属"后发"证书，签证当局会在此栏加打 Issued retrospectively。
- 如属签发"复本"（重发证书），签证当局会在此栏注明原发证书的编号和签证日期，并声明原发证书作废，其文字是：This certificate is in replacement of certificate of origin NO....dated...which is cancelled，并加打 Duplicate。
- 出口日本产品采用日本原料的，签证当局会在此栏加打 See the annex NO....。
- 出口欧洲联盟国家或挪威、瑞士的产品采用上述国家原料的，签证当局会在此栏加打 EC CUMULATION、NORWAY CUMULATION 或 SWITZERLAND CUMULATION。

⑤ 商品项目编号（item number）。有几种商品，就给它编几个号码，如 1、2、3 等；若只有一种商品，此栏填 1。

⑥ 标记唛码（marks and numbers of packages）。此栏按实际货物和商业发票上的唛头，填写完整的图案文字标记及包装号。唛头中处于同一行的内容不要换行打印。

此栏填写时应注意以下几点。

- 唛头不得出现 HONGKONG、MACAO、TAIWAN 等中国内地以外其他产地制造字样。
- 此栏不得留空。货物无唛头时，应填"N/M"。如果唛头过多，可填在第 7、8、9、10 栏的空白处。
- 如果唛头为图文等较复杂的，则可在该栏填上 See attachment，并另加附页。附页需一式三份，附页上方填上 Attachment to the certificate of origin FORM A NO...（证书号码），参照 FORM A 证书；附页下方两边分别打上签证地点、签证日期和申报地点、申报日期；附页右下方盖上申报单位签证章并由申报单位申报员签名。附页应与FORM A 证书大小一致。

⑦ 品名及包装种类和件数（Number and kind of packages；Description of goods）。此栏一般应按商业发票填写，品名要具体，不得概括；包装种类和件数要用阿拉伯数字和英文同时表示，在下行要打上表示结束的符号，以防加填。若货物为散装，则在品名后加注 In bulk。

此栏填写时应注意:请勿忘记填写包装数量及种类,并在包装数量的英文数字描述后用括号加上阿拉伯数字。商品名称应填写具体,应详细到可以准确判定该商品的 HS 品目号。如果信用证中品名笼统或拼写错误,必须在括号内加注具体描述或正确品名。商品名称等项列完后,应在末行加上截止线,以防止外商加填伪造内容。国外信用证有时要求填写合同、信用证号码等,可加在此栏截止线上方,并以"REMARKS:"作为开头。例如:

FIVE HUNDRED(500)CTNS OF SHRIMPS

REMARKS:L/C:2846905067640

***　　　***　　　***　　　***　　　***

⑧ 原产地标准(origin criterion)。此栏用字最少,但却是国外海关审证的核心项目。对含有进口成分的商品,因情况复杂,国外要求严格,极易弄错而造成退证,应认真审核。

填写时应注意以下几点。

● 完全原产的,填写 P。

● 含有进口成分,但符合原产地标准,输往下列国家时,填写如下。

　　* 挪威、瑞士、欧盟、日本、土耳其:填 W,其后填明出口产品在《商品名称和编码协调制度》中的 4 位数税则号(如 W 96.18);但属于给惠国成分的进口原料可视作本国原料,所以,如果产品的进口成分完全采用给惠国成分,则该产品的原产地标准仍填 P。

　　* 加拿大:进口成分占产品出厂价的 40% 以下,填 F。

　　* 俄罗斯、白俄罗斯、乌克兰、哈萨克斯坦:进口成分不得超过产品离岸价的 50%,填 Y,其后填明进口原料和部件的价值在出口产品离岸价中所占百分比(如 Y 35%)。

　　* 澳大利亚和新西兰:本国原料和劳务不低于产品出厂成本的 50%,本栏留空。

⑨ 数量或重量(gross weight or other quantity)。此栏填写出口货物的量值及商品计量单位,若无则填重量。

注意,此栏应以商品的正常计量单位填,如只、件、匹、双、台、打等。以质量计算的则填毛重,只有净重的,填净重也可,但要标上:N. W. (NET WEIGHT)。

⑩ 发票号码及日期(number and date of invoices)。此栏按实际填写,如 INVOICE NO.:FHTO21T INVOICE DATE:DEC 10,2018。

⑪ 出口商声明(declaration by the exporter)。此栏已事先印好,由出口公司填写签发地点、日期并加盖公章和专人签字,公章应为中英文对照章,且签字与公章不得重合。此栏填写签证地点和日期,一般情况下与出口商申报日期、地点一致,签证机构授权签证人员在此栏手签,并加盖签证当局印章。如果进口国为俄罗斯,需在此栏加注直属检验检疫局的英文全称,如 NINGBO ENTRY-EXIT INSPECTION AND QUARANTINE BUREAU OF THE PEO-PLE'S REPUBLIC OF CHINA。

⑫ 证明(certification)。此栏由商检局填写签发地点、日期、盖章和手签。

生产国的横线上应填上 CHINA(证书上已印制)。进口国横线上的国名一定要填写正确,进口国必须是给惠国,一般与最终收货人或目的港的国别一致。凡货物发往欧盟 27 国的,进口国不明确时,进口国可填 E. U. 。

申请单位的申报员应在此栏签字,加盖已注册的单据签证章,填上申报地点、时间,印章应清晰,如 TIANJIN,CHINA MAY. 24,2018。

知识拓展

HS CODE(海关商品编码):世界海关组织将所有商品冠以数字编码以统一认识商品。目前各国海关的通识程度只达到前 6 位。中国海关按照 10 位数编码对进出境货物进行监管、统计。

五、FORM A 原产地证的填写

根据图 1-10 所示的信用证、图 1-11 所示的商业发票,缮制的 FORM A 原产地证如图 1-12 所示。

Input Message Type:700 Issue of a Documentary Credit
Input Date/Time:180220/1016
Sender:BARCCNSHXX THE BARCLAY BANK LTD.
Receiver:BANK OF CHINA TIANJIN BRANCH
Priority:Normal
    ***   ***   ***   ***
:27[Sequence of Total]1/1
:40A[Form of Documentary Credit]IRREVOCABLE
:20[Documentary Credit No.]51160943
:31C[Date of Issue]180220
:40E[Applicable Rules]UCP 600
:31D[Date and Place of Expiry]180420 CHINA
:50[Applicant]
GLOBAL STANDARDS LTD.
507 HACKNEY ROAD LONDON UK E2 9ED
PHONE:0044 91710292
:59[Beneficiary]
TIANJIN ZHIXUE TRADING CO.,LTD.
NO. 8,YASHEN ROAD,
JINNAN DISTRICT,TIANJIN 300350,P. R. CHINA
:32B[Currency Code Amount]USD9,120. 00
:41D[Available with. . . by. . .]ANY BANK BY NEGOTIATION
:42C[Drafts at. . .]DRAFTS AT SIGHT
:42A[Drawee]BARCCNSHXX THE BARCLAY BANK LTD.
:43P[Partial Shipments]PROHIBITED
:43T[Transshipment]ALLOWED
:44E[Port of Loading/Airport of Departure]XINGANG CHINA
:44F[Port of Discharge/Airport of Destination]SOUTHAMPTON UK
:44C[Latest Date of Shipment]180330
:45A[Description of Goods and/or Services]
4,800 PCS PLASTIC WRAP WIDTH 200 MM AT USD1. 90/PC CIF SOUTHAMPTON
:46A[Documents Required]
+ SIGNED ORIGINAL COMMERCIAL INVOICES IN TRIPLICATE.
+3/3 CLEAN ON BOARD OCEAN BILLS OF LADING MADE OUT TO ORDER AND BLANK ENDORSED MARKED
  "FREIGHT PREPAID" AND NOTIFY APPLICANT.

图 1-10 信用证

+ DETAILED PACKING LIST IN THREE COPIES.

+ INSURANCE POLICY VALUED 110% OF INVOICE AMOUNT COVERING ICC（A）CLAUSES WITH CLAIM PAYABLE AGENT AT UK.

+ FORM A CERTIFICATE STATING THAT GOODS ARE OF CHINA ORIGIN.

:47A［Additional Conditions］

+ T/T REIMBURSEMENT PROHIBITED.

+ FORWARDER B/L IS ACCEPTABLE.

+ THE L/C NUMBER MUST BE INDICATED ON ALL DOCUMENTS.

:71［Charges］

ALL BANKING CHARGES OUTSIDE UK ARE FOR ACCOUNT OF BENEFICIARY.

:49［Confirmation Instructions］WITHOUT

:78［Instructions to the paying/negotiating bank］

+ NEGOTIATING BANK MUST AIRMAIL DRAFTS AND ALL DOCUMENTS DIRECT TO US IN ONE LOT BY COURIER SERVICE.

+ IN REIMBURSEMENT, WE SHALL REMIT THE PROCEEDS ACCORDING TO NEGOTIATING BANK'S INSTRUCTIONS LESS REMITTANCE CHARGES USD60.00.

+ DISCREPANCY FEE OF USD50.00 WILL BE DEDUCTED FROM THE PROCEEDS FOR EACH PRESENTATION OF DISCREPANT DOCUMENTS UNDER THIS CREDIT.

***　　　***　　　***　　　***

图 1-10（续）

工厂补充资料如下。

品名及规格:200 毫米宽度塑料保鲜膜（Plastic Wrap Width 200 mm）
包装:每个纸箱装 48 卷（48 pcs in one carton）
纸箱尺寸:21 cm×30 cm×40 cm
纸箱重量:0.5 kg
每只保鲜膜重量:0.4 kg
船名（Vessel）:COSCO NETHERLANDS
航次（V.）:006W
提单号（B/L No.）:TJUK098267
预计开航日期:2018 年 3 月 15 日
装运唛头:G. S.
　　　　　PE WRAP
　　　　　S. AMPTON
　　　　　CTN NO. 1-100

天津知学国际贸易有限公司

TIANJIN ZHIXUE TRADING CO.,LTD.

NO. 8 YASHEN ROAD,JINNAN DISTRICT,TIANJIN 300350 P. R. CHINA.

COMMERCIAL INVOICE

Invoice No. TJ18-3027　　　　　　　　　　　　　　Tianjin Feb. 23,2018

To:M/S. GLOBAL STANDARDS LTD. 507 HACKNEY ROAD LONDON UK E2 9ED PHONE:0044 91710292

Shipped by SEA

From XINGANG CHINA　　　　　　　　　　　　　To SOUTHAMPTON UK

Shipping Marks	Description of Goods	Amount
G. S. PE WRAP S. AMPTON CTN NO. 1-100	100 CARTONS =4,800 PCS NET OF:- PLASTIC WRAP WIDTH 200 MM AT USD1.90/PC, TOTAL CIF SOUTHAMPTON... PACKING:48 PCS IN EACH CARTON	USD9,120.00

图 1-11　商业发票

ORIGINAL

1. Goods consigned from (Exporter's business name, address, country) TIANJIN ZHIXUE TRADING CO., LTD. NO. 8 YASHEN ROAD, JINNAN DISTRICT, TIANJIN 300350 P. R. CHINA	Reference No. GENERALIZED SYSTEM OF PREFERENCES CERTIFICATE OF ORIGIN (Combined declaration and certificate) FORM A Issued in THE PEOPLE'S REPUBLIC OF CHINA (country) See Notes overleaf
2. Goods consigned to (Consignee's name, address, country) GLOBAL STANDARDS LTD. 507 HACKNEY ROAD LONDON UK E2 9ED PHONE: 0044 91710292	
3. Means of transport and route (as far as known) FROM XINGANG CHINA TO SOUTHAMPTON UK BY SEA	4. For official use

5. Item number	6. Marks and numbers of packages	7. Number and kind of packages; description of goods	8. Origin criterion (see Notes overleaf)	9. Gross weight or other quantity	10. Number and date of invoices
1	G. S. PE WRAP S. AMPTON CTN NO. 1 –100	ONE HUNDRED (100) CARTONS NET OF –: PLASTIC WRAP WIDTH 200 MM *** *** *** *** ***	"P"	4,800 PCS	TJ18 –3027 FEB. 23 ,2018

11. Certification It is hereby certified, on the basis of control carried out, that the declaration by the exporter is correct. TIANJIN CHINA, FEB. 23 ,2018 Place and date, signature and stamp of certifying authority	12. Declaration by the exporter The undersigned hereby declares that the above details and statements are correct, that all the goods were CHINA produced in (country) and that they comply with the origin requirements specified for those goods in the Generalized System of Preferences for goods exported to TIANJIN CHINA, FEB. 23 ,2018 Place and date, signature and stamp of authorized signatory

图 1–12　FORM A 原产地证

FORM A 原产地证要素及制单依据如表 1–18 所示。

表 1–18　FORM A 原产地证要素及资料来源

序　号	FORM A 要素	资料来源
1	出口人	59 条款受益人名称地址
2	收货人	50 条款申请人名称地址
3	运输路径	商业发票中的 From、to、by 等运输信息
4	官方用	留空，供机构填写
5	项目数	参考商业发票货物种类，如果单一货品填1
6	装运唛头	同商业发票唛头
7	运输包装种类及件数，货物描述	件数要求"数字＋文字"，货物描述与商业发票同 此栏目打字结束时需要用"＊＊＊"封口

（续表）

序　号	FORM A 要素	资料来源
8	原产地标准	完全国产打字母 P
9	毛重或其他数量	发票的计价数量
10	商业发票号码及日期	参考商业发票
11	官方签署,地点与日期	地点为所在城市、中国,日期为商业发票日期
12	出口方签署,地点与日期	受益人签字盖章,地点为所在城市、中国,日期为商业发票日期

做一做

仔细阅读图 1-12 所示的 FORM A 原产地证,然后将识读的内容合理地填入表 1-19。

表 1-19　FORM A 要素

序　号	FORM A 要素	从图 1-12 中提取相关内容填写
1	出口人	
2	收货人	
3	运输路径	
4	官方用	
5	项目数	
6	装运唛头	
7	运输包装种类及件数,货物描述	
8	原产地标准	
9	毛重或其他数量	
10	商业发票号码及日期	
11	官方签署,地点与日期	
12	出口方签署,地点与日期	

六、一般原产地证的填写

根据图 1-5 所示的信用证、图 1-6 所示的商业发票,缮制的一般原产地证如图 1-13 所示。

远洋运输单证

1. Exporter (full name address and country) TIANJIN ZHIXUE TRADING CO.,LTD. NO. 8 YASHEN ROAD, JINNAN DISTRICT, TIANJIN 300350 P. R. CHINA. TEL:022 88888888 FAX:77777777	Certificate No. CCPIT 091810528 CERTIFICATE OF ORIGIN OF THE PEOPLE'S REPUBLIC OF CHINA
2. Consignee (full name address and country) TRADING CO., LTD., 18 VICTORY ROAD, SAMYUNG SONNAN DONG, KANGNAM KU SEOUL, KOREA	
3. Means of transport and route FROM XINGANG CHINA TO BUSAN KOREA BY SEA	5. For certifying authority use only
4. Country / region of destination KOREA	

6. Marks and numbers N/M	7. Number and kind of packages; description of goods FOUR HUNDRED (400) CARTONS NET OF: 100% COTTON MEN'S T-SHIRT S~XXL SIZE *** *** *** *** *** ***	8. H. S. Code 6109.10	9. Quantity 9600 PCS	10. Number and date of Invoices TJ18-3002 MAY. 5,2018

11. Declaration by the exporter The undersigned hereby declares that the above details and statements are correct, that all the goods were produced in China and that they comply with the Rules of Origin of the People's Republic of China. TIANJIN CHINA, MAY. 5,2018 --------------------------------------- Place and date, signature and stamp of authorized signatory	12. Certification It is hereby certified that the declaration by the exporter is correct. CHINA COUNCIL FOR THE PROMOTION OF INTERNATIONAL TRADE TIANJIN CHINA, MAY. 5,2018 --------------------------------------- Place and date, signature and stamp of certifying authority

图 1-13　一般原产地证

58

一般原产地证要素及制单依据如表1-20所示。

表1-20 一般原产地证要素及资料来源

序 号	一般产地证要素	资料来源
1	出口人	商业发票的开票人,59条款受益人名称地址
2	收货人	商业发票抬头人,50条款申请人名称地址
3	运输路径	商业发票中的From,to,by等运输信息
4	目的地国家(地区)	商业发票抬头人所在国家(地区)
5	官方用	留空,供机构填写
6	装运唛头	同商业发票唛头
7	运输包装种类及件数,货物描述	件数要求"数字+文字",货物描述与商业发票同 此栏目打字结束时需要用"***"封口
8	海关编码	填写6位海关商品编码,参见报关单
9	数量	货物的运输包装数、毛重或个数等
10	商业发票号码及日期	参考商业发票
11	出口方签署,地点与日期	受益人签字盖章,地点为所在城市、中国,日期为商业发票日期
12	贸促会签署,地点与日期	地点为所在城市、中国,日期为商业发票日期

英语园地

1. Certificate of Origin:原产地证,C. O. 产地证
2. FORM A:普惠制格式A原产地证

课后训练

1. 利用以下商业发票填制 FORM A 原产地证。

保定东龙工业有限公司

BAODING EAST DRAGON INDUSTRIAL CO.,LTD.

NO. 217 XINHUA STREET,BAODING,HEBEI,CHINA.

COMMERCIAL INVOICE

Invoice No. BD1896

To:M/S. SCHNEIDER FORCE CO.,LTD. ELBCHAUSSEE 268,22605 HAMBURG,GERMANY.

Shipped by SEA

From TIANJIN

BAODING,MAY. 10,2018

To HAMBURG

Shipping Marks	Description of Goods	Amount
N/M	11 CASES = 550 PCS NET OF:- CLEAR FLOAT GLASS 1,800 mm×1,600 mm×8 mm AT USD15. 00/PC, TOTAL CIF HAMBURG... PACKING:ALL IN 50 PCS NET CASES. ORIGIN:CHINA PAYMENT:D/P AT SIGHT	USD8,250. 00 ===========

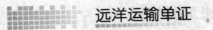

2. 利用以下商业发票填制一般原产地证。其中，HS CODE 为 6404.11。

天津知学国际贸易有限公司

TIANJIN ZHIXUE TRADING CO.,LTD.

NO. 8 YASHEN ROAD,JINNAN DISTRICT,TIANJIN 300350 P. R. CHINA.

TEL:022 88888888 FAX:77777777

COMMERCIAL INVOICE

TIANJIN JAN. 15 ,2018

Invoice No. TJ18-3001

To:M/S. AI KIKAKU CO.,LTD. AW BUILDING,2-8-6 MINAMIKYUHOUJI-MACHI CHUO-KU OSAKA JAPAN

Shipped by SEA

FROM XINGANG CHINA

To OSAKA JAPAN.

Shipping Marks	Description of goods	Amount
AI OSAKA C/#1-500 MADE IN CHINA	500 CARTONS = 6 ,000 PAIRS NET OF :- SNEAKERS AT USD20/PAIR , TOTAL CFR OSAKA JAPAN. . . PACKING:EACH PAIR IN BOX AND 12BOXES IN ONE CARTON CHINA ORIGIN	USD120 ,000. 00 ============

项目二
出口远洋运输单证

任务九　缮制场站收据

知识目标

1. 了解场站收据的用途。
2. 掌握场站收据的主要条款。

能力目标

1. 能根据海运出口货物委托书缮制场站收据。
2. 能正确使用场站收据。

任务引入

2018 年 5 月 8 日,天津诚达货运代理有限公司接到天津知学国际贸易有限公司递来的海运出口货物委托书,委托号 TJ18-3002(即货主的商业发票号码),货主要求订舱 1×20′FCL 整箱,新港至釜山,信用证装期为 2018 年 5 月 31 日。根据以上资料缮制场站收据。

一、场站收据的栏目

场站收据样式如图 2-1 所示。

Shipper(发货人) TIANJIN DALI TOOLS MANUFACTURE CO., LTD. NO. 317 JINJIANG ROAD, HEBEI DISTRICT, TIANJIN 300150, CHINA	D/R NO.(编号) TGFXG120005		
Consignee(收货人) M/S. STANELY CO., LTD. 86# HIGH POINT ESTATE, FREMANTLE, AUSTRALIA	装货单 第四联 场站收据副本		
Notify Party(通知人) DITTO	Containers or other packages or units stated below to the Carrier's regular form of Bill of Lading(for Combined Transport or port to Port Shipment) which shall be deemed to be incorporated herein.		
Pre-carriage by (前程运输)	Place of Receipt (收货地点)		
Ocean Vessel(船名航次) TOHALU V. 087	Port of Loading(装货港) XINGANG CHINA	Date(日期):	
Port of Discharge(卸货港) FREMENTLE AUSTRALIA	Place of Delivery(交货地点)	Final Destination for the Merchant's Reference (目的地)	

Container NO. (集装箱号)	Seal No. Marks&Nos. (封志号、标记与号码)	No. of containers or packages (箱数或件数)	Kind of Packages Description of Goods (包装种类与货名)	Gross Weight 毛重(千克)	Measurement 尺码(立方米)
	STANELY PO#28 AUSTRALIA C/NO. 1-32	32 PALLETS	FLANGES 法兰盘 FREIGHT PREPAID	37,942 KGS	24 m³

TOTAL NUMBER OF CONTAINERS OR PACKAGES(IN WORDS) 集装箱数或件数合计(大写)	SAY THIRTY TWO IRON PALLETS ONLY.				
FREIGHT & CHARGES (运费与附加费)	Revenue Tons(运费吨)	Rate(运费率)	Per(每)	Prepaid(运费预付)	Collect(到付)

Ex. Rate(兑换率)	Prepaid at(预付地点)	Payable at(到付地点)	Place of Issue(签发地点) TIANJIN
	Total Prepaid(预付总额)	No. of Original B(s)/L(正本提单份数) THREE	Booking(订舱确认) APPROVED BY

图2-1 场站收据

1. 订舱前必填栏目

订舱前必填栏目有发货人、收货人、被通知人、装货港、卸货港、唛头、运输包装件数、运输包装种类、货物描述、货物毛重、货物体积、海运费支付方式、大写件数、正本提单份数、提单签发地点。

2. 订舱后补充填写栏目

订舱后补充填写栏目有船名、航次、场站收据编号(将来的提单号)。

3. 装箱后补充填写栏目

装箱后补充填写栏目有集装箱号、铅封号、集装箱交接方式、箱型。

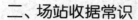

二、场站收据常识

1. 场站收据

海运出口货物运输工作涉及很多部门。为了减少各部门的重复劳动,避免单证重复制作过程中不必要的差错,港口将承运人、船代、场站(装箱仓库)、货代、海关、码头等各单位使用的单据统一格式,制成多联单据,由订舱部门一次缮制完成,再按照不同用途分发、流转至各个机构。这个多联单据,航运业内称为"下货纸"。传统的下货纸仅有6联,当时足以应对散杂货班轮运输的管理。时至今日,散杂货订舱仍然使用六联下货纸。随着20世纪80年代末、90年代初集装箱班轮运输的兴起,发现六联单下货纸不能很好地适应集装箱运输管理要求。因此,"场站收据"被业内广泛使用。今天的纸质场站收据功能联主要包括:订舱单(Booking Note,B/N),也称货主留底;装货单(Shipping Order,S/O),用以报关及码头装船使用;大副收据(Mate Receipt,M/R),凭以签发提单;场站收据(Dock Receipt,D/R),用于码头收箱等。因港口要求不同,场站收据一式十联至一式十二联不等。随着电子订舱、电子口岸无纸化办公实施以来,具体几联几页愈发显得不那么重要了。一线操作部门,至今仍然有人将场站收据亲切地称为"下货纸"。简言之,散杂货运输订舱使用下货纸,集装箱货运输订舱使用场站收据。码头、货代、报关行圈内对以上二种单据统称"下货纸"。

2. 为什么场站收据不能一次成型

细心的读者可能发现,场站收据中包括场站收据编号、船名、航次、集装箱号、铅封号等,这些信息不能一次获得。原因是当货主递来委托,配载还未开始时,制单人员第一时间缮制场站收据后,转交操作人员,操作必须参考船期表,考虑客户委托的货名(货类)、件数、毛重、尺码、装期、运费、空箱等多方面因素后才能完成订舱配载,随后才能确定船名、航次、提单号的内容。即使订舱工作已经完成,但还没有装箱。因此,箱号、封号等还是未知信息。只有等到装箱完毕后,才可以在场站收据上加注箱号、封号等内容。

3. 集装箱交接模式

由于以上的接货装箱地点的不同,决定了集装箱货接收的方式不同。同理,目的港卸货时,交箱的地点也有以上不同。不同的接收、送达地点,使集装箱货的交接模式有了很多变化。船公司也会因这些不同的变化而收取不同水平的运费。常见的集装箱交接模式包括:CY/CY(场到场),适合整箱接,整箱交;DOOR/DOOR(门到门),适合整箱接,整箱交;CFS/CY(站到场),适合整箱接或拼箱接,整箱交;CFS/CFS(站到站),适合拼箱接,拼箱交,等等。

4. 场站收据编号

订舱部门完成订舱工作后将场站收据加以编号管理,这个编号称为场站收据编号(D/R No.),就是将来的提单号。

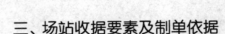

三、场站收据要素及制单依据

场站收据要素及制单依据如表2-1所示。

表2-1　场站收据要素及制单依据

序　号	场站收据要素	资料来源
1	场站收据编号	此时留空,将来填写提单号
2	文件名称	场站收据(印就)
3	托运人	摘自海运出口货物委托书
4	收货人	摘自海运出口货物委托书
5	通知人	摘自海运出口货物委托书
6	船名航次	此时留空,订舱后填写配载的船名航次
7	装货港	摘自海运出口货物委托书,或信用证44E条款
8	卸货港	摘自海运出口货物委托书,或信用证44F条款
9	集装箱号	此时留空,装箱后填写集装箱号
10	铅封号及唛头	海运出口货物委托书的唛头
11	运输包装件数	海运出口货物委托书的运输包装种类及件数
12	货物描述	摘自海运出口货物委托书,加注中文货名
13	总毛重	摘自海运出口货物委托书
14	总尺码	摘自海运出口货物委托书
15	表体空白处	摘自海运出口货物委托书的海运费支付方式
16	运输包装件数(大写)	摘自海运出口货物委托书,格式 Total...only
17	签单地点	装运港口所在城市
18	正本提单份数	摘自海运出口货物委托书

 英语园地

1. Dock Receipt:缩写为 D/R,场站收据

2. Booking Note:缩写为 B/N,订舱单(场站收据的一联,货主留底)

3. Shipping Order:缩写为 S/C,装货单(场站收据的一联,码头装船凭证)

4. Mate Receipt:缩写为 M/R,大副收据(场站收据的一联,签发提单依据)

5. Full Container Load:缩写为 FCL,整箱货

6. Less than Container Load:缩写为 LCL,拼箱货

7. Container Yard:缩写为 CY,集装箱堆场

8. Container Freight Station:缩写为 CFS,集装箱货运站

9. Door:门(特指客户工厂、仓库)

做一做

仔细阅读图2-1所示的场站收据后,将获取的信息填入表2-2的空白栏目内。

表2-2　场站收据要素

序　号	场站收据要素	从图2-1中提取相关内容填写
1	场站收据编号	
2	文件名称	
3	托运人	
4	收货人	
5	通知人	
6	船名航次	
7	装货港	
8	卸货港	
9	集装箱号	
10	铅封号及唛头	
11	运输包装件数	
12	货物描述	
13	总毛重	
14	总尺码	
15	表体空白处	
16	运输包装件数(大写)	
17	签单地点	
18	正本提单份数	

课后训练

1. 动手缮制场站收据。要求,根据货主递来的海运出口货物委托书缮制场站收据,信息不得多加、丢失。

海运出口货物委托书

2018 年 5 月 8 日

Shipper:Tianjin Zhixue Trading Co.,Ltd.	B/L NO.: INV NO.:TJ18-3002
Consignee:To order	
Notify Party:Samyung Trading Co.,Ltd.,18 Victory Road,Sonnan Dong,Kangnam Ku Seoul,Korea	
Vessel & V.:	
Port of Loading:Xingang China	Port of discharge:Busan Korea
No. of Original B/L:Three	Place and date of issue:Tianjin

（续表）

SHIPPING MARKS	NO.	DESCRIPTION OF GOODS	G. W.	MEAS.
				25.2 m³
N/M	400 cartons	100% Cotton Men's T-shirt	3 600 kgs	
		Freight Prepaid Total four hundred cartons only.		

特殊条款：
订舱1×20′FCL,工厂装箱。

场站收据

Shipper（发货人）	D/R NO.（编号）
Consignee（收货人）	装　货　单　　　第 场站收据副本　　　四 　　　　　　　　联
Notify Party（通知人）	Containers or other packages or units stated below to the Carrier's regular form of Bill of Lading（for Combined Transport or port to Port Shipment）which shall be deemed to be incorporated herein.

Pre-carriage by（前程运输）	Place of Receipt（收货地点）	Date（日期）：
Ocean Vessel（船名航次）	Port of Loading（装货港）	
Port of Discharge（卸货港）	Place of Delivery（交货地点）	Final Destination for the Merchant's Reference（目的地）

Container NO.（集装箱号）	Seal No. Marks&Nos.（封志号、标记与号码）	No. of containers or packages（箱数或件数）	Kind of Packages Description of Goods（包装种类与货名）	Gross Weight 毛重（千克）	Measurement 尺码（立方米）
TOTAL NUMBER OF CONTAINERS OR PACKAGES（IN WORDS）集装箱数或件数合计（大写）					

FREIGHT & CHARGES（运费与附加费）	Revenue Tons（运费吨）	Rate（运费率）	Per（每）	Prepaid（运费预付）	Collect（到付）

Ex. Rate（兑换率）	Prepaid at（预付地点）	Payable at（到付地点）	Place of Issue（签发地点）
	Total Prepaid（预付总额）	No. of Original B(s)/L（正本提单份数）	BOOKING（订舱确定）

2. 动手缮制场站收据。要求,根据货主递来的海运出口货物委托书缮制场站收据,信

息不得多加、丢失。其中,船名航次为 NYK MEGA V. 0768;场站收据编号为 XGJP18006916。

海运出口货物委托书

2018 年 1 月 12 日

| Shipper:Tianjin Zhixue Trading Co.,Ltd. | B/L NO.: |
| | INV NO.:TJ18-3001 |

| Consignee:To order of shipper |

| Notify Party:AI KIKAKU CO.,LTD. |
| AW BUILDING,2-8-6MINAMIKYUHOUJI-MACHI CHUO-KU Osaka Japan |

Vessel & V.:	
Port of Loading:Xingang China	Port of discharge:Osaka Japan
No. of Original B/L:Three	Place and date of issue:Tianjin

SHIPPING MARKS	NO.	DESCRIPTION OF GOODS	G. W.	MEAS.
AI	500 Cartons	Sneakers	7,000 kgs	49 m³
OSAKA				
C/#1-500		Freight Prepaid		
MADE IN CHINA				
		Total five hundred cartons only.		

特殊条款:
1) 1×40'FCL
2) CFS 装箱
3) 最晚装期,2018 年 1 月 31 日

场站收据

Shipper(发货人)	D/R NO.(编号)
	装货单 第四联
Consignee(收货人)	场站收据副本
Notify Party(通知人)	
Pre-carriage by (前程运输)	Place of Receipt (收货地点)	Containers or other packages or units stated below to the Carrier's regular form of Bill of Lading(for Combined Transport or port to Port Shipment)which shall be deemed to be incorporated herein.
Ocean Vessel(船名航次)	Port of Loading(装货港)	Date(日期):
Port of Discharge(卸货港)	Place of Delivery(交货地点)	Final Destination for the Merchant's Reference(目的地)

Container NO. (集装箱号)	Seal No. Marks&Nos. (封志号、标记与号码)	No. of containers or packages. (箱数或件数)	Kind of Packages Description of Goods (包装种类与货名)	Gross Weight 毛重(千克)	Measurement 尺码(立方米)

TOTAL NUMBER OF CONTAINERS OR PACKAGES(IN WORDS) 集装箱数或件数合计(大写)					
FREIGHT & CHARGES (运费与附加费)	Revenue Tons(运费吨)	Rate(运费率)	Per(每)	Prepaid(运费预付)	Collect(到付)
Ex. Rate(兑换率)	Prepaid at(预付地点)	Payable at(到付地点)		Place of Issue(签发地点)	
	Total Prepaid(预付总额)	No. of Original B(s)/L (正本提单份数)		BOOKING(订舱确定)	

图(续)

任务十　调箱单认知

知识目标

　　1. 了解调箱单的用途。

　　2. 掌握调箱单的主要条款。

能力目标

　　1. 能看懂调箱单。

　　2. 能正确使用调箱单。

任务引入

　　2018 年 5 月 8 日,天津诚达货运代理有限公司接到天津知学国际贸易有限公司递来的海运出口货物委托书,委托号 TJ18-3002,货主要求订舱 1×20′FCL 整箱,新港至釜山,信用证装期为 2018 年 5 月 31 日。单证录入人员已经打出场站收据。

　　货物描述:纯棉男士 T 恤衫

　　件数:400 纸箱

　　毛重:3 600 kgs

　　体积:25.2 m³

　　配载人员根据经验判断,该货物适合配载 1×20′GP(普通箱)

　　结合 5 月份船期表,决定配载中国远洋集装箱运输公司的青云河船,0033S 航次,预计驶离天津新港日期 2018 年 5 月 15 日,配载场站收据号 TGFXG000008。

　　制单员将以上信息,补充至场站收据相应栏目。

　　此时,订舱部门会开具调箱单,车队凭此单到船东存箱地点提取空箱以便货主装箱。

一、调箱单

1. 调箱单的概念

海运集装箱出口货物订舱成功的标志,一是订舱部门在场站收据的装货单 S/O 联签注订舱专用章,二是给托运人签发调箱单。只有取得调箱单货主才能获得空箱,有了集装箱才能装货。

2. 调箱单的用途

车队凭调箱单去指定存箱地点提取空箱,或者回到装箱的 CFS 仓库装箱,或者直接去托运人的工厂装箱。

3. 开具调箱单的部门

只有船公司箱管部门或者船公司授权的大型订舱代理才有权开具调箱单。

二、装箱常识

集装箱又称货柜、货箱、Container。由于所属不同,可以分为 COC/SOC,即船公司集装箱/货主自有箱。常见的有 20′、40′两种。在箱量统计时 20′ = 1 TEU(标准箱);40′ = 1 FEU(40 英尺集装箱);1 FEU = 2 TEU。

针对运输货物的理化性质及种类的不同,船公司备有各种类型的集装箱以适应货主的特殊需求,如表 2 – 3 所示。

表2-3　常见的集装箱类型及英文缩写

中　文	英　文	简　称
多用途箱/普通箱	General Purpose	GP
干货箱	Dry Cargo	DC
冷藏箱	Refrigerated	RF
框架箱	Frame	FR
平板箱	Platform	PF
灌箱	Tank	TK
挂衣箱	Hanger Tank	HT
高箱	High Qube	HQ

三、调箱单的主要内容

根据"任务引入"信息开具的调箱单如图 2 – 2 所示,信息补充后的场站收据如图 2 – 3 所示。

中远海运 COSCO

中国·天津市·南京路 88 号·国际大厦 888 房间, RM888, TIANJIN INTL BLDG, 88 NANJING ROAD TIANJIN, CHINA 300350

TELEPHONE:86-22-1234-5678, 86-22-2234-5678; FAX:86-22-1234-7654, 86-22-1234-9654; E-MAIL: WOOD@ CN. HANJIN. COM

SERVICE ORDER
提箱凭证

TO:振华公司/张先生、刘先生

CC:

FR:中远海运天津分公司

兹有:天津诚达货运代理有限___公司,所委托车队前往贵处提取:

箱 型	数量(个)	箱 型	数量(个)
20'普通箱	1(壹)	20'冷冻箱	
40'普通箱		40'冷冻箱	
40'高箱		20'框架箱	
45'箱		40'框架箱	
20'开顶箱		20'挂衣箱	
40'开顶箱		40'挂衣箱	

船名、航次__QING YUN HE V. 0033S__

目的港__BUSAN KOREA__

提单号:__TGFXG000008__

备注

振华堆场电话:28779837、28779839,联系人:张先生、刘先生

提箱车队电话:

经办人:

提箱人签字:

放箱日期

(盖章)

备注:

提箱地点及联系地点:

须加盖单公章方有效:

图 2-2　中远海运的调箱单

Shipper(发货人) Tianjin Zhixue Trading Co.,Ltd.	D/R NO.(编号) TGFXG000008		
Consignee(收货人) To order	装 货 单 场站收据副本	第 四 联	
Notify Party(通知人) Samyung Trading Co., Ltd.,18 Victory Road, Sonnan Dong, Kangnam Ku Seoul, Korea	Containers or other packages or units stated below to the Carrier's regular form of Bill of Lading(for Combined Transport or port to Port Shipment)which shall be deemed to be incorporated herein. Date（日期）：		

Pre-carriage by (前程运输)	Place of Receipt (收货地点)	
Ocean Vessel(船名航次) QING YUN HE V.0033S	Port of Loading(装货港) Xingang Chin	
Port of Discharge(卸货港)	Place of Delivery(交货地点)	Final Destination for the Merchant's Reference(目的地)

Container NO.（集装箱号）	Seal No. Marks & Nos.（封志、标记与号码）	No. of containers or packages（箱数或件数）	Kind of Packages Description of Goods（包装种类与货名）	Gross Weight 毛重(千克)	Measurement 尺码（立方米）
	N/M	400 CTNS	100% Cotton Men's T-shirt 纯棉男士 T 恤衫 Freight Prepaid	3,600 kgs	25.2 m³

TOTAL NUMBER OF CONTAINERS OR PACKAGES(IN WORDS) 集装箱数或件数合计(大写)	Total four hundred cartons only.				
FREIGHT & CHARGES （运费与附加费）	Revenue Tons(运费吨)	Rate(运费率)	Per(每)	Prepaid(运费预付)	Collect(到付)
Ex. Rate(兑换率)	Prepaid at(预付地点)	Payable at(到付地点)		Place of Issue(签发地点)	
	Total Prepaid(预付总额)	No. of Original B(s)/L （正本提单份数） THREE		BOOKING(订舱确定) APPROVED BY	

图 2-3　场站收据

根据图 2-2 所示的调箱单,整理的调箱单主要内容如表 2-4 所示。

表 2-4　调箱单的主要内容

序　号	调箱单要素	实际内容
1	船东、箱主名称	中远海运,COSCO
2	文件名称	调箱单
3	存箱堆场	振华堆场
4	调箱指令发出部门	中远海运天津分公司
5	箱型	20′普通箱
6	箱量	1
7	船名航次	QING YUN HE V.0033S
8	卸货港	BUSAN KOREA
9	提单号	TGFXG000008
10	堆场联系电话	28779837、28779839
11	堆场联系人	张先生、刘先生
12	经办人	签发此调箱单的人签字
13	放箱日期	签发调箱单的日期
14	车队信息	车队盖章、司机签字

想一想

1. 为什么调箱单没有装货港信息？
2. 出口渤海湾大对虾，应使用哪种类型的集装箱？

做一做

1. 仔细阅读图 2-4 所示的调箱单后，将相关信息填入表 2-5 的空白栏目中。

CONTAINER RELEASE ORDER

川崎汽船(中国)有限公司天津分公司
"K"LINE(CHINA)LTD – TIANJIN BRANCH
集装箱发放通知书
CONTAINER RELEASE ORDER

RELEASE THE SPECIFIED CONTAINER & CONTAINER EQUIPMENT AGAINST THIS CONTAINER RELEASE ORDER ISSUED BY "K" LINE

代理(Agent)	迪士国际货运代理(天津)有限公司			
堆场(Depot)				
提单号(Booking No.)	KKLUTSN273702			
船名/航次(Vessel Noyage.)	SANTA ROSANNA/002W			
计划离泊(ETD)	2018/05/20 13:00			
航线编号(Service)	SWACO – 8			
卸货港(Discharge Port)	NHAVA SHEVA,,IN			
中转港(Transhipment Port)				
目的地(Place Of Delivery)	NHAVA SHEVA,,IN			
进港代码(Stowage Code)				
货物信息(Cargo Info)	Package Type	Quantity	Gross WT(KGS)	Gross MEAS(M3)
	PALLETS	10	14,000.00	28.00
冷冻信息(Reefer Info)	Vent		Temp	
集装箱信息(Container Info)	Container Type		Total	
	DRY 40 86		1	
	(干货箱高86系普柜　干货箱高96系高柜)			
放箱指示(Instructions)	□11 必须为 Kline 自有箱			
	□12 随意			
	备注(Notes):			
代理备注(Agent Remarks)				
申请人公司签章(Applicant Company Stamp)			Print Date:2018/05/13 17:07	

"K"line 放箱章

请务必使用 K-LINE 专用铅封，否则由于铅封遗失、错用等引起的相关责任与后果由客户自行承担！

图 2-4　K-LINE 日本川崎公司的调箱单

表2-5　调箱单要素

序　号	调箱单要素	从图2-4中提取相关内容填写
1	船东、箱主名称	
2	文件名称	
3	存箱堆场	
4	调箱指令发出部门	
5	箱型	
6	箱量	
7	船名航次	
8	卸货港	
9	提单号	
10	堆场联系电话	
11	堆场联系人	
12	经办人	
13	放箱日期	
14	车队信息	

2. 请根据以下信息开具调箱单(填写表2-6):出口电动工具;数量1 200 cartons;毛重: 60 000 kg;体积96 cbm。

表2-6　调箱单信息

箱　型	数量(个)	箱　型	数量(个)
20′普通箱		20′冷冻箱	
40′普通箱		40′冷冻箱	
40′高箱		20′框架箱	
45′箱		40′框架箱	
20′开顶箱		20′挂衣箱	
40′开顶箱		40′挂衣箱	

知识拓展

1. 货名与箱型的匹配,解决用对箱子的问题。干杂货用普通箱,鲜货与冻货用冷冻箱,液体化工品用灌装箱,超尺寸货物用框架箱或开顶箱,高级服装用挂衣箱等。

2. 货量与箱量的匹配,需要考虑集装箱的内部尺寸、港口航线的限制重量、不同箱型海运费不同等因素。重点观察货物的件、重、尺等积载因素。

英语园地

1. container:集装箱

2. container release order:调箱单

3. General Purpose:缩写为GP,普通箱(干货箱)

4. High Qube:缩写为HQ,高箱(高箱集装箱高度为9英尺6英寸,9′6″;普通集装箱高度仅为8英尺6英寸,8′6″)

课后训练

1. 开具调箱单。要求:模拟扮演船公司箱管部工作人员,根据以下海运出口货物委托书内容开具调箱单。

海运出口货物委托书
2018 年 1 月 12 日

Shipper:Tianjin Zhixue Trading Co.,Ltd.	B/L NO.:XGJP18006916 INV NO.:TJ18-3001		
Consignee:To Order of shipper			
Notify Party: AI KIKAKU CO.,LTD. AW BUILDING,2-8-6 MINAMIKYUHOUJI-MACHI CHUO-KU OSAKA JAPAN			
Vessel & V.:NYK MEGA V. 0768			
Port of Loading:Xingang China	Port of discharge:OSAKA JAPAN		
No. of Original B/L:Three	Place and Date of issue:Tianjin		

SHIPPING MARKS	NO.	DESCRIPTION OF GOODS	G. W.	MEAS.
AI OSAKA C/#1-500 MADE IN CHINA	500 cartons	Sneakers 运动鞋 Freight Prepaid total five hundred cartons only.	7,000 kgs	49 m³

特殊条款:
1)CFS 装箱
2)最晚装期,2018 年 1 月 31 日

SERVICE ORDER
提箱凭证

TO:振华公司/张先生、刘先生　　　　　　　　　　　　　　　　　　　　CC:
FR:中远海运天津分公司

兹有:_____公司,所委托车队前往贵处提取:

箱　型	数量(个)	箱　型	数量(个)
20′普通箱		20′冷冻箱	
40′普通箱		40′冷冻箱	
40′高箱		20′框架箱	
45′箱		40′框架箱	
20′开顶箱		20′挂衣箱	
40′开顶箱		40′挂衣箱	

船名、航次_____　　　　　　目的港_____

提单号:_____

备注

振华堆场电话:28779837、28779839,联系人:张先生、刘先生

提箱车队电话:　　　　　　　　　　　　　　　　　　　　经办人:

提箱人签字:　　　　　　　　　　　　　　　　　　　　放箱日期

　　　　　　　　　　　　　　　　　　　　　　　　　　(盖章)

任务十一　设备交接单认知

知识目标

1. 了解设备交接单的概念。
2. 熟知设备交接单的用途。

能力目标

1. 能看懂设备交接单。
2. 能缮制设备交接单。

任务引入

2018年5月8日,天津诚达货运代理有限公司完成了天津知学国际贸易有限公司委托号 TJ18-3002 的订舱配载业务。1X20'GP,新港至釜山,QING YUN HE,V.0033S,B/L NO.TGFXG000008,ETD XINGANG,2018年5月15日。同时开具了1x20'普通货柜的调箱单。

5月12日委托合作车队去塘沽振华堆场提箱,随后到天津知学国际贸易有限公司的生产工厂装箱,同日重箱返回振华堆场做运抵报告。

一、设备交接单的概念

设备交接单(Equipment Interchange Receipt,EIR)是集装箱进出港区、场站时,用箱人、运箱人与管箱人或其代理人之间交接集装箱及其他机械设备的凭证,并兼管箱人发放集装箱的凭证的功能。当集装箱或机械设备在集装箱码头堆场或货运站借出或回收时,由码头堆场或货运站制作设备交接单,经双方签字后,作为两者之间设备交接的凭证。

设备交接单的用途有:是集装箱发放和接收的主要依据;有利于明确对集装箱设备造成损毁的责任方认定。

二、设备交接单的主要内容

设备交接单分进场和出场两种,交接手续均在码头堆场大门口办理。进码头堆场时,码头堆场的工作人员与用箱人、运箱人就设备交接单上的下列内容共同进行审核:集装箱、机械设备归还日期、具体时间及归还时的外表状况;集装箱、机械设备归还人的名称与地址;进堆场的目的;整箱货交箱货主的名称和地址;拟装船的船次、航线、卸箱港,等等。

出码头堆场时,码头堆场的工作人员与用箱人、运箱人就设备交接单上的下列内容共同进行审核:用箱人名称和地址;出堆场时间与目的;集装箱箱号、规格、封志号以及是空箱还是重箱;有关机械设备的情况,正常还是异常,等等。出场设备交接单如图2-5所示。

集装箱发放/设备交接单　　　　　　　　　　　　　　　　**OUT 出场**

EQUIPMENT INTERCHANGE RECEIPT　　　　　　　　　NO.

用箱人/运箱人(CONTAINER USER/HAULIER)			提箱地点(PLACE OF DELIVERY)	
来自地点(DELIVERED TO)			返回/收箱地点(PLACE OF RETURN)	
航名/航次(VESSEL/VOYAGE NO.)	集装箱号(CONTAINER NO.)		尺寸/类型(SIZE/TYPE)	营运人(CNTR. OPTR.)
提单号 (B/L NO.)	铅封号 (SEAL NO.)	免费期限 (FREE TIME PERIOD)	运载工具牌号 (TRUCK,WAGON,BARGE NO.)	

出场目的/状态(PPS OF GATE-OUT/STATUS)	进场目的/状态(PPS OF GATE-IN/STATUS)	出场日期(TIME-OUT)
		月　　日　　时

出场检查记录(INSPECTION AT THE TIME OF INTERCHANGE)

普通集装箱 (GP CONTAINER)	冷藏集装箱 (RF CONTAINER)	特种集装箱 (SPECIAL CONTAINER)	发电机 (GEN SET)
☐ 正常(SOUND) ☐ 异常(DEFECTIVE)	☐ 正常(SOUND) ☐ 异常(DEFECTIVE)	☐ 正常(SOUND) ☐ 异常(DEFECTIVE)	☐ 正常(SOUND) ☐ 异常(DEFECTIVE)

损坏记录及代号(DAMAGE & CODE)　BR 破损(BROKEN)　D 凹损(DENT)　M 丢失(MISSING)　DR 污箱(DIRTY)　DL 危标(DG LABEL)

左侧(LEFT SIDE)　右侧(RIGHT SIDE)　前部(FRONT)　集装箱内部(CONTAINER INSIDE)

顶部(TOP)　底部(FLOOR BASE)　箱门(REAR)　如有异状,请注明程度及尺寸(REMARK)

货名:　　　　　　　　　　件数:

备注:请司机仔细检查箱况(铅封)

除列明者外,集装箱及集装箱设备交接时完好无损,铅封完整无误。

THE CONTAINER/ASSOCIATED EQUIPMENT INTERCHANGED IN SOUND CONDITION AND SEAL INTACT UNLESS OTHERWISE STATED.

用箱人/运箱人签署　　　　　　　　　　　　　　　　　码头/堆场值班员签署

(CONTAINER USER/HAULIER'S SIGNATURE)　　　　　　(TERMINAL/DEPOT CLERK'S SIGNATURE)

图2-5　出场设备交接单

对出场设备交接单主要内容的解释说明如表2-7所示。

表2-7　设备交接单要素及说明

序　号	交接单要素	实际内容
1	文件名称	集装箱发放设备交接单
2	用箱人/运箱人	托运人/车队名称
3	提箱地点	集装箱所在的堆场
4	发往地点	运到何处使用
5	返回/收箱地点	此次使用之后的下一站
6	航名/航次	按调箱单
7	集装箱号	实际
8	尺寸/类型	实际
9	营运人	箱主
10	提单号	按调箱单
11	铅封号	按当时状态
12	免费期限	按箱主规定
13	运载工具牌号	集卡车牌照
14	出场目的/状态	按实际
15	进场目的/状态	不适用
16	出场日期	实际
17	出场检查记录	是否为特种箱型
18	损坏记录及代号	1内(集装箱内部)6外(集装箱上下左右前后)
19	备注	标明异形、破损尺寸
20	用箱人/运箱人签署	货主/车队签字
21	码头/堆场值班员签署	堆场/码头签字

知识拓展

1. 集装箱发放和接收场景。

(1) 船方与港方交接,以船边为界。

(2) 港方与货方(或其代理人)、内陆(公路)承运人交接,以港方检查桥为界。

(3) 堆场、中转站与货方(或其代理人)、内陆(公路)承运人交接,以堆场、中转站道口为界。

(4) 港方、堆场中转站与内陆(铁路、水路)承运人交接,以车皮、船边为界。

2. 进口重箱提箱出场的交接。

进口重箱提离港区、堆场、中转站时,货方(或其代理人)、内陆(水路、公路、铁路)承运人应持海关放行的进口提货单到集装箱代理人指定的现场办理处办理集装箱发放手续。港区人员签发设备交接单(出场)3份、(入场)3份。车队凭出场单提取重箱,拆空后,凭入场单还空箱到指定地点。

3. 出口重箱交箱(收箱)进场的交接。

出口货箱进入港区,货方、内陆承运人凭装箱单、场站收据、设备交接单(进场)到指定的港区交付重箱,并办理进场集装箱设备交接。指定的港区依据出口集装箱预配舱单、设备交接单(进场)、场站收据收取重箱,并办理进场集装箱设备交接。

4. 空箱的发放和交接。

空箱提离港区、堆场、中转站时,提箱人(货主或车队)应出示箱管部门开具的调箱单。现场箱管人员向提箱人签发出场设备交接单(出场单)和入场设备交接单(入场单)。提箱人凭出场单提取空箱,办理出场集装箱设备交接,凭进场单到指定地点交付重箱,并办理进场集装箱设备交接。

5. 出场设备交接单的主要内容。

(1) 提箱(用箱人和运箱人)。

(2) 发往地点。

(3) 用途(出口载货、修理、进口重箱等)。

(4) 集装箱号、封号(铅封号、关封号)。

(5) 集装箱尺寸、类型。

(6) 集装箱所有人。

(7) 提离日期。

(8) 提箱运载工具牌号。

(9) 集装箱出场检查记录(完好或损坏)。

6. 进场设备交接单的主要内容。

(1) 送箱人。

(2) 送箱日期。

(3) 集装箱号、封号。

(4) 集装箱尺寸、类型。

(5) 集装箱所有人。

(6) 用途:①返还重箱;②出口集装箱,此时需登记该集装箱发往的时间、地点(航次、时间)。

(7) 送箱运载工具牌号。

(8) 集装箱进场检查记录。

7. 出口滞箱费(集装箱超期使用费)。

天津港出口滞箱费率如表2-8所示,进口滞箱费率如表2-9所示。

表2-8　天津港出口滞箱费率

箱　型	费　　率				单　价
	1~10	11~20	21~40	之后	(天)
20′GP/HC	免费	42.5	85	170	(RMB／DAY)
40′GP	免费	85	170	340	(RMB／DAY)
	1~10	11~18	19~43	之后	(天)

（续表）

箱 型	费 率				单 价
40'HC	免费	119	212.5	425	（RMB／DAY）
	1～7	8～15	16～40	之后	（天）
20'OT	免费	68	127.5	255	（RMB／DAY）
20'FR	免费	68	127.5	255	（RMB／DAY）
40'OT	免费	136	255	510	（RMB／DAY）
40'FR	免费	136	255	510	（RMB／DAY）
	1～7	8～13	14～23	之后	（天）
20'RF	免费	170	297.5	595	（RMB／DAY）
40'RH	免费	340	595	1 190	（RMB／DAY）

表2-9　天津港进口滞箱费率

箱 型	费 率				单 价
	1～10	11～20	21～40	之后	（天）
20'GP/HC	免费	42.5	85	170	（RMB／DAY）
40'GP	免费	85	170	340	（RMB／DAY）
	1～7	8～15	16～40	之后	（天）
40'HC	免费	119	212.5	425	（RMB／DAY）
20'OT	免费	68	127.5	255	（RMB／DAY）
20'FR	免费	68	127.5	255	（RMB／DAY）
40'OT	免费	136	255	510	（RMB／DAY）
40'FR	免费	136	255	510	（RMB／DAY）
	1～4	5～10	11～20	之后	（天）
20'RF	免费	170	297.5	595	（RMB／DAY）
40'RH	免费	340	595	1 190	（RMB／DAY）

英语园地

1. Equipment Interchange Receipt：缩写为 EIR，设备交接单

2. in：进场

3. out：出场

4. detention charge：滞箱费

5. Open Top：缩写为 OT，开顶箱

6. Refrigerated：缩写为 RF，冷藏箱

课后训练

请从图2-6所示的设备交接单中提取相关信息，填入表2-10中。

集装箱发放/设备交接单　　　　　　　　　　　　　　　**OUT 出场**

EQUIPMENT INTERCHANGE RECEIPT　　　　　　　　　NO.

用箱人/运箱人（CONTAINER USER/HAULIER）	提箱地点（PLACE OF DELIVERY）
江苏佳宁国际贸易公司	洋浦堆场
发往地点（DELIVERED TO）	返回/收箱地点（PLACE OF RETURN）
	SCT 码头

航名/航次（VESSEL/VOYAGE NO.）	集装箱号（CONTAINER）	尺寸/类型（SIZE/TYPE）	营运人（CNTR. OPTR.）
RED STAR V1802W		40′HC	CSCL

提单号 （B/L NO.）	铅封号 （SEAL NO.）	免费期限 （FREE TIME PERIOD）	运载工具牌号 （TRUCK, WAGON, BARGE NO.）
OSHKPKG5H9302			

出场目的/状态（PPS OF GATE-OUT/STATUS）	进场目的/状态（PPS OF GATE-IN/STATUS）	出场日期（TIME-OUT）
E/VA 空箱/装箱		月　　日　　时

出场检查记录（INSPECTION AT THE TIME OF INTERCHANGE）

普通集装箱 （GP CONTAINER）	冷藏集装箱 （RF CONTAINER）	特种集装箱 （SPECIAL CONTAINER）	发电机 （GEN SET）
□ 正常（SOUND） □ 异常（DEFECTIVE）	□ 正常（SOUND） □ 异常（DEFECTIVE）	□ 正常（SOUND） □ 异常（DEFECTIVE）	□ 正常（SOUND） □ 异常（DEFECTIVE）

损坏记录及代号（DAMAGE & CODE）

| BR 破损（BROKEN） | D 凹损（DENT） | M 丢失（MISSING） | DR 污箱（DIRTY） | DL 危标（DG LABEL） |

左侧（LEFT SIDE）　　右侧（RIGHT SIDE）　　前部（FRONT）　　集装箱内部（CONTAINER INSIDE）

顶部（TOP）　　底部（FLOOR BASE）　　箱门（REAR）　　如有异状,请注明程度及尺寸（REMARK）

货名：　　　　　　　　　　　　件数：

备注：请司机仔细检查箱况（铅封）

除列明者外,集装箱及集装箱设备交接时完好无损,铅封完整无误。

THE CONTAINER/ASSOCIATED EQUIPMENT INTERCHANGED IN SOUND CONDITION AND SEAL INTACT UNLESS OTHER'WISE STATED.

用箱人/运箱人签署　　　　　　　　　　　　　　　　码头/堆场值班员签署

（CONTAINER USER/HAULIER'S SIGNATURE）　　　　（TERMINAL/DEPOT CLERK'S SIGNATURE）

图 2-6　出场设备交接单

表2-10 设备交接单要素

序 号	交接单要素	从图2-6中提取相关内容填写
1	文件名称	
2	用箱人/运箱人	
3	提箱地点	
4	发往地点	
5	返回/收箱地点	
6	航名/航次	
7	集装箱号	
8	尺寸/类型	
9	营运人	
10	提单号	
11	铅封号	
12	免费期限	
13	运载工具牌号	
14	出场目的/状态	
15	进场目的/状态	
16	出场日期	
17	出场检查记录	
18	损坏记录及代号	
19	备注	
20	用箱人/运箱人签署	
21	码头/堆场值班员签署	

任务十二 缮制集装箱装箱单

知识目标

1. 了解集装箱装箱单的概念。
2. 掌握集装箱装箱单的主要内容。

能力目标

1. 能看懂集装箱装箱单。
2. 能缮制集装箱装箱单。

任务引入

2018年5月8日,天津诚达货运代理有限公司为天津知学国际贸易有限公司订舱1×

20′FCL 整箱,新港至釜山,QING YUN HE,V.0033S,B／L NO. TGFXG000008,ETD XIN-GANG,2018 年 5 月 15 日。

5 月 12 日委托合作车队去塘沽振华堆场提箱,随后到天津知学国际贸易有限公司的生产工厂装箱,同日重箱返回振华堆场做运抵报告。此时,车队或堆场需要就以上重箱填制集装箱装箱单。

一、集装箱装箱单的概念

集装箱装箱单(Container Loading Plan,CLP)是详细记载集装箱内货物的名称、数量等内容的单据。每个载货集装箱都要制作这样的单据,它是根据已装进集装箱内的货物制作的。不论是由发货人自己装箱,还是由集装箱货运站负责装箱,负责装箱的人都要制作装箱单。集装箱装箱单是详细记载每一个集装箱内所装货物详细情况的唯一单据,所以在以集装箱为单位进行运输时,集装箱装箱单是一张极其重要的单据。

二、集装箱装箱单的作用

集装箱装箱单的主要作用如下。
① 作为发货人、集装箱货运站与集装箱码头堆场之间货物的交接单证。
② 作为向船代通知集装箱内所装货物的明细表。
③ 单据上所记载的货物与集装箱的总重量是计算船舶吃水差、稳性的基本数据。
④ 在卸货地点是办理集装箱保税运输的单据之一。
⑤ 当发生货损时,是处理索赔事故的原始单据之一。
⑥ 卸货港集装箱货运站安排拆箱、理货的单据之一。
⑦ 是船代制作舱单的重要依据。

三、集装箱装箱单的主要内容及制单依据

从车队提箱时起,就已经知道了箱号。封号也会随箱发放。只有装箱完毕,卡上铅封之后,才有了完整的箱号、封号及箱内所装货物详情,如品名、件重尺等信息。集装箱堆场和运输车队中,必有一方负责填制集装箱装箱单。集装箱装箱单如图 2-7 所示。

装　箱　单
CONTAINER LOADING PLAN

集装箱号 Container No.	集装箱规格 Type of Container: 20　40
铅封号 Seal No.	冷藏温度 ℉　℃ Reefer. temp. Required
卸货港 Port of Discharging	交货地点 Place of delivery □－场 □－站 □－门 □－CY □－CFS □－Door

船名 航次 Ocean Vessel Voy. No.	提单号码 B/L No.	收货地点 Place of Receipt □－场 □－站 □－门 □－CY □－CFS □－Door	装货港 Port of loading

1 发货人 Shipper
2 收货人 Consignee
3 通知人 Notify

标志和号码 Marks & Numbers
件数及包装种类 No. & Kind of Pkgs.
货　名 Description of Goods
重量(千克) Weight kgs
尺码(立方米) Measurement Cu. M.

底 Front　　门 Door

总件数 Total Number of Packages
重量及尺码总计 Total Weight & Measurement

箱主 Owner

重新铅封号 New Seal No.
开封原因 Reason for Breaking Seal
装箱日期 Date of vanning
装箱地点 at
(地点及国名 Place & Country)

出口 Export
堆场签收 Received by CY
驾驶员签收 Received by Driver
装箱人 Packed by:

进口 Import
货运站签收 Received by CFS
驾驶员签收 Received by Driver
发货人 货运站 (shipper/CFS)

皮重 Tare Weight
总毛重 Gross Weight

发货人或货运站留存
1. SHIPPER/CFS
(1) 一式十份 此栏每份不同

(签署) Signed

危险品要注明危险品标志分类及闪点
In case of dangerous goods, please enter the label classification and flash point of the goods.

图 2－7　集装箱装箱单

对集装箱装箱单主要内容的解释说明如表2-11所示。

表2-11　集装箱装箱单要素及资料来源

序　号	装箱单要素	资料来源
1	文件名称	装箱单
2	集装箱号	集装箱体标明
3	集装箱规格	20′、40′、45′等
4	铅封号	提箱堆场发放
5	温度	仅适合冷藏箱
6	船名航次	按场站收据或调箱单
7	收货地点	场、站、门任选一
8	装货港	按场站收据
9	卸货港	按场站收据
10	交货地点	场、站、门任选一
11	箱主	按调箱单
12	提单号	按场站收据或调箱单
13	发货人、收货人、通知人	按场站收据
14	唛头	按场站收据
15	包装及件数	按场站收据
16	货名	按场站收据
17	重量	按场站收据
18	尺码	按场站收据
19	封箱地点	城市/国家（地区）名
20	皮重	空箱重，见箱体信息

做一做

请扮演集装箱货运站工作人员,根据图2-8所示的海运出口货物委托书内容,结合装箱信息填制集装箱装箱单。

装箱信息:1×40′GP,箱号 TRIU0012370,封号 H65879,空箱重3 700千克,装箱地点为塘沽新河仓库,客户预付海运费为 USD300/40′ CY/CY。

海运出口货物委托书

2018 年 1 月 12 日

Shipper：Tianjin Zhixue Trading Co., Ltd.	INV NO.：TJ18-3003 B/L NO.：0498876
Consignee：To order of shipper	
Notify Party：AI KIKAKU CO., LTD. AW BUILDING, 2-8-6 MINAMIKYUHOUJI-MACHI CHUO-KU OSAKA JAPAN	
Vessel & V.：ULTIMA V. 1623E	
Port of Loading：Xingang China	Port of discharge：OSAKA JAPAN
No. of Original B/L：Three	Place and Date of issue：Tianjin

SHIPPING MARKS	NO.	DESCRIPTION OF GOODS	G. W.	MEAS.
AI OSAKA C/#1-500 MADE IN CHINA	500 Cartons	Sneakers 运动鞋 Freight Prepaid Total five hundred cartons only.	7,000 kgs	49 m³

特殊条款：
1）1×40′FCL
2）CFS 装箱
3）最晚装期，2018 年 1 月 31 日

图 2-8　海运出口货物委托书

知识拓展

1. 集装箱装箱单的流转程序。

每一个集装箱制作集装箱装箱单一份，一式五联，其中，码头、船代、承运人各一联，发货人、装箱人两联。集装箱货运站装箱时由装箱的货运站缮制；由发货人装箱时，由发货人或其代理人的装箱货运站缮制。

发货人或货运站将货物装箱，缮制装箱单一式五联后，连同装箱货物一起送至集装箱堆场。集装箱堆场的业务人员在五联单上签收后，留下码头联、船代联和承运人联，将发货人联、装箱人联退还给送交集装箱的发货人或集装箱货运站。发货人或集装箱货运站联除自留一份备查外，将另一份寄交给收货人或卸箱港的集装箱货运站，供拆箱时使用。

对于集装箱堆场留下的三联装箱单，除集装箱堆场自留码头联，据此编制装船计划外，还须将船代联及承运人联分送船舶代理人和船公司，据此缮制积载计划和处理货运事故。

2. 铅封号更改的情形。

（1）海关验货，打开箱子后重新卡新的签封。

（2）船东提供的原铅封为不良品，无法使用。

（3）途中遇盗窃行为。

英语园地

1. container loading plan：集装箱装箱单
2. tare：空箱
3. van 或 stuff：装箱
4. devan 或 unstuff：拆箱
5. owner：箱主，集装箱的拥有者

课后训练

请从图 2-9 所示的集装箱装箱单中提取相关信息，填入表 2-12 中。

装　箱　单
CONTAINER LOADING PLAN

船名　航次 Ocean Vessel　Voy. No.	MSC ROMA V. 1467
箱主 Owner	COSCO
提单号码 B/L No.	CDXGHG 1400101
1 发货人 Shipper	CHENGDA FORWARDING
2 收货人 Consignee	EGL LOGIS TICS
3 通知人 Notify	DITTO
收货地点 Place of Receipt	☑－场　□－站 CFS　□－门 Door
装货港 Port of loading	Xingang
卸货港 Port of Discharging	Hamburg
交货地点 Place of delivery	☑－场　□－站 CFS　□－门 Door
集装箱号 Container No.	IRIU568780
铅封号 Seal No.	H5698
集装箱规格 Type of Container	☑/20　40
冷藏温度 Reefer. temp. Required	℉　℃

标志和号码 Marks & Numbers	件数及包装种类 No. & Kind of Pkgs.	货　名 Description of Goods	重量（千克）Weight kgs	尺码（立方米）Measurement Cu. M.
N/M	300 CTNS	MEN'S DOWN JACKET	1,200 kgs	26 m³

底 Front　门 Door

总件数 Total Number of Packages	重量及尺码总计 Total Weight & Measurement

装箱日期 Date of vanning	
装箱地点 at	
（地点及国名 Place & Country）	
装箱人 Packed by:	
发货人　货运站 （shipper/CFS）	

开封原因 Reason for Breaking Seal	
重新铅封号 New Seal No.	
出口 Export	
进口 Import	

堆场签收 Received by CY	
驾驶员签收 Received by Driver	
货运站签收 Received by CFS	
驾驶员签收 Received by Driver	

| 皮重 Tare Weight | 2 300 kg |
| 总毛重 Gross Weight | 3 500 kgs |

发货人或货运站留存 SHIPPER/CFS
1. SHIPPER/CFS
（1）一式十份 此栏每份不同

危险品要注明危险品标志分类及闪点
In case of dangerous goods, please enter the label classification and flash point of the goods.

（签署）Signed

图 2-9　集装箱装箱单

表2-12 集装箱装箱单要素

序　号	装箱单要素	从图2-9中提取相关内容填写
1	文件名称	
2	集装箱号	
3	集装箱规格	
4	铅封号	
5	温度	
6	船名航次	
7	收货地点	
8	装货港	
9	卸货港	
10	交货地点	
11	箱主	
12	提单号	
13	发货人、收货人、通知人	
14	唛头	
15	包装及件数	
16	货名	
17	重量	
18	尺码	
19	封箱地点	
20	皮重	

任务十三　海运出口货物舱单认知

知识目标

1. 了解海运出口货物舱单的概念。
2. 掌握海运出口货物舱单的主要内容。

能力目标

1. 能看懂海运出口货物舱单。
2. 能缮制海运出口货物舱单。

任务引入

　　2018年5月8日,天津诚达货运代理有限公司完成了天津知学国际贸易有限公司委托的1X20'GP配载,新港至釜山,QING YUN HE,V.0033S,B/L NO. TGFXG000008,ETD

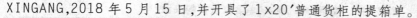

XINGANG,2018 年 5 月 15 日,并开具了 1×20′普通货柜的提箱单。

5 月 12 日委托合作车队去塘沽振华堆场提箱,随后到天津知学国际贸易有限公司的生产工厂装箱,同日重箱返回振华堆场做运抵报告。

随着装箱完毕,车队打好集装箱装箱单,并将箱号、封号等装箱单信息上传给订舱代理诚达货运公司。此时,诚达货运公司需要制作海运出口货物舱单。

一、舱单的概念

舱单是在货物装船完毕,由船公司的代理人根据大副收据或提单编制的一种国际上通用的重要单证。它是一份按卸货港顺序逐票列明全船实际载运货物的汇总清单,又称载货清单。在对外贸易中它是向海关报关时必须交验的单据之一。

二、舱单的用途

① 全船的运载货物清单,是总载重吨、总体积、总箱量、各种箱型、多少个卸货港、是否需要转船作业、如果转在哪里转等重要信息的来源。

② 出口报关、港口理货、装船等业务事项必不可少的原始文件之一。

③ 船代、船东的财务部门在货物舱单上加注费率、计算而得运费后,货物舱单即成为运费舱单,成为船东向货主结算运费的依据。

④ 进口报关、理货卸船的重要文件之一。

三、舱单的主要内容

海运出口货物舱单如图 2-10 所示。

CHINA SHIPPING FREIGHT MANIFEST

VESSAL	VOYAGE	CARRIER		SAILING DATE		PAGE NO.	
POR	POL	POD	DEL	DEST		PRINT DATE	

B/L NO.	MARKS & NUMBERS CLEAR PORT CONTAINER NO. SEAL NO.	NO. OF PKGS DESCRIPTION OF GOODS	1) SHIPPER 2) CONSIGNEE 3) NOTIFY PARTY	WEIGHT (KGS)	CUMB (CBM)	RATE	FREIGHT	
							PREPAID	COLLECT

图 2-10　海运出口货物舱单

对海运出口货物舱单主要内容的解释说明如表 2-13 所示。

表2-13　海运出口货物舱单要素及资料来源

序　号	海运出口货物舱单要素	资料来源
1	文件名称	海运出口货物舱单
2	船名/航次	按集装箱装箱单
3	承运人	船公司
4	开航日	按船期表
5	收货港/装货港	按场站收据
6	卸货港/交货港/目的港	按场站收据
7	提单号	按集装箱装箱单
8	唛头	按场站收据
9	集装箱号	按集装箱装箱单
10	铅封号	按集装箱装箱单
11	货物描述	按集装箱装箱单
12	托运人/收货人/通知方	按场站收据
13	单箱毛重	按集装箱装箱单
14	单箱体积	按集装箱装箱单
15	运费率	按场站收据
16	运费支付方式	按场站收据

知识拓展

1. 直达运输与转船运输。举例说明：

（1）A港装货，B港卸货，为直达运输。

（2）本应A港装货，B港卸货，但是A港无直达B港的船舶。只好先运到C港，在C港换装另一艘船将货物运至B港。这就是转船运输，C港就成了中转港。

（3）目前中转货运量较大的港口有新加坡、香港、釜山、迪拜等。

2. 一票多箱。一个提单号项下的货物称为一票货物。由于集装箱的内部容积及最大载重量的限制，出现了一票货物装多个集装箱的现象。这就是所谓的一票多箱。无论一票货物装入多少个集装箱，舱单不能遗漏，必须如实反映。

3. 一箱多票。拼箱运输时，由于单票货物的体积、重量较小，一个集装箱需要多票货物拼装才能装满。此时的舱单也要如实反映每一票提单项下的品名及件重尺等信息。不能遗漏任何一票提单。

英语园地

1. manifest：舱单

2. freight manifest:运费舱单

3. transhipment:转船

4. Full Container Load:缩写为 FCL,整箱

5. Less than Container Load:缩写为 LCL,拼箱

课后训练

请从图 2 – 11 所示的海运出口货物舱单中提取相关信息,填入表 2 – 14 中。

CHINA SHIPPING FREIGHT MANIFEST

VESSAL RED STAR   VOYAGE 1802W   CARRIER CSCL   SAILING DATE 2018/9/7   PAGE NO.

POR YANTIAN POL YANTIAN POD ROTTERDAM DEL ROTTERDAM DEST ROTTERDAM PRINT DATE 2018/9/28

B/L NO.	MARKS & NUM-BERS CLEAR PORT CONTAINER NO. SEAL NO.	NO. OF PKGS DESCRIP-TION OF GOODS	1) SHIPPER 2) CONSIGNEE 3) NOTIFY PARTY	WEIGHT (KGS)	CUMB (CBM)	RATE	FREIGHT	
							PREPAID	COLLECT
DAMUS Z110918	VIA NINGBO	NEXT VVL 14 BLOCKS STC MARBLE BLOCKS	1) SHENZHEN SEN ZHAN CO., LTD. TEL＊＊＊＊ FAX＊＊＊＊ 2) ELGHALY FOR EXPORT & IMPORT CO. TEL＊＊＊＊ FAX＊＊＊＊ 3) SHENZHEN SEN ZHAN CO., LTD. TEL＊＊＊＊ FAX＊＊＊＊	270,000.00 10×20′GP	0.000	USD50/ 20′GP		USD500

图 2 – 11 海运出口货物舱单

表 2 – 14 海运出口货物舱单要素

序　号	海运出口货物舱单要素	从图 2 – 11 中提取相关内容填写
1	文件名称	
2	船名/航次	
3	承运人	
4	开航日	
5	收货港/装货港	
6	卸货港/交货港/目的港	
7	提单号	
8	唛头	
9	集装箱号	
10	铅封号	
11	货物描述	

（续表）

序　号	海运出口货物舱单要素	从图2-11中提取相关内容填写
12	托运人/收货人/通知方	
13	单箱毛重	
14	单箱体积	
15	运费率	
16	运费支付方式	

任务十四　缮制出境货物报检单

知识目标

1. 了解出口报检业务的基本知识。

2. 熟悉出口报检业务的流程及管理规定。

能力目标

1. 能办理商检、获取出境货物通关单。

2. 能缮制出境货物报检单。

任务引入

2018年5月8日,天津知学国际贸易有限公司出口韩国的商业发票号为TJ18-3002的货物已订舱完毕并备货装箱。配船信息如下:船名QING YUN HE(青云河),航次V.0033S,提单号TGFXG000008,预计开航日期MAY 15,2018。根据中国贸易管制需要,该票货物需要进行出口商品检验,取得出境货物通关单后报关出口。

一、出境货物报检的时限和地点

1. 报检时限

① 出境货物最迟应在出口报关或装运前7天报检,对于个别检验检疫周期较长的货物,应留有相应的检验检疫时间。

② 需隔离检疫的出境动物在出境前60天预报,隔离前7天报检。

③ 出境观赏动物应在动物出境前30天到出境口岸检验检疫机构报检。

2. 报检地点

① 法定检验检疫货物,除活动物须由口岸检验检疫机构检验检疫外,原则上应实施产地检验检疫,在产地检验检疫机构报检。

② 法律法规允许在市场采购的货物向采购地的检验检疫机构办理报检手续。

③ 异地报关的货物,在报关地检验检疫机构办理换证报检。(实施出口直通放行制度

的货物除外。)

二、出境货物报检单填制的一般要求

① 报检时,企业提交书面出境货物报检单的同时,必须向检验检疫机构发送电子数据,且信息完全一致。

② 出境货物报检单必须按所申报的货物内容填写。填写内容与随附单据相符,填写必须完整、准确,不得涂改,对无法填写或无此内容的栏目,统一填写"＊＊＊"。

③ 填制完毕的出境货物报检单必须加盖报检单位公章或已经向检验检疫机构备案的报检专用章,报检人应在签名栏手签,不能代签。

④ 填制完毕的出境货物报检单在发送数据和办理报检手续前必须认真审核,检查是否有错填、漏填的栏目,所填写的各项内容必须完整、准确、清晰,不得涂改。

三、出境货物报检单的主要内容与缮制规范

出境货物报检单如图 2－12 所示。

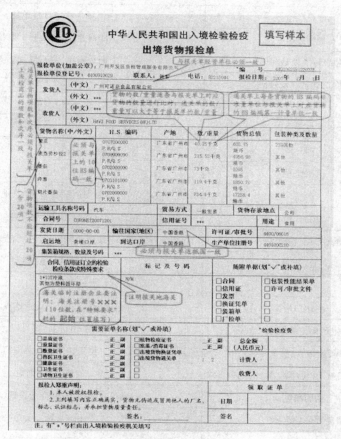

图2－12　出境货物报检单

对出境货物报检单主要内容的解释说明如表2-15所示。

表2-15 出境货物报检单要素及资料来源

序 号	出境报检单要素	资料来源
1	文件名称	出境货物报检单
2	报检单位名称	报检企业名
3	报检单位登记号	在CIQ登记备案的10位企业编码
4	报检单编号	留空
5	报检日期	同商业发票日期
6	联系人/电话	报检企业的联系人及电话
7	发货人	同商业发票的开票人,用中文填写
8	收货人	同商业发票的抬头人,可写英文
9	货物名称	同商业发票,用中文填写,如多品名,须与报关单品名顺序一致
10	HS编码	参考海关10位商品编码
11	产地	货物的产地,精确到省、地区
12	数/重量	同装箱单,净重+单位
13	计量单位	第一法定计量单位
14	货物总值	同商业发票,币制+钱数
15	包装种类及数量	同装箱单,注明包装材质
16	运输工具名称及号码	预配船名航次
17	贸易方式	按实际情况
18	货物存放地点	按实际情况
19	合同号	按合同
20	信用证号	信用证
21	用途	按用途填写,多为"其他"
22	发货日期	货船预计开航日期
23	输往国家或地区	按商业发票,客户所在地
24	许可证/审批号	有就填写,无则空
25	起运地	出口报关的口岸
26	到达口岸	商业发票的运达地点
27	生产单位注册号	生产厂家在CIQ的备案号码,无则留空
28	集装箱规格、数量及号码	按集装箱装箱单填写
29	合同、信用证订立的检验检疫条款或特殊要求	有则写,无则空
30	随附单据	常见有销售合同、商业发票、装箱单
31	需要证单名称	出境货物通关单
32	报检人签字	办事人员签字

知识拓展

1. 出境货物报检单的用途是做出口商品检验申请。CIQ 依据出境货物报检单的内容签发出境货物通关单。

2. 换证凭条，如果货物原产地不在出境口岸地区，厂家或出口企业在当地 CIQ 申请商检，受理机构经检验后出具换证凭条，货主或其代理人在口岸 CIQ 凭换证凭条换取出境货物通关单。

3. 用途栏可以选填的内容有种用或繁殖、食用、奶用、观赏或演艺、伴侣动物、实验、药用、饲用、介质土、食品包装材料、食品加工设备、食品添加剂、食品容器、食品洗涤剂、食品消毒剂、其他。

4. 法定商品检验目录，简称法检目录。一年一度，CIQ 联合海关发布一个商品目录，凡是目录所列商品，货主有义务申报检验检疫。

5. 报检随附单据包括商业发票、合同、装箱单，有时还需要信用证副本，特殊商品需要出口许可证及审批证书复印件等。

英语园地

1. commodity inspection：商品检验
2. China entry-exit Inspection and Quarantine bureau：缩写为 CIQ，国家质量监督检验检疫总局

课后训练

1. 请从图 2-12 所示的出境货物报检单中提取相关信息，填入表 2-16 中。

表 2-16　出境货物报检单要素

序　号	出境报检单要素	从图 2-12 中提取相关内容填写
1	文件名称	
2	报检单位名称	
3	报检单位登记号	
4	报价单编号	
5	报检日期	
6	联系人/电话	
7	发货人	
8	收货人	
9	货物名称	
10	HS 编码	
11	产地	

序　号	出境报检单要素	从图2-12中提取相关内容填写
12	数/重量	
13	计量单位	
14	货物总值	
15	包装种类及数量	
16	运输工具名称及号码	
17	贸易方式	
18	货物存放地点	
19	合同号	
20	信用证号	
21	用途	
22	发货日期	
23	输往国家或地区	
24	许可证/审批号	
25	起运地	
26	到达口岸	
27	生产单位注册号	
28	集装箱规格、数量及号码	
29	合同、信用证订立的检验检疫条款或特殊要求	
30	随附单据	
31	需要证单名称	
32	报检人签字	

2. 根据以下信用证及工厂补充资料填制出境货物报检单。

Input Message Type：700 Issue of a Documentary Credit
Input Date/Time：180220/1016
Sender：BARCCNSHXX THE BARCLAY BANK LTD.
Receiver：BANK OF CHINA TIANJIN BRANCH
Priority：Normal

***　　　　***　　　　***　　　　***

:27［Sequence of Total］1/1
:40A［Form of Documentary Credit］IRREVOCABLE
:20［Documentary Credit No.］51160943
:31C［Date of Issue］180220
:40E［Applicable Rules］UCP 600
:31D［Date and Place of Expiry］180420 CHINA
:50［Applicant］
GLOBAL STANDARDS LTD.
507 HACKNEY ROAD LONDON UK E2 9ED
PHONE：0044 91710292
:59［Beneficiary］
TIANJIN ZHIXUE TRADING CO.,LTD.
NO.8,YASHEN ROAD,
JINNAN DISTRICT,TIANJIN 300350,P.R.CHINA
:32B［Currency Code Amount］USD9,120.00

:41D[Available with...by...] ANY BANK BY NEGOTIATION

:42C[Drafts at...] DRAFTS AT SIGHT

:42A[Drawee] BARCCNSHXX THE BARCLAY BANK LTD.

:43P[Partial Shipments] PROHIBITED

:43T[Transshipment] ALLOWED

:44E[Port of Loading/Airport of Departure] XINGANG CHINA

:44F[Port of Discharge/Airport of Destination] SOUTHAMPTON UK

:44C[Latest Date of Shipment] 180330

:45A[Description of Goods and/or Services]

4,800 PCS PLASTIC WRAP WIDTH 200 MM AT USD1.90/PC CIF SOUTHAMPTON

:46A[Documents Required]

+ SIGNED ORIGINAL COMMERCIAL INVOICES IN TRIPLICATE.

+ 3/3 CLEAN ON BOARD OCEAN BILLS OF LADING MADE OUT TO ORDER AND BLANK ENDORSED MARKED "FREIGHT PREPAID" AND NOTIFY APPLICANT.

+ DETAILED PACKING LIST IN THREE COPIES.

+ INSURANCE POLICY VALUED 110% OF INVOICE AMOUNT COVERING ICC(A) CLAUSES WITH CLAIM PAYABLE AGENT AT UK.

+ FORM A CERTIFICATE STATING THAT GOODS ARE OF CHINA ORIGIN.

:47A[Additional Conditions]

+ T/T REIMBURSEMENT PROHIBITED.

+ FORWARDER B/L IS ACCEPTABLE.

+ THE L/C NUMBER MUST BE INDICATED ON ALL DOCUMENTS.

:71[Charges]

ALL BANKING CHARGES OUTSIDE UK ARE FOR ACCOUNT OF BENEFICIARY.

:49[Confirmation Instructions] WITHOUT

:78[Instructions to the paying/negotiating bank]

+ NEGOTIATING BANK MUST AIRMAIL DRAFTS AND ALL DOCUMENTS DIRECT TO US IN ONE LOT BY COURIER SERVICE.

+ IN REIMBURSEMENT, WE SHALL REMIT THE PROCEEDS ACCORDING TO NEGOTIATING BANK'S INSTRUCTIONS LESS REMITTANCE CHARGES USD60.00.

+ DISCREPANCY FEE OF USD50.00 WILL BE DEDUCTED FROM THE PROCEEDS FOR EACH PRESENTATION OF DISCREPANT DOCUMENTS UNDER THIS CREDIT.

***　　　　***　　　　***　　　　***

工厂补充资料如下。

品名及规格:200 毫米宽度塑料保鲜膜(Plastic Wrap Width 200 mm)

包装:每个纸箱装 48 卷(48 pcs in one carton)

纸箱尺寸:21 cm×30 cm×40 cm

纸箱重量:0.5 kg

每只保鲜膜重量:0.4 kg

船名(Vessel):COSCO NETHERLANDS

航次(V.):006W

提单号(B/L No.):TJUK098267

预计开航日期:2018 年 3 月 15 日

装运唛头:G. S.
　　　　PE WRAP
　　　　S. AMPTON
　　　　CTN NO. 1-100

中华人民共和国出入境检验检疫
出境货物报检单

报检单位(加盖公章)：　　　　　　　　　　　　　　　　　　　　　　　*编号

报检单位登记号：　　　联系人：　　　电话：　　　报检日期：　　年　月　日

发货人	(中文)				
	(外文)				
收货人	(中文)				
	(外文)				
货物名称(中/外文)	H.S.编码	产地	数/重量	货物总值	包装种类及数量

运输工具名称及号码		贸易方式		货物存放地点	
合同号		信用证号		用途	
发货日期		输往国家(地区)		许可证/审批号	
启运地		到达口岸		生产单位注册号	

集装箱规格、数量及号码

合同、信用证订立的检验检疫条款或特殊要求	标记及号码	随附单据(划"√"或补填)	
		□合同 □信用证 □发票 □换证凭单 □装箱单 □厂检单	□包装性能结果单 □许可/审批文件 □ □

需要证单名称(划"√"或补填)		*检验检疫费	
□品质证书　　__正__副 □重量证书　　__正__副 □数量证书　　__正__副 □兽医卫生证书　__正__副 □健康证书　　__正__副 □卫生证书　　__正__副 □动物卫生证书　__正__副	□植物检疫证书　__正__副 □熏蒸/消毒证书 __正__副 □出境货物换证凭单　1　2 □出境货物通关单　1　2 □ □ □	总金额 (人民币元)	
		计费人	
		收费人	

报检人郑重声明： 　1. 本人被授权报检。 　2. 上列填写内容正确属实,货物无伪造或冒用他人的厂名、标志、认证标志,并承担货物质量责任。 　　　　　　　　　　　　　签名：_____	领取证单	
	日期	
	签名	

注:有"＊"号栏由出入境检验检疫机关填写

任务十五　缮制出口货物报关单

知识目标

1. 了解出口货物报关单的主要内容及填写要求。
2. 熟悉报关流程。

能力目标

1. 能看懂出口货物报关单。
2. 能缮制出口货物报关单。

任务引入

2018 年 5 月 8 日,天津知学国际贸易有限公司出口韩国的商业发票号为 TJ18－3002 的货物已订舱完毕并备货装箱。配船信息如下:船名 QING YUN HE(青云河),航次 V.0033S,提单号 TGFXG000008,预计开航日期 MAY.15。货主办理商检并已取得出境货物通关单。通关单号码为 120600217064974001,现在委托诚达货运代理有限公司代理报关。其中,集装箱号为 COSU5678787,1×20'GP,空箱重 2 300 kg。

一、报关程序

在我国,海关规定进出境货物要经过审单、查验、征税和放行 4 个海关作业环节。但是,从海关对进出境货物进行监管的全过程看,报关程序可分为 3 个阶段。

1. 前期报关

前期报关主要针对保税加工货物、减免税货物、暂准出口货物,进出境前向海关许可备案手续。

① 保税加工货物,办理加工贸易合同的备案申请、加工贸易手册。

② 对于特定减免税货物,办理减免税备案登记、减免税申请、减免税证明申领手续。

③ 暂准出口货物,办理担保申请、暂准出口展览品备案申请、担保申请等手续。

2. 出境报关

出口货物通关程序:出口货物申报;出口货物查验;出口货物征税;出口货物的放行。

3. 后续报关

后续报关指根据海关对保税加工货物、特定减免税货物、暂准出口货物等的监管要求,出口货物收发货人或其代理人在货物进出境储存、加工、装配、使用后,在规定的期限内,按照规定的要求,向海关办理上述出口货物的核销、销案、申请解除监管手续的过程。

① 对于保税加工货物,办理货物登记手册的核销、银行保证金台账的销账手续。

② 特定减免税货物,监管期满或海关批准出售、转让、退运、放弃特定减免税货物后,申

请解除监管的手续。

③ 对于暂准出口货物,期满申请办理复出境、进境或正式出口销案手续。

二、报关期限

出口货物应当在出口货物运抵海关监管区后,在装货的 24 小时以前向海关申报。否则,海关拒绝接受申报。

三、出口货物报关单要素及制单依据

出口货物报关单如图 2-13 所示。

中华人民共和国海关出口货物报关单

预录入编号:　　　　　　　　　　　　　　　　　　　海关编号:

收发货人 1212915555 天津知学贸易有限公司	出口口岸　（0202） 新港海关		出口日期 20180515	申报日期 20180512
生产销售单位 1212915555 天津知学贸易有限公司	运输方式(2) 水路运输	运输工具名称 QING YUN HE／0033S		提运单号 TGFXG00008
申报单位 1212980317 天津善建报关行	监管方式　0110 一般贸易	征免性质(101) 一般征税		备案号
贸易国(地区)(133) 韩国	运抵国(地区)(133) 韩国	指运港(1480) 釜山		境内货源地(12129) 天津津南
许可证号	成交方式(1) CIF	运费 502／300／3	保费 0.3	杂费
合同协议号 17KR0402	件数 400	包装种类(2) 纸箱	毛重(千克) 3,600	净重(千克) 3,400
集装箱号 COSU5678787／20'／2300	随附单证			
标记唛码及备注				

项号	商品编号	商品名称、规格型号	数量及单位	最终目的国(地区)	单价	总价	币制	征免
1	6109100021	T恤衫 男士、纯棉、针织	9,600 件	韩国　(133)	8.25	79,200.00 (502)	美元	照章征税 (1)

图 2-13　出口货物报关单

特殊关系确认：		价格影响确认：	支付特许权使用费确认：
录入员	录入单位	兹申明对以上内容承担如实申报、依法纳税	海关批注及签章
		之法律责任	
张山	天津善建报关行		
报关人员	申报单位（签章）		
李建国	天津善建报关行		

图2-13（续）

对出口货物报关单的解释说明如表2-17所示。

表2-17 出口货物报关单要素及资料来源

序　号	出口货物报关单要素	资料来源
1	文件名称	出口货物报关单
2	收发货人	合同中的卖家中文名
3	出口口岸	接受报关的口岸海关名称
4	出口日期	按实际填写
5	申报日期	按实际填写
6	生产销售单位	同发货人，或生产工厂
7	运输方式	参见运输方式代码表，如水路为2
8	运输工具名称	按场站收据
9	提运单号	同场站收据号码
10	申报单位	代理报关的企业中文名
11	监管方式	参见监管方式代码表，多数为"一般贸易"
12	征免性质	参见征免性质代码表，多数为"一般征税"
13	备案号	空
14	贸易国（地区）	合同的买方所在国家（地区）
15	运抵国（地区）	合同的买方所在国家（地区）
16	指运港	按场站收据
17	境内货源地	发货人所在地区
18	许可证号	空
19	成交方式	按商业发票中的贸易术语
20	运费	CFR、CIF 成交时需要填写
21	保费	CIF 成交时需要填写
22	杂费	空
23	合同协议号	按销售合同
24	件数	按装箱单
25	包装种类	按装箱单

（续表）

序　号	出口报关单要素	资料来源
26	毛重	按装箱单
27	净重	按装箱单
28	集装箱号	按场站收据
29	随附单证	填写出境货物通关单号码
30	项号	有几种货物就填几
31	商品编号	海关商品编码
32	数量及单位	按装箱单
33	最终目的地国（地区）	按商业发票
34	单价	按商业发票
35	总额	按商业发票
36	币制	按商业发票
37	征免	参见征免方式代码表，多数为"照章征税"

知识拓展

1. 报关单的用途为出口报关、收汇核销、办理出口退税。

2. 出口报关需要的文件有报关单及报关随附单据。随附单据又分为基本单据及特殊单据。基本单据包括发票、合同、装箱单、场站收据（装货单联）等；特殊单据包括出境货物通关单、出口许可证、配额等。

3. 出口报关时效为运抵海关监管堆场后至货船开始装货的 24 小时之前。

4. 出口报关形式有电子单据报关及现场纸质单据报关。

5. 报关行是代表普通进出口人办理进出口通关事宜的专业报关公司。有些货代公司兼营此项业务。

英语园地

1. customs clearance：报关
2. HS Code：海关商品编码，海关税则号列

课后训练

1. 请从图 2-13 的出口货物报关单中提取相关信息，填入表 2-18 中。

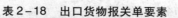

表2-18　出口货物报关单要素

序　号	出口货物报关单要素	从图2-13中提取相关内容填写
1	文件名称	
2	收发货人	
3	出口口岸	
4	出口日期	
5	申报日期	
6	生产销售单位	
7	运输方式	
8	运输工具名称	
9	提运单号	
10	申报单位	
11	监管方式	
12	征免性质	
13	备案号	
14	贸易国(地区)	
15	运抵国(地区)	
16	指运港	
17	境内货源地	
18	许可证号	
19	成交方式	
20	运费	
21	保费	
22	杂费	
23	合同协议号	
24	件数	
25	包装种类	
26	毛重	
27	净重	
28	集装箱号	
29	随附单证	
30	项号	
31	商品编号	
32	数量及单位	
33	最终目的地国(地区)	
34	单价	
35	总额	
36	币制	
37	征免	

2. 根据以下资料填制出口货物报关单。

业务背景:内蒙古飞鹰盐业有限公司(1513910763)委托天津善建报关行(1212980317)于2018年6月3日向天津新港海关申报出口工业级氯化钙 CALCIUM CHLORIDE 74% MIN。

注:该商品属于无机化工原料,有效成分74%以上,海关监管代码为 B。

内蒙古飞鹰盐业有限公司适用海关一般信用企业管理类别。

ISSUER INNER MONGOLIA FLY EAGLE SALT CHEMICAL CO.,LTD. NO. 18,VICTORY ROAD,ALASHAN MENG, INNER MONGOLIA,CHINA.		商业发票 COMMERCIAL INVOICE		
TO ROBETO CHEMICAL INDUSTRIAL CO.,LTD. #1789 PARK JEONG DONG,JIMSHUI KU,DAECHUNG,KOREA		NO. FE20160184		DATE MAY. 25,2018
		S/C NO. KRE20160012		L/C NO. N/A
TRANSPORT DETAILS FROM XINGANG TO INCHEON BY SEA		TERMS OF PAYMENT 30% T/T IN ADVANCE AND 70% T/T AGAINST B/L COPY		
Marks and Numbers	Number and kind of package Description of goods	Quantity	Unit Price	Amount
N/M	31,200 BAGS = 780 MT NET OF:- CALCIUM CHLORIDE 74% MIN. PACKING:IN 25 KG NET PP BAGS	780 MT	FOB XINGANG USD150.00/MT	TOTAL FOB XG USD117,000.00
	TOTAL:	780 MT		USD117,000.00
TOTAL:US DOLLARS ONE HUNDRED SEVENTEEN THOUSAND ONLY.				

ISSUER INNER MONGOLIA FLY EAGLE SALT CHEMICAL CO.,LTD. NO. 18,VICTORY ROAD,ALASHAN MENG, INNER MONGOLIA,CHINA.		装箱单 PACKING LIST				
TO ROBETO CHEMICAL INDUSTRIAL CO.,LTD. #1789 PARK JEONG DONG,JIMSHUI KU,DAECHUNG,KOREA		NO. FE20160184			DATE MAY. 25,2018	
Marks and Numbers	Number and kind of package Description of goods	Quantity	Package	G. W.	N. W.	Meas.
N/M	31,200 BAGS = 780 MT NET OF:- CALCIUM CHLORIDE 74% MIN. PACKING:IN 25 KG NET PP BAGS	780 MT	PP BAGS	25.1 KG 783.12 MT	25 KG 780 MT	0.034 m^3 1,050 m^3
TOTAL:						
TOTAL:THIRTY ONE THOUSAND TWO HUNDRED BAGS ONLY.						

SALES CONTRACT

NO.：KRE20180012

DATE：APR. 20，2018

THIS CONTRACT IS MADE BY AND BETWEEN <u>INNER MONGOLIA FLY EAGLE SALT CHEMICAL CO.,LTD.</u> （HEREINAFTER CALLED THE SELLERS）AND <u>M/S. ROBETO CHEMICAL INDUSTRIAL CO., LTD.</u> （HEREINAFTER CALLED THE BUYERS）WHEREBY THE SELLERS AGREE TO SELL AND THE BUYERS AGREE TO BUY THE UNDERMENTIONED GOODS ACCORDING TO THE TERMS AND CONDITIONS AS STIPULATED BELOW：

COMMODITY AND SPECIFICATION	PACKING	QUANTITY	UNIT PRICE	AMOUNT
CALCIUM CHLORIDE 74%	IN 25 KG NET PP BAGS	780 MT	FOB XINGANG USD150/MT	TOTAL FOB XINGANG USD117,000.00 =============

（SAY）US DOLLARS：ONE HUNDRED SEVENTEEN THOUSAND ONLY.

SHIPPING MARKS：TO BE DESIGNATED BY THE SELLERS，IN CASE THE BUYERS DESIRE TO DESIGNATE THEIR OWN SHIPPING MARKS. THE BUYERS MUST ADVISE THE SELLERS ACCORDINGLY 10 DAYS BEFORE LOADING AND OBTAIN THE SELLERS' CONSENT.
INSURANCE：COVERED BY BUYER
PORT OF SHIPMENT：XINGANG，CHINA
PORT OF DESTINATION：INCHEON，KOREA
TIME OF SHIPMENT：BEFORE THE END OF JUNE 2018
TERMS OF PAYMENT：30% T/T IN ADVANCE AND 70% T/T AGAINST B/L COPY
COMMISSION AMOUNT：N/A

装货单
SHIPPING ORDER

S/O NO. QY-06

船名 （Vessel Name）	TIAN YOU CHENG	航次 Voy. 132	目的港 For	INCHEON

托运人 Shipper	INNER MONGOLIA FLY EAGLE SALT CHEMICAL CO.,LTD.

收货人 Consignee	TO ORDER

通知 Notify	ROBETO CHEMICAL INDUSTRIAL CO.,LTD. #1789 PARK JEONG DONG，JIMSHUI KU，DAECHUNG，KOREA

兹将下列完好状况之货物装船后希签署收货单

Receive on board the undermentioned goods apparent in good order and condition and sign the accompanying receipt for the same.

标记及号码 Marks & No. s	件　数 Quantity	货　名 Description of goods	毛重（千克） Gross Weight in Kilos	尺码（立方米） Measurement Cu. M.
N/M	31,200 BAGS	CALCIUM CHLORIDE 74%　MIN. 工业级氯化钙	783.12 MT	1,050 m³

共计件数（大写）
Total Number of Packages in Writing

日期
Date

时间
Time

装入何舱
Stowed

实收
Received _____

理货员签名
Tallied By _____ 经办员
Approved By _____

中华人民共和国出入境检验检疫
出境货物通关单

编号:120000217123456

1. 发货人 内蒙古飞鹰盐业有限公司		5. 标记及号码 N/M
2. 收货人 M/S XXXXXX		
3. 合同/信用证号 KRE20180012	4. 输往国家或地区 韩国	
6. 运输工具名称及号码 ***	7. 发货日期 ***	8. 集装箱规格及数量 ***
9. 货物名称及规格 氯化钙 74% MIN. *** *** ***	10. H.S. 编码 28272000 00	11. 申报总值 117,000 美元	12. 数/重量、包装数量及种类 780,000 千克 31,200 包 *** *** ***
		117,000 美元	
13. 证明 签字:	上述货物业经检验检疫,请海关予以放行。 本通关单有效期至 2018 年 7 月 26 日 日期:2018 年 5 月 28 日	
14. 备注		

3. 根据以下资料填制出口货物报关单。(填制思路:先制作发票、装箱单、合同、场站收据,后制作出口货物报关单。)

Input Message Type:700 Issue of a Documentary Credit
Input Date/Time:180220/1016
Sender:BARCCNSHXX THE BARCLAY BANK LTD.
Receiver:BANK OF CHINA TIANJIN BRANCH
Priority:Normal
  ***   ***   ***   ***
:27[Sequence of Total]1/1
:40A[Form of Documentary]Credit IRREVOCABLE
:20[Documentary Credit No.]51160943
:31C[Date of Issue]180220
:40E[Applicable Rules]UCP 600
:31D[Date and Place of Expiry]180420 CHINA
:50[Applicant]
GLOBAL STANDARDS LTD.
507 HACKNEY ROAD LONDON UK E2 9ED
PHONE:0044 91710292
:59[Beneficiary]
TIANJIN ZHIXUE TRADING CO.,LTD.
NO. 8,YASHEN ROAD,

JINNAN DISTRICT, TIANJIN 300350, P. R. CHINA

:32B[Currency Code Amount] USD9 ,120. 00

:41D[Available with. . . by. . .] ANY BANK BY NEGOTIATION

:42C[Drafts at. . .] DRAFTS AT SIGHT

:42A[Drawee] BARCCNSHXX THE BARCLAY BANK LTD.

:43P[Partial Shipments] PROHIBITED

:43T[Transshipment] ALLOWED

:44E[Port of Loading/Airport of Departure] XINGANG CHINA

:44F[Port of Discharge/Airport of Destination] SOUTHAMPTON UK

:44C[Latest Date of Shipment] 180330

:45A[Description of Goods and/or Services]

4 ,800 PCS PLASTIC WRAP WIDTH 200 MM AT USD1. 90/PC CIF SOUTHAMPTON

:46A[Documents Required]

+ SIGNED ORIGINAL COMMERCIAL INVOICES IN TRIPLICATE.

+ 3/3 CLEAN ON BOARD OCEAN BILLS OFLADING MADE OUT TO ORDER AND BLANK ENDORSED MARKED "FREIGHT PREPAID" AND NOTIFY APPLICANT.

+ DETAILED PACKING LIST IN THREE COPIES.

+ INSURANCE POLICY VALUED 110% OF INVOICE AMOUNT COVERING ICC (A) CLAUSES WITH CLAIM PAYABLE AGENT AT UK.

+ FORM A CERTIFICATE STATING THAT GOODS ARE OF CHINA ORIGIN.

:47A[Additional Conditions]

+ T/T REIMBURSEMENT PROHIBITED.

+ FORWARDER B/L IS ACCEPTABLE.

+ THE L/C NUMBER MUST BE INDICATED ON ALL DOCUMENTS.

:71[Charges]

ALL BANKING CHARGES OUTSIDE UK ARE FOR ACCOUNT OF BENEFICIARY.

:49[Confirmation Instructions] WITHOUT

:78[Instructions to the paying/negotiating bank]

+ NEGOTIATING BANK MUST AIRMAIL DRAFTS AND ALL DOCUMENTS DIRECT TO US IN ONE LOT BY COURIER SERVICE.

+ IN REIMBURSEMENT, WE SHALL REMIT THE PROCEEDS ACCORDING TO NEGOTIATING BANK'S INSTRUCTIONS LESS REMITTANCE CHARGES USD60. 00.

+ DISCREPANCY FEE OF USD50. 00 WILL BE DEDUCTED FROM THE PROCEEDS FOR EACH PRESENTATION OF DISCREPANT DOCUMENTS UNDER THIS CREDIT.

***　　　　***　　　　***　　　　***

工厂补充资料如下。

品名及规格:Plastic Wrap Width 200 mm(200 毫米宽度塑料保鲜膜)

包装:48 pcs in one carton(每个纸箱装 48 卷)

纸箱尺寸:21 cm×30 cm×40 cm

纸箱重量:0. 5 kg

每只保鲜膜重量:0. 4 kg

船名(Vessel) :COSCO NETHERLANDS

航次(V.) :006W

提单号 B/L No. :TJUK098267

预计开航日期:2018 年 3 月 15 日

装运唛头:G. S.

　　　　PE WRAP

　　　　S. AMPTON

　　　　CTN NO. 1-100

中华人民共和国海关出口货物报关单

预录入编号：   海关编号：

收发货人	出口口岸		出口日期	申报日期
生产销售单位	运输方式	运输工具名称		提运单号
申报单位：	监管方式	征免性质		备案号
贸易国（地区）	运抵国（地区）	指运港		境内货源地
许可证号	成交方式	运费	保费	杂费
合同协议号	件数	包装种类	毛量（千克）	净重（千克）
集装箱号	随附单证			
标记唛码及备注				

项号	商品编号	商品名称、规格型号	数量及单位	最终目的国（地区）	单价	总价	币制	征免

特殊关系确认：	价格影响确认：	支付特许权使用费确认：
录入员　　　　录入单位	兹申明对以上内容承担如实申报、依法纳税之法律责任	海关批注及签章
报关人员	申报单位（签章）	

任务十六　缮制海运提单

知识目标

　　1. 了解海运提单的分类。
　　2. 掌握海运提单的主要条款。

能力目标

　　1. 能看懂海运提单。
　　2. 能缮制海运提单。

任务引入

　　2018 年 5 月 8 日,天津诚达货运代理有限公司为天津知学国际贸易有限公司订舱的 1×20′FCL 整箱,新港至釜山,配载中国远洋集装箱运输公司的青云河船,0033S 航次,提单号为 TGFXG000008 的货物,现已顺利通过商检、装箱、报关、集港、装船等系列业务环节,青云河 0033S 航次已于 2018 年 5 月 15 日驶离天津新港。眼下货主要求订舱部门签发海运提单。

一、海运提单的概念

　　《中华人民共和国海商法》对于海运提单的定义如下:用以证明海上货物运输合同和货物已经由承运人接收或者装船,以及承运人保证据以交付货物的单证。

　　带有详细内容的海运出口货物委托书、场站收据及客户传来的提单草稿均可成为海运提单样本。单证员制单后需要传给托运人确认。托运人核对无误后,在该版本上签字回传。此单就成为 OK 件,单证员凭此 OK 件打印、签发提单。

二、海运提单的功能

　　① 海上运输合同成立的证明。
　　② 货物已由承运人接管或已装船的收据。
　　③ 承运人保证凭以交付货物的物权凭证。

三、海运提单的填制

　　依据图 2-14 所示的海运出口货物委托书、图 2-15 所示的场站收据,缮制的海运提单如图 2-16 所示。

海运出口货物委托书

2018 年 5 月 8 日

Shipper：Tianjin Zhixue Trading Co.,Ltd.	B/L NO. ：
	INV NO. ： TJ18-3002
Consignee：To order	
Notify Party：Samyung Trading Co.,Ltd.,18 Victory Road,Sonnan Dong,Kangnam Ku Seoul,Korea	
Vessel & V. ：	
Port of Loading：Xingang China	Port of discharge：Busan Korea
No. of Original B/L：Three	Place and date of issue：Tianjin

SHIPPING MARKS	NO.	DESCRIPTION OF GOODS	G. W.	MEAS.
N/M	400 cartons			25.2 m³
		100% Cotton Men's T-shirt	3,600 kgs	
		Freight Prepaid		
		Total four hundred cartons only.		

特殊条款：
订舱 1×20′FCL,工厂装箱。

图 2-14　海运出口货物委托书

Shipper(发货人) Tianjin Zhixue Trading Co.,Ltd.	D/R NO. (编号)TGFXG000008
	装　货　单　　　第 场站收据副本　　　四 　　　　　　　　　联
Consignee(收货人) To order	
Notify Party(通知人) Samyung Trading Co.,Ltd. 18 Victory Road,Sonnan Dong,Kangnam Ku,Seoul,Korea	containers or other Packages or units stated below to the Carrier's regular form of Bill of Lading(for Combined Transport or port to Port Shipment)which shall be deemed to be incorporated herein. Date(日期)：
Pre-carriage by (前程运输)　　　Place of Receipt 　　　　　　　　(收货地点)	
Ocean Vessel(船名航次) QING YUN HE V. 0033S　　Port of Loading(装货港) XINGANG CHINA	
Port of Discharge(卸货港) BUSAN KOREA　　Place of Delivery(交货地点)	Final Destination for the Merchant's Reference(目的地)

Container NO. (集装箱号)	Seal No. Marks&Nos. (封志号、标记与号码)	No. of containers or packages. (箱数或件数)	Kind of Packages Description of Goods (包装种类与货名)	Gross Weight 毛重(千克)	Measurement 尺码(立方米)
COSU 5678787	N/M H5698	400 CTNS	100% Cotton Men's T-shirt Freight Prepaid	3,600 kgs	25.2 m³

TOTAL NUMBER OF CONTAINERS OR PACKAGES(IN WORDS) 集装箱数或件数合计(大写)	TOTAL FOUR HUNDRED CARTONS ONLY.				
FREIGHT & CHARGES (运费与附加费)	Revenue Tons(运货吨)	Rate(运费率)	Per(每)	Prepaid(运费预付)	Collect(到付)

图 2-15　场站收据

Ex. Rate（兑换率）	Prepaid at（预付地点）		Payable at（到付地点）	Place of Issue（签发地点） Tianjin
	Total Prepaid（预付总额）		No. of Original B(s)/L （正本提单份数） Three	BOOKING（订舱确认） APPROVED BY

图 2-15（续）

1. Shipper Insert Name, Address and Phone TIANJIN ZHIXUE TRADING CO., LTD.	B/L No. TGFXG000008

2. Consignee Insert Name, Address and Phone

TO ORDER

中远集装箱运输有限公司
COSCO CONTAINER LINES

3. Notify Party Insert Name, Address and Phone
(It is agreed that no responsibility shall attach to the Carrier or his agents for failure to notify)

SAMYUNG TRADING CO., LTD.
18 VICTORY ROAD, SONNAN DONG, KANGNAM
KU, SEOUL, KOREA

TLX: 33057 COSCO CN
FAX: +86(021) 6545 8984

ORIGINAL

Port-to-Port or Combined Transport
BILL OF LADING

4. Combined Transport * Pre-carriage by	5. Combined Transport * Place of Receipt
6. Ocean Vessel Voy. No. QING YUN HE V. 0033S	7. Port of Loading XINGANG CHINA
8. Port of Discharge BUSAN KOREA	9. Combined Transport * Place of Delivery

RECEIVED in external apparent good order and condition except as otherwise noted. The total number of packages or unites stuffed in the container, the description of the goods and the weights shown in this Bill of Lading are furnished by the Merchants, and which the carrier has no reasonable means of checking and is not a part of this Bill of Lading contract. The carrier has Issued the number of Bills of Lading stated below, all of this tenor and date, One of the original Bills of Lading must be surrendered and endorsed or signed against the delivery of the shipment and whereupon any other original Bills of Lading shall be void. The Merchants agree to be bound by the terms and conditions of this Bill of Lading as if each had personally signed this Bill of Lading.
SEE clause 4 on the back of this Bill of Lading (Terms continued on the back hereof, please read carefully).
＊Applicable Only When Document Used as a Combined Transport Bill of Lading.

Marks & Nos Container / Seal No.	No. of Containers or Packages	Description of Goods (If Dangerous Goods, See Clause 20)	Gross Weight Kgs	Measurement M³
N/M	400 CTNS	S. T. C. 100% COTTON MEN'S T-SHIRT	3,600 KGS	25. 2 M³
COSU5678787 /H5698 /400 CTNS /3,600 kgs / 25. 2 m³ /CY /CY /20'GP		FREIGHT PREPAID		
		Description of Contents for Shipper's Use Only (Not part of This B/L Contract)		

10. Total Number of containers and/or packages (in words)
    Subject to Clause 7 Limitation　　TOTAL FOUR HUNDRED CARTONS ONLY.

图 2-16　海运提单

11. Freight & Charges	Revenue Tons	Rate	Per	Prepaid	Collect

Ex. Rate:	Prepaid at	Payable at	Place and date of issue TIANJIN MAY. 15,2018	
	Total Prepaid	No. of Original B(s)/L THREE	Signed for the Carrier, COSCO CONTAINER LINES	

LADEN ON BOARD THE VESSEL

DATE   MAY 15,2018   BY   THE AGENT OF THE CARRIER

图 2-16(续)

对海运提单的解释说明如表 2-19 所示。

表 2-19   海运提单要素及资料来源

序　号	海运提单要素	资料来源
1	海运提单号码	场站收据编号
2	文件名称	海运提单(BILL OF LADING)(印就)
3	托运人	摘自海运出口货物委托书、场站收据或信用证 59 条款
4	收货人	摘自海运出口货物委托书、场站收据或信用证 46A 条款,或标注 To order
5	通知人	摘自海运出口货物委托书、场站收据或信用证 50 条款
6	船名航次	场站收据或订舱回执
7	装货港	摘自海运出口货物委托书、场站收据或信用证 44E 条款
8	卸货港	摘自海运出口货物委托书、场站收据或信用证 44F 条款
9	集装箱号码	场站收据或集装箱装箱单
10	铅封号及唛头	场站收据或集装箱装箱单
11	运输包装件数	摘自海运出口货物委托书、场站收据或装箱单
12	货物描述	摘自海运出口货物委托书、场站收据或信用证 45A 条款
13	总毛重	摘自海运出口货物委托书、场站收据或装箱单
14	总尺码	摘自海运出口货物委托书、场站收据或装箱单
15	海运费支付方式	摘自海运出口货物委托书、场站收据或 46A 条款
16	运输包装件数(大写)	摘自海运出口货物委托书、场站收据,格式为 Total...only.
17	签单地点、日期	装运港口所在城市、装船完毕日期
18	正本提单份数	摘自海运出口货物委托书或场站收据
19	提单人签字	船公司、船长、船代理
20	承运人	见海运提单右上角(印就)

知识拓展

1. 海运提单可作为物权凭证。在水路运输(包括海运与内河航运)、公路运输、铁路运输、航空运输等众多的运输方式之中,仅有海运的单据称为"提单",其他方式的运输单据仅能称为"运单"。一字之差,含义却极为不同。如果海运提单第二栏内容显示为 To Order,这种提单中文叫"凭指示"提单,该单可以通过背书转让。这样,持有提单的一方可以凭此正本提单到码头提货。因此,国际贸易的中间商可以靠买卖提单从而轻松实现货权的交接。这样的"凭指示"提单其实具有了有价证券的功能。对比其他运输单据无须凭正本提货的特点,海运提单具有物权凭证的功能,可以靠背书转让。

2.海运提单的种类如表 2-20 所示。

表 2-20　海运提单种类

划分条件	海运提单种类		
背面条款	长式	短式	—
是否装船	已装船	收货待运	—
收货人	记名	空白	凭指示
批注与否	清洁	有批注	—
运输过程	直达	转船	多式联运
承运人	海运	货运代理	无船承运人
签单日期	预借	倒签	顺签

3.特殊的提单有:件杂货运输时的"舱面"货提单(On Deck B/L)、超过银行交单期提交的过期提单(Stale B/L)。

4.海运提单在收货人栏中写上具体收货人的名称地址。此单多为一份正本,而且在目的港提货时收货人只需证明身份即可提货,无须出示正本。

英语园地

1. Bill of Lading:缩写为 B/L,海运提单

2. full set:一整套,限定提单时指一式三份

3. clean:清洁的

4. shipped on board:已装船的

5. endorse:背书(指在单据后面盖章授权)

6. Said To Contain:缩写为 S.T.C.,据称(承运人免责的用语,通常写在货描栏目)

7. sea waybill:海运单

8. combined transport B/L:联合运输提单

9. multimodal transport B/L:多式联运提单

课后训练

1. 请从图 2-15 所示的海运提单中提取相关信息填入表 2-21 中。

表 2-21　海运提单要素

序　号	海运提单要素	从图2-15中提取相关内容填写
1	海运提单号码	
2	文件名称	
3	托运人	
4	收货人	
5	通知人	
6	船名航次	
7	装货港	
8	卸货港	
9	集装箱号	
10	铅封号及唛头	
11	运输包装件数	
12	货物描述	
13	总毛重	
14	总尺码	
15	海运费支付方式	
16	运输包装件数大写	
17	签单地点、日期	
18	正本提单份数	
19	提单人签字	
20	承运人	

2. 根据货主递来的海运出口货物委托书缮制海运提单。信息不得多加、丢失。教师负责指定箱号、封号、船名航次、预计离港时间等信息。

海运出口货物委托书

2018 年 1 月 12 日

Shipper：Tianjin Zhixue Trading Co.,Ltd.		INV NO. ：TJ18-3003
		B/L NO. ：
Consignee：To order of shipper		
Notify Party：AI KIKAKU CO.,LTD. AW BUILDING,2-8-6 MINAMIKYUHOUJI-MACHI CHUO-KU OSAKA JAPAN		
Vessel & V. ：		
Port of Loading：Xingang China	Port of discharge：Osaka Japan	
No. of Original B/L：Three	Place and Date of issue：Tianjin	

SHIPPING MARKS	NO.	DESCRIPTION OF GOODS	G. WT	MEAS.
AI OSAKA C /#1-500 MADE IN CHINA	500 Cartons	Sneakers Freight Prepaid Total five hundred cartons only.	7,000 kgs	49 m³

特殊条款：   1）1 ×40′FCL   2）CFS 装箱   3）最晚装期,2018 年 1 月 31 日

1. Shipper Insert Name, Address and Phone	B/L No.

中远集装箱运输有限公司
COSCO CONTAINER LINES

TLX：33057 COSCO CN
FAX：+86（021）6545 8984

ORIGINAL

Port-to-Port or Combined Transport
BILL OF LADING

RECEIVED in external apparent good order and condition except as otherwise noted. The total number of packages or unites stuffed in the container, the description of the goods and the weights shown in this Bill of Lading are furnished by the Merchants, and which the carrier has no reasonable means of checking and is not a part of this Bill of Lading contract. The carrier has Issued the number of Bills of Lading stated below, all of this tenor and date, One of the original Bills of Lading must be surrendered and endorsed or signed against the delivery of the shipment and whereupon any other original Bills of Lading shall be void. The Merchants agree to be bound by the terms and conditions of this Bill of Lading as if each had personally signed this Bill of Lading.

SEE clause 4 on the back of this Bill of Lading（Terms continued on the back hereof, please read carefully）.

* Applicable Only When Document Used as a Combined Transport Bill of Lading.

2. Consignee Insert Name, Address and Phone

3. Notify Party Insert Name, Address and Phone
（It is agreed that no responsibility shall attach to the Carrier or his agents for failure to notify）

4. Combined Transport *	5. Combined Transport * Place of Receipt
6. Ocean Vessel Voy. No.	7. Port of Loading
8. Port of Discharge	9. Combined Transport * Place of Delivery

Marks & Nos Container / Seal No.	No. of Containers or Packages	Description of Goods（If Dangerous Goods, See Clause 20）	Gross Weight Kgs	Measurement M³
		Description of Contents for Shipper's Use Only（Not part of This B/L Contract）		

10. Total Number of containers and/or packages（in words）
    Subject to Clause 7 Limitation

11. Freight & Charges	Revenue Tons	Rate	Per	Prepaid	Collect

Ex. Rate：	Prepaid at	Payable at	Place and date of issue
	Total Prepaid	No. of Original B(s)/L	Signed for the Carrier, COSCO CONTAINER LINES

LADEN ON BOARD THE VESSEL
DATE　　　　　　　　BY

3. 根据货主递来的海运出口货物委托书缮制海运提单,信息不得多加、丢失。教师负责指定箱号、封号、船名航次、预计离港时间等信息。

海运出口货物委托书

2018 年 6 月 1 日

Shipper：Tianjin Zhixue Trading Co.,Ltd.	INV NO. TJ18-3003 B/L NO.
Consignee：To the order of Habib Metropolitan Bank Ltd.	
Notify Party：HABIB METROPOLITAN BANK LTD CPU-IMPORT,10 /2 ,AKHBAR MANZIL STREET / NEXT TO JANG OFFICE,OFF：I. I. CHUNDRIGAR ROAD,KARACHI. PAKISTAN. AND MASTER DAVID CORPORATION,R-18 SOUTH AVENUE,S. B.,KARACHI-83200,PAKISTAN	

Vessel & V. ：	
Port of Loading：Xingang China	port of discharge：Karachi Seaport
No. of Original B/L：Three	Place and Date of issue：Tianjin

SHIPPING MARKS	NO.	DESCRIPTION OF GOODS	G. W.	MEAS.
N/M	800 bags	SAID TO CONTAIN： 20,000 kgs net of 522 sulphur black Freight Prepaid LC NO. LC /01 /001 /69587 DATED 180528 14days free time at port of discharge. Name,address and telephone number of the ship owner or their agent at final destination： Total eight hundred bags only.	20,240 kgs	26 m^3

特殊条款：
请出具船行证明,内容如下：
We hereby certify that
(I) Shipment /transhipment on Israeli flag vessel not effected.
(II) Consignment will not be discharged at port Qasim,Pakistan.

1. Shipper Insert Name, Address and Phone	B/L No.

中远集装箱运输有限公司
COSCO CONTAINER LINES

TLX: 33057 COSCO CN
FAX: +86 (021) 6545 8984

ORIGINAL

Port-to-Port or Combined Transport
BILL OF LADING

2. Consignee Insert Name, Address and Phone

3. Notify Party Insert Name, Address and Phone
(It is agreed that no responsibility shall attach to the Carrier or his agents for failure to notify)

RECEIVED in external apparent good order and condition except as otherwise noted. The total number of packages or unites stuffed in the container, the description of the goods and the weights shown in this Bill of Lading are furnished by the Merchants, and which the carrier has no reasonable means of checking and is not a part of this Bill of Lading contract. The carrier has Issued the number of Bills of Lading stated below, all of this tenor and date, One of the original Bills of Lading must be surrendered and endorsed or signed against the delivery of the shipment and whereupon any other original Bills of Lading shall be void. The Merchants agree to be bound by the terms and conditions of this Bill of Lading as if each had personally signed this Bill of Lading.

SEE clause 4 on the back of this Bill of Lading (Terms continued on the back hereof, please read carefully).

* Applicable Only When Document Used as a Combined Transport Bill of Lading.

4. Combined Transport *	5. Combined Transport * Place of Receipt
6. Ocean Vessel Voy. No.	7. Port of Loading
8. Port of Discharge	9. Combined Transport * Place of Delivery

Marks & Nos Container / Seal No.	No. of Containers or Packages	Description of Goods (If Dangerous Goods, See Clause 20)	Gross Weight Kgs	Measurement M^3
		Description of Contents for Shipper's Use Only (Not part of This B/L Contract)		

10. Total Number of containers and/or packages (in words)
　　Subject to Clause 7 Limitation

11. Freight & Charges Declared Value Charge	Revenue Tons	Rate	Per	Prepaid	Collect

Ex. Rate:	Prepaid at	Payable at	Place and date of issue	
	Total Prepaid	No. of Original B(s)/L	Signed for the Carrier, COSCO CONTAINER LINES	

LADEN ON BOARD THE VESSEL
DATE　　　　　　　BY

项目三

银行结汇单证

任务十七　填写信用证审单记录

知识目标

1. 了解信用证中关于单据条款的内容。
2. 掌握结汇单据名称及份数表达方法。

能力目标

1. 能看懂信用证中关于单据条款的内容。
2. 能填写信用证审单记录。

任务引入

在本项目之前,我们从天津知学国际贸易有限公司与国外贸易公司达成出口意向开始,介绍了货代公司依不同业务环节所做的所有单据。当海运提单签发之后,业务重心又回到了天津知学国际贸易有限公司。此时,单证员需在任务三的基础上,填写信用证审单记录,完成审单工作。

信用证原文摘录如图3-1所示。

:27:［Sequence of Total］1/1
:40A:［Form of Documentary Credit］Irrevocable
:20:［Documentary Credit No.］M4323102NU00876
:31C:［Date of Issue］180425
:40E:［Applicable Rules］UCP latest version
:31D:［Date and Place of Expiry］180615 in China
:51D:［Applicant Bank］
Shinhan Bank
Daehan Plaza,Seoul,Korea
:50:［Applicant］
Samyung Trading Co.,Ltd.,
18 Victory Road,Sonnan Dong,Kangnam Ku
Seoul,Korea

图3-1　韩国业务信用证

:59:[Beneficiary]

Tianjin Zhixue Trading Co.,Ltd.

No. 8,Yashen Road,

Jinnan District,Tianjin 300350,P. R. China

:32B:[Currency Code Amount]USD79,200. 00

:41D:[Available with...by...]Any bank In China by negotiation

:42C:[Drafts at...]60 days after sight

:42D:[Drawee]SHBKUS33XXX,Shinhan Bank,Seoul,Korea

:43P:[Partial Shipments]Not allowed

:43T:[Transshipment]Not allowed

:44E:[Port of Loading/Airport of Departure]Xingang China

:44F:[Port of Discharge/Airport of Destination]Busan Korea

:44C:[Latest Date of Shipment]180531

:45A:[Description of Goods and/or Services]

9,600 pcs of 100% Cotton Men's T-shirt S ~ XXL Size at unit price of USD8. 25 CIF Busan

:46A:[Documents Required]

1. Signed original commercial invoices in triplicate,certifying that the goods are of China origin.

2. Full set of clean shipped on board ocean bills of lading made out to order marked freight prepaid and notify applicant.

3. Full set of insurance policy endorsed in blank for 110% of the commercial invoice value,with claims payable in Korea in the currency of draft,covering the PICC all risks and war risks clause.

4. Detailed packing list in triplicate.

:47A:[Additional Conditions]

A) Invoice exceeding this credit amount is not acceptable.

B) All documents must show the documentary credit number and issuance date.

C) If discrepant documents are presented an amount of USD 70/-would be deducted out of proceeds being discrepancy handling fee.

:71B:[Charges]

All bank charges outside the country of issuance of the credit including advising,negiotation and reimbursement are on beneficiary account.

:48:[Period for Presentation]

Within 15 days after B/L date(but within the validity of this credit.)

:49:[Confirmation Instructions]Without

:72:[Sender to Receiver Information]

This credit is subject to the Uniform Customs and Practice for Documentary Credit(2007 Revision)international chamber of commerce publication no. 600.

图3-1(续)

一、审单工作

1. 审单的重点

① 单据完整性审核。应审核需要的单据还缺少哪一种,信用证是否要求提供汇票,信用证47A 条款中的附加条件是否已经满足。

② 单据正确性审核。就一个特定的单据而言,应审核内容是否准确,单据的签署方身份是否符合要求,单据的签发日期是否符合信用证及国际惯例的要求,哪些单据需要背书,是否已经背书,需经第三方确认的单据是否已经完成确认。

③ 单单一致性审核。应审核不同单据之间是否一致,至少做到不互相矛盾。

④ 单据及时性审核。应审核信用证是否规定了交单日期,你有几天的审单时间。

⑤ 单据使用合规性审核。应审核信用证是否要求寄送正副本单据给申请人,寄了吗,信用证是否要求传真或 E-mail 开船电报给申请人,发了吗,信用证是否限定了交单议付的银行。

2. 单据内容拼写错误如何处理

谁签署的文件,需要签署方在修改之处加注小签章及单据更改章。

但是敏感部分内容严禁修改,如发票和保单的数量、金额栏目,提单的件重尺等细节。一旦出错,最好重新制作并签署。

3. 交单期

如果信用证有明确规定(一般在48条款中注明),从其规定。如果没有明确规定,根据UCP 600 的惯例,交单期为实际提单日期后的 21 天之内,但不得超过信用证效期。所有单据的日期不得迟于实际交单日期。

由此可见,交单期不同于信用证中其他规定日期,开证日、装期、效期,这些全是固定的日期,是否合规一目了然,交单期是个"变化"的日期,它随着实际提单日期而改变。

想一想

如图 3-1 的信用证中所述,信用证规定最迟装运期为 2018 年 5 月 31 日,交单期为提单日期之后的 15 天之内,但不得超过该信用证效期,即 2018 年 6 月 15 日。

① 如果提单日期是 5 月 10 日,那么交单期对应为_____月_____日。

② 如果提单日期是 5 月 15 日,那么交单期对应为_____月_____日。

③ 如果提单日期是 5 月 20 日,那么交单期对应为_____月_____日。

4. 交单银行

信用证41D:[Available with...by...]条款规定了如何使用信用证。如果后面指明了银行名称,我们只能将单据提交给这家指定银行。如果后接 any bank(任何银行),则没有议付银行限定,意味着我们可以向任一家银行提交单据。

二、判断是否需要汇票

仔细观察 42C:[Drafts at...]条款,如果有这个条款,就是需要汇票。如果后面加 at sight,就是即期汇票;如果加××days,就是若干天的远期汇票。

三、信用证47A 条款附加条件的内容

凡是46A 条款中未涉及的单据名称、份数及签署要求,多数是在47A 条款附加条件中加以说明。常见的单据要求有受益人证明、装运通知、船龄证明、运费发票、快递收据等。

英语园地

1. additional condition:附加条件

2. presentation date：交单期

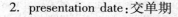

1. 根据图 3-1 所示的信用证中规定的结汇单据名称及份数,填写信用证审单记录。编号引用商业发票号码即可。

审单记录

编号：

L/C No.：
金额：

汇票	发票	提单	船公司证明	原产地证	快递收据	
货主证明	保险单	装箱单	品质证	开船电	传真报告	

单证存在问题及处理意见

付款路径

开户行：中国银行天津分行
地址：天津市解放北路 81 号
受益人：天津知学国际贸易有限公司 (Tianjin Zhixue Trading Co.,Ltd.)
账号：379-9801080185
电话：022-88888888　传真：77777777

2. 审核以下信用证,填写信用证审单记录。在相应的文件栏目内填写需要的文件份数。

:46A/Documents Required
+ SIGNED ORIGINAL COMMERCIAL INVOICES IN 3 COPIES.
+ 2/3 SET OF CLEAN ON BOARD OCEAN BILLS OF LADING MADE OUT TO ORDER OF SHIPPER AND BLANK EN-DORSED AND MARKED "FREIGHT PREPAID" AND NOTIFY APPLICANT AND/ORCLEAN AIR WAYBILL CON-SIGNED TO APPLICANT.
+ PACKING LIST IN THREE COPIES.
+ BENEFICIARY'S CERTIFICATE STATING THAT ONE SET OF NON-NEGOTIABLE SHIPPING DOCUMENTS AND 1/3 SET OF ORIGINAL B/L HAVE BEEN SENT DIRECTLY TO APPLICANT IMMEDIATELY AFTER SHIPMENT BY COURIER.

审单记录

编号：TJ18-3001

信用证号：LC-012-612-15116
金额：USD120,000.00

汇票	发票	提单	船公司证明	原产地证	快递收据	
货主证明	保险单	装箱单	品质证	开船电	传真报告	

3. 根据以下信用证 46A 条款节选,填写信用证审单记录,在相应的文件栏目内填写需要的文件份数。

:46A：[Documents Required]
1. BENEFICIARY MANUALLY SIGNED ORIGINAL COMMERCIAL INVOICES CFR KARACHI IN OCTUPLICATE IN THE NAME OF APPLICANT WITH FULL ADDRESS INDICATING NTN NO. 1478108,IMPORT REGISTRATION NO. W-10691,H. S. CODE NO. 3204-1910,LC NO. AND CERTIFYING THE GOODS ARE OF CHINA ORIGIN.
2. FULL SET OF CLEAN SHIPPED ON BOARD OCEAN BILLS OF LADING EVIDENCING SHIPMENT OF GOODS LC

NUMBER WITH TOTAL NET AND GROSS WEIGHT DRAWN OR ENDORSED TO THE ORDER OF HABIB METRO-POLITAN BANK LTD SHOWNING FREIGHT PREPAID AND MARKED NOTIFY HABIB METROPOLITAN BANK LTD AND APPLICANT.

3. INSURANCE COVERED BY APPLICANT,BENEFICIARY SHIPMENT ADVICE QUOTING THE NAME OF THE CAR-RYING VESSEL,DATE OF SHIPMENT,AMOUNT,QUANTITY AND THIS CREDIT NUMBER SHOULD BE SENT TO M/S. E. F. U. GENERAL INSURANCE LTD., P. O. BOX 5005. KARACHI-PAKISTAN AT FAX NO. 9221-32311646 OR BY E-MAIL:INFO@ EFUINSURANCE. COM REFERRING TO THEIR COVER NOTE NO. 255038865/05/2013 WITHIN 4 DAYS OF SHIPMENT AND COPY OF SHIPMENT ADVICE MUST ACCOMPANY ORIGINAL DOCU-MENTS.

4. DETAILED BENEFICIARY SIGNED PACKING LIST WITH TOTAL NET AND GROSS WEIGHT OF CONSIGNMENT TOTAL NUMBER OF BAGS AND WEIGHT OF EACH BAGS IN FOUR COPIES.

5. CERTIFICATE FROM SHIPPING COMPANY OR THEIR AGENT CERTIFYING THAT (I) SHIPMENT/TRANSSHIP-MENT ON ISRAELI FLAG VESSEL NOT EFFECTED. (II)CONSINGNMENT WILL NOT BE DISCHARGED AT PORT QASIM,PAKISTAN.

6. CERTIFICATE OF ANALYSIS REQUIRED.

7. BENEFICIARY'S SIGNED CERTIFICATE CONFIRMING THAT GOODS SHIPPED UNDER THIS CREDIT DOES NOT CONTAIN BENZIDINE.

审单记录

编号:TJ18-3002

信用证号:LC/01/001/69587
金额:USD54,400

汇票	发票	提单	船公司证明	原产地证	快递收据
货主证明	保险单	装箱单	品质证	开船电	传真报告

任务十八　缮制汇票

知识目标

1. 了解汇票的种类。
2. 掌握汇票的主要内容。

能力目标

1. 能看懂信用证42C条款。
2. 能缮制汇票。

任务引入

天津知学国际贸易有限公司单证员已经完成审单并填写信用证审单记录,发现信用证42C条款中注明了60 days after sight,说明该信用证需要汇票(draft),因此需开出具汇票。

一、国际贸易收付款使用的票据

票据是一种结算工具。票据是商品经济发展到一定阶段的产物,是社会经济生活中的重要手段。商品经济越发达,买卖双方越需要以票据为媒介进行频繁地清偿彼此之间的债权债务。

票据是以支付金钱为目的的特种证券,是由出票人签名、约定由自己或另一人无条件支付确定金额的、可以流通转让的证券。票据分为汇票、本票和支票3种。

约定由出票人本人付款的称为本票。常用的有银行本票。

由出票人签发,委托本人或本企业存款的银行在见票时无条件支付确定的金额给持票人的票据称为支票。其多数用于国内贸易。

下面重点介绍汇票。

二、汇票

(一)汇票的定义

《中华人民共和国票据法》(以下简称《票据法》)第十九条规定:"汇票是出票人签发的,委托付款人在见票时或者在指定日期无条件支付确定的金额给收款人或者持票人的票据。"

《英国票据法》定义:"汇票是由一人签发给另一人的无条件的书面命令,要求受票人见票时或于未来某一规定的或可以确定的时间,将一定金额的款项支付给某一特定的人或指定人或持票人。"

汇票是一种代替现金的支付工具,一般有两张正本(即 first exchange 和 second exchange),具有同等效力,付款人只需支付一次,先到先付,后到无效。

(二)汇票的种类

1. 银行汇票和商业汇票

按出票人不同,汇票分为银行汇票(banker's draft)和商业汇票(commercial draft)。

银行汇票的出票人和付款人都是银行。银行汇票由银行签发后,交汇款人,由汇款人寄交国外收款人向付款行取款。此种汇款方式称为票汇,又称顺汇法或汇付法。

商业汇票的出票人是工商企业或个人,也可以是银行。在国际贸易结算中,出口商用逆汇法,向国外进口商收取货款时签发的汇票,即属商业汇票。

2. 即期汇票和远期汇票

按付款期限不同,汇票分为即期汇票(sight bill 或 demand draft)和远期汇票(time bill 或 usance bill):即期汇票是在交单或见票时立即付款的汇票;远期汇票是在一定期限或特定日期付款的汇票。

3. 光票和跟单汇票

按有无附属单据,汇票分为光票(clean bill)和跟单汇票(documentary bill)。

光票是不附带货运单据的汇票。银行汇票多是光票。

跟单汇票是附带货运单据的汇票。跟单汇票除有当事人的信用外,还有物的保证。商业汇票一般多为跟单汇票。

4. 银行承兑汇票和商业承兑汇票

按承兑人不同,汇票分为商业承兑汇票(commercial acceptance draft)和银行承兑汇票

（banker's acceptance draft）。

银行承兑汇票属银行信用，由银行承兑的远期汇票。

商业承兑汇票是由企业或个人承兑的远期汇票。商业承兑汇票属商业信用。因此，银行承兑汇票信用程度高于商业承兑汇票。

三、汇票认知

图3-2所示的汇票是根据图3-1所示的信用证要求缮制的。（说明：①提单日期为5月15日。②交单银行为中国银行天津分行。）

BILL OF EXCHANGE

凭
Drawn under　SHINHAN BANK, SEOUL, KOREA

不可撤销信用证
Irrevocable L/C No.　　　M4323102NU00876

日期
Date　APR. 25, 2018

按息付款
Payable with interest @ ____ % per annum

号码
No.　TJ18-3002

汇票金额
Exchange for　USD79,200.00

天津
Tianjin　　MAY. 15, 2018

见票
At　60 DAYS AFTER

日后（本汇票之副本未付）付交
sight of this FIRST of Exchange (Second of Exchange Being unpaid)

Pay to the order of　BANK OF CHINA TIANJIN BRANCH

金额
The sum of　SAY U. S. DOLLARS SEVENTY NINE THOUSAND TWO HUNDRED ONLY.

此致
To　SHINHAN BANK, SEOUL, KOREA

TIANJIN ZHIXUE TRADING CO., LTD.

（Authorized Signature）

图3-2　汇票

对汇票内容的解释说明如表3-1所示。

表3-1　汇票要素及资料来源

序　号	汇票要素	资料来源
1	文件名称	汇票（Bill of Exchange）（印就）
2	凭（drawn under）	信用证51D条款中的开证行
3	信用证号码	信用证20条款中的信用证号码
4	日期	信用证31C条款中的开证日期
5	汇票号码（No.）	同商业发票号码
6	小写汇票金额	信用证32B条款中的币制金额
7	汇票日期	同提单日期

（续表）

序　号	汇票要素	资料来源
8	见票(at...sight)	即期打"＊＊＊",远期直接写"××days"
9	凭××银行指令付款	交单银行的英文名称
10	大写汇票金额	金额的英文描述
11	此致(to)	信用证42D条款中的付款银行英文名称
12	出票人签字	受益人名称加签章

四、跟单信用证汇票的主要内容

1. 出票根据(drawn under)

在信用证支付条件下,开证行是提供银行信用的一方,开证行开出的信用证就最终伴随所要求的单据成为凭以向买方(付款人)收款的书面证据。本栏目要求根据信用证写出开证行全称。

2. 信用证号码(L/C No.)及开证日期(date)

填写信用证号码,可参见信用证中的20条款。

开证日期,可参见信用证中的31C条款。常见的错误是把出具汇票的日期填在了这一栏中,因此,在实务操作中应多加注意。

年息(payable with interest @% per annum)一栏由结汇银行填写,用以清算企业与银行间的利息费用。

3. 汇票小写金额(exchange for)

汇票小写金额先填写币制的3位英文字母,再填写阿拉伯数字,小数点后保留两位。汇票金额一般不超过信用证规定的金额。

4. 汇票大写金额(the sum of)

大写金额由小写金额翻译而成,要求顶格,不留任何空隙,以防有人故意在汇票金额上做手脚。大写金额也由两部分构成,一是货币名称,二是货币金额。大写金额位于The sum of后,习惯上句首加"SAY",意指"计",句尾加"ONLY",意为"整",小数点用POINT或SENTS表示。例如,USD1,440.80大写金额为"SAY U. S. DOLLARS ONE THOUSAND FOUR HUNDRED AND FOURTY POINT EIGHT ONLY"。通常汇票金额与商业发票金额一致,如果信用证规定汇票按发票价值的95%或以贷记通知单(Credit Note)方法扣除佣金时,应从商业发票中扣除上述金额后的余额作为汇票的金额。汇票金额不得超过信用证金额,除非信用证里另有规定。

5. 号码(No.)

这一栏应填写制作本交易单据中商业发票的号码。本来的用意是核对商业发票与汇票中相同和相关的内容,如金额、信用证号码等。一旦出现这一栏内容在一套单据错误或需要修改时,只要查出与发票号码相同的汇票,就能确定它们是同一笔交易的单据,给核对和纠正错误带来了方便。在实务工作中,制单人员往往将这一栏也称作汇票号码,因此,汇票号码一般与商业发票号码是一致的。

6. 付款期限(at...sight)

汇票付款有即期和远期之分。

① 即期汇票(sight draft)。表明在汇票的出票人按要求向银行提交单据和汇票时,银行应立即付款。即期汇票的付款期限这一栏的填写较简单,只需使用"×××"、"———"或"＊＊＊"等符号或者直接将 AT SIGHT 字样填在这一栏中,但该栏不得空白。

② 远期汇票(time draft)。表明在将来的某个时间付款。以表明"远期"起算时的根据不同,分别为各种远期汇票。

例如,信用证规定见票后 90 天付款(Available against your drafts drawn on us at 90 days after sight),在 At 与 sight 之间填入 90 days after,意思是从承兑日后第 90 天为付款期;信用证规定出票后 80 天付款(Available against presentation of the documents detailed herein and of your drafts at 80 days after date of the draft),则在 At 后填入 80 days after date,将汇票上印就的 sight 划掉,其意思为汇票出票日后 80 天付款;信用证规定提单日后 70 天付款(Available by beneficiary's drafts at 70 days after on board B/L date),则在 At 后填入 70 days after date of B/L,删去 sight,意为提单日后第 70 天付款。

另一种远期汇票,即信用证汇票条款中规定远期汇票(Available by your drafts at 80 days after sight on us...),在特殊条款中又规定受益人可即期收款(如 The negotiating bank is authorized to negotiate the insurance drafts on sight bases, as acceptance commission, discount charges and interest are for account by buyer),仍按远期(80 days after)填制,但可向议付行即期收款,其贴息由开征人负担。

7. 受款人(pay to the order of)

应从信用证的角度来理解这一栏的要求。由于信用证是银行提供货款,而整个信用证的执行都处在银行监督、控制下,同时开证行也不会跟受益人直接往来,而是通过另一家银行与受益人接触。当开证行按信用证规定把货款交给受益人时,也应通过一家银行,这家银行应成为信用证履行中第一个接受货款的一方,因此被称为受款人。所以在信用证支付的条件下,汇票中受款人这一栏中填写的应是银行名称和地址,一般都是议付行的名称和地址。究竟要填哪家银行作为受款人,这要看信用证中是否有具体的规定,即是公开议付还是限制议付。

8. 汇票的交单日期

这是指受益人把汇票交给议付行的日期。这一栏由银行填写,银行在填写此日期时应注意交单日期不能超过信用证的有效期。

9. 付款人(to)

信用证项下汇票的付款人和合同的付款人不完全相同。从信用证的角度来看,汇票的付款人应是提供这笔交易的信用的一方,即开证行或其指定付款行为的付款人。但从合同的出发点来看,信用证只是一种支付方式,是为买卖合同(S/C)服务的。买卖交易中最终付款人是买方,通常是信用证的开证申请人。按照国际商会 UCP 600 的相关规定:"信用证不应凭以申请人为付款人的汇票支付。但如信用证要求以申请人为付款人的汇票,银行将视此种汇票为一项额外的单据。"据此,如信用证要求以申请人为付款人的汇票,仍应照办,但这只能作为一种额外的单据。因此,在填写汇票时,应严格按照信用证的规定填写。

10. 出票人

虽然汇票上没有出票人一栏,但习惯上都把出票人的名称填在右下角,与付款人对应。出票人即出具汇票的人,在贸易结汇使用汇票的情况下,一般都由出口企业填写,主要包括出口公司的全称和经办人的名字。

汇票在没有特殊规定时,都打两张,一式两份。汇票一般都在醒目的位置上印着 1、2 字样,或 original、copy,表示第一联和第二联。汇票的一联和二联在法律上无区别。第一联生效则第二联自动作废(Second of exchange being unpaid);第二联生效,第一联也自动作废(First of exchange being unpaid)。

 ## 知识拓展

汇票使用过程中的各种行为,都由《票据法》加以规范。主要有出票、交单、承兑和付款。如需转让,通常应经过背书行为。如果汇票遭拒付,还需做成拒绝证书和行使追索权。

① 出票(draw)是出票人签发汇票并交付给收款人的行为。出票后,出票人即承担保证汇票得到承兑和付款的责任。如汇票遭到拒付,出票人应接受持票人的追索,清偿汇票金额、利息和有关费用。

② 交单(presentation)是持票人将汇票提交付款人要求承兑或付款的行为,是持票人要求取得票据权利的必要程序。分为付款交单和承兑交单。

③ 承兑(acceptance)是指付款人在持票人向其提交远期汇票时,在汇票上签名,承诺于汇票到期时付款的行为。具体做法是付款人在汇票正面写明"承兑(accepted)"字样,注明承兑日期,于签章后交还持票人。付款人一旦对汇票作承兑,即成为承兑人以主债务人的地位承担汇票到期时付款的法律责任。

④ 付款(payment)是指付款人在汇票到期日,向提交汇票的合法持票人足额付款。持票人将汇票注销后交给付款人作为收款证明。汇票所代表的债务债权关系即告终止。

⑤ 背书(endorsement)。根据我国《票据法》的规定,除非出票人在汇票上记载"不得转让",汇票的收款人可以以记名背书的方式转让汇票权利。

背书是收款人在汇票背面签上自己的名字,并记载被背书人的名称,然后把汇票交给被背书人即受让人,受让人成为持票人,是票据的债权人。受让人有权以背书方式再行转让汇票的权利。在汇票经过不止一次转让时,背书必须连续,即被背书人和背书人名字前后一致。对受让人来说,所有以前的背书人和出票人都是他的"前手",对背书人来说,所有他转让以后的受让人都是他的"后手",前手对后手承担汇票得到承兑和付款的责任。

⑥ 拒付(dishonor)。持票人向付款人提示,付款人拒绝付款或拒绝承兑,均称拒付。另外,付款人逃匿、死亡或宣告破产,以致持票人无法实现提示,也称拒付。出现拒付时,持票人有追索权,即有权向其前手(背书人、出票人)要求偿付汇票金额、利息和其他费用的权利。

⑦ 追索(recourse)。持票人在追索前必须按规定做成拒绝证书和发出拒付通知。

拒绝证书用以证明持票已进行提示而未获结果,可由付款地公证机构出具,也可由付款人自行出具退票理由书,或有关的司法文书。

拒付通知用以通知前手关于拒付的事实,使其准备偿付并进行再追索。

英语园地

1. bill of exchange 或 draft:汇票
2. at sight:即期(见票即付款)
3. at 30 days after sight:见票后 30 天付款
4. sum:金额

课后训练

1. 根据以下信用证内容及相关信息开具汇票。商业发票号码 TJ18-3001;商业发票日期 2018 年 1 月 15 日,开船日期 JAN. 20,2018;交单银行 CHINA CITIC BANK TIANJIN BRANCH (中信银行天津分行)。

Own Address:CIBKCNBJ300 CHINA CITIC BANK (TIANJIN BRANCH) TIANJIN
Input Message Type:700 Issue of a Documentary Credit
Input Date/Time:180110/1616
Sent by:BIKEJPJSXXX THE SENSHU IKEDA BANK LTD. OSAKA
Output Date/Time:180110/1516
Priority:Normal
　　***　　　***　　　***　　　***
:27[Sequence of Total]1/1
:40A[Form of Documentary Credit]IRREVOCABLE
:20[Documentary Credit No.]LC-012-612-15116
:31C[Date of Issue]180110
:40E[Applicable Rules]UCP LATEST VERSION
:31D[Date and Place of Expiry]180210 BENEFICIARY'S COUNTRY
:50[Applicant]
AI KIKAKU CO.,LTD.
AW BUILDING,2-8-6 MINAMIKYUHOUJI-MACHI
CHUO-KU OSAKA JAPAN
:59[Beneficiary]
TIANJIN ZHIXUE TRADING CO.,LTD.
NO. 8,YASHEN ROAD,
JINNAN DISTRICT,TIANJIN 300350,P. R. CHINA
:32B[Currency Code Amount]USD120,000. 00
:39A[Percentage Credit Amount Tolerance]5/5
:41D[Available with. . . by. . .]ANY BANK BY NEGOTIATION
:42C[Drafts at. . .]DRAFTS AT SIGHT FOR FULL INVOICE COST
:42A[Drawee]BIKEJPJS THE SENSHU IKEDA BANK LTD. OSAKA
:43P[Partial]Shipments ALLOWED
:43T[Transshipment]PROHIBITED
:44E[Port of Loading/Airport of Departure]CHINESE PORT/AIR PORT
:44F[Port of Discharge/Airport of Destination]JAPANESE PORT/AIR PORT
:44C[Latest Date of Shipment]180131
:45A[Description of Goods and/or Services]
SNEAKERS 6,000 PAIRS CFR JAPAN
:46A[Documents Required]

+ SIGNED ORIGINAL COMMERCIAL INVOICES IN 3 COPIES.

+ 2/3 SET OF CLEAN ON BOARD OCEAN BILLS OF LADING MADE OUT TO ORDER OF SHIPPER AND BLANK EN-DORSED AND MARKED "FREIGHT PREPAID" AND NOTIFY APPLICANT AND/OR CLEAN AIR WAYBILL CONSIGNED TO APPLICANT.

+ PACKING LIST IN THREE COPIES.

+ BENEFICIARY'S CERTIFICATE STATING THAT ONE SET OF NON-NEGOTIABLE SHIPPING DOCUMENTS AND 1/3 SET OF ORIGINAL B/L HAVE BEEN SENT DIRECTLY TO APPLICANT IMMEDIATELY AFTER SHIPMENT BY COURIER.

:47A[Additional Conditions]

+ T/T REIMBURSEMENT PROHIBITED.

+ INSURANCE TO BE EFFECTED BY APPLICANT.

+ 5 PERCENT MORE OR LESS IN AMOUNT AND QUANTITY IS ACCEPTABLE.

+ THE THIRD PARTY DOCUMENTS ARE ACCEPTABLE.

+ ALL DOCUMENTS MUST BE SENT US BY ONE LOT.

:71[Charges]

ALL BANKING CHARGES OUTSIDE JAPAN ARE FOR ACCOUNT OF BENEFICIARY.

:48[Period for Presentation]

10 DAYS AFTER THE DATE OF SHIPMENT BUT WITHIN THE VALIDITY OF THE CREDIT.

:49[Confirmation Instructions] WITHOUT

:78[Instructions to the paying/negotiating bank]

+ NEGOTIATING BANK MUST AIRMAIL DRAFTS AND ALL DOCUMENTS DIRECT TO US IN ONE LOT BY COURIER SERVICE (MAIL TO:THE SENSHU IKEDA BANK LTD. INT'L DIV. ADDRESS:18-14 CHAYAMACHI,KITA-KU, OSAKA CITY,OSAKA 530-0013,JAPAN).

+ IN REIMBURSEMENT,WE SHALL REMIT THE PROCEEDS ACCORDING TO NEGOTIATING BANK'S INSTRUCTIONS LESS REMITTANCE CHARGES USD60.00.

+ DISCREPANCY FEE OF USD50.00 WILL BE DEDUCTED FROM THE PROCEEDS FOR EACH PRESENTATION OF DISCREPANT DOCUMENTS UNDER THIS CREDIT.

:57D[Advise Through Bank] YR OFFICE NO. 14 NANJING ROAD,HE XI DISTRICT,TIANJIN,CHINA

***   ***   ***   ***

BILL OF EXCHANGE

凭
Drawn under

不可撤销信用证
Irrevocable L/C No.

日期
Date

按息付款
Payable with interest@ _____ % per annum

号码
No.

汇票金额
Exchange for

天津
Tianjin

见票
At _____

日后(本汇票之副本未付)付交
sight of this FIRST of Exchange(Second of Exchange Being unpaid)

Pay to the order of _____

金额
The sum of

此致
To _____

(Authorized Signature)

---

2. 根据以下信用证内容及相关信息开具汇票。商业发票号码、商业发票日期由学生自己制定;开船日期 2018 年 3 月 15 日;交单银行 BANK OF CHINA TIANJIN BRANCH(中国银行天津分行)。

Input Message Type:700 Issue of a Documentary Credit
Input Date/Time:180220/1016
Sender:BARCCNSHXX THE BARCLAY BANK LTD.

远洋运输单证

Receiver：BANK OF CHINA TIANJIN BRANCH

Priority：Normal

***　　　　　***　　　　　***　　　　　***

:27［Sequence of Total］1/1

:40A［Form of Documentary Credit］IRREVOCABLE

:20［Documentary Credit No.］51160943

:31C［Date of Issue］180220

:40E［Applicable Rules］UCP 600

:31D［Date and Place of Expiry］180420 CHINA

:50［Applicant］

GLOBAL STANDARDS LTD.

507 HACKNEY ROAD LONDON UK E2 9ED

PHONE：0044 91710292

:59［Beneficiary］

TIANJIN ZHIXUE TRADING CO.,LTD.

NO. 8，YASHEN ROAD，

JINNAN DISTRICT，TIANJIN 300350，P. R. CHINA

:32B［Currency Code Amount］USD9，120. 00

:41D［Available with...by...］ANY BANK BY NEGOTIATION

:42C［Drafts at...］DRAFTS AT SIGHT

:42A［Drawee］BARCCNSHXX THE BARCLAY BANK LTD.

:43P［Partial Shipments］PROHIBITED

:43T［Transshipment］ALLOWED

:44E［Port of Loading/Airport of Departure］XINGANG CHINA

:44F［Port of Discharge/Airport of Destination］SOUTHAMPTON UK

:44C［Latest Date of Shipment］180330

:45A［Description of Goods and/or Services］

4，800 PCS PLASTIC WRAP WIDTH 200 MM AT USD1. 90/PC CIF SOUTHAMPTON

:46A［Documents Required］

+ SIGNED ORIGINAL COMMERCIAL INVOICES INTRIPLICATE.

+3/3 CLEAN ON BOARD OCEAN BILLS OF LADING MADE OUT TO ORDER AND BLANK ENDORSED MARKED "FREIGHT PREPAID" AND NOTIFY APPLICANT.

+ DETAILED PACKING LIST IN THREE COPIES.

+ INSURANCE POLICY VALUED 110% OF INVOICE AMOUNT COVERING ICC（A）CLAUSES WITH CLAIM PAYABLE AGENT AT UK.

+ FORM A CERTIFICATE STATING THAT GOODS ARE OF CHINA ORIGIN.

:47A［Additional Conditions］

+ T/T REIMBURSEMENT PROHIBITED.

+ FORWARDER B/L IS ACCEPTABLE.

+ THE L/C NUMBER MUST BE INDICATED ON ALL DOCUMENTS.

:71［Charges］

ALL BANKING CHARGES OUTSIDE UK ARE FOR ACCOUNT OF BENEFICIARY.

:49［Confirmation Instructions］WITHOUT

:78［Instructions to the paying/negotiating bank］

+ NEGOTIATING BANK MUST AIRMAIL DRAFTS AND ALL DOCUMENTS DIRECT TO US IN ONE LOT BY COURIER SERVICE.

+ IN REIMBURSEMENT，WE SHALL REMIT THE PROCEEDS ACCORDING TO NEGOTIATING BANK'S INSTRUCTIONS LESS REMITTANCE CHARGES USD60. 00.

+ DISCREPANCY FEE OF USD50. 00 WILL BE DEDUCTED FROM THE PROCEEDS FOR EACH PRESENTATION OF DISCREPANT DOCUMENTS UNDER THIS CREDIT.

***　　　　　***　　　　　***　　　　　***

```
                              BILL OF EXCHANGE

凭                                    不可撤销信用证
Drawn under                           Irrevocable L/C No.

日期                  按息付款
Date                 Payable with interest @ ____% per annum

号码                  汇票金额                                     天津
No.                  Exchange for  ▨▨▨▨▨▨▨▨▨▨▨         Tianjin

见票                              日后(本汇票之副本未付)付交
At _____              sight of this FIRST of Exchange(Second of Exchange Being unpaid)

Pay to the order of _____

金额
The sum of ▨▨▨▨▨▨▨▨▨▨▨▨▨▨▨▨▨▨▨▨▨▨

此致
To _____
                                                              _____
                                                              (Authorized Signature)
```

任务十九　缮制开船电(装运通知)

知识目标

1. 了解开船电的功能。
2. 掌握开船电的主要内容。

能力目标

1. 能看懂信用证46A条款或47A(附加条件)条款,是否需要开船电。
2. 能缮制开船电。

任务引入

天津知学国际贸易有限公司单证员进行信用证审核后填写信用证审单记录时,发现信用证46A条款中有以下条件。

Insurance covered by applicant,beneficiary shipment advice quoting the name of the carrying vessel,date of shipment,amount,quantity and this credit number should be sent to M/S.E.F.U.GENERAL INSURANCE LTD.,P.O.Box 5005.Karachi-Pakistan at fax no.9221-32311646 or by e-mail: info@efuinsurance.com referring to their cover note No.255038865/05/2018 within 4 days of shipment and copy of Shipment Advice must accompany original documents.

参考译文:保险由申请人办理。在开船后4天之内,受益人可通过传真号9221-32311646 或电子邮件地址 INFO@EFUINSURANCE.COM 通知开船信息给 M/S.E.F.U.

GENERAL INSURANCE LTD.公司,巴基斯坦卡拉奇5005邮箱。开船电需引用该保险公司的参考号255038865/05/2018,并包括以下信息:船名航次、开航日期、金额、数量及信用证号码。开船电副本需与其他文件正本一并提交。

以上说明该信用证需要受益人提供开船电,也就是装运通知(Shipment Advice)。

一、判断信用证是否需要提供开船电

仔细阅读信用证46A条款中的有关单据的内容,或47A条款中的附加条件,看看是否有Shipment Advice字样。如果有,说明该信用证需要受益人提供开船电。

二、开船电的主要内容

如果信用证有具体规定,从其规定。但至少应该包括:合同号码或商业发票号码及项下所含的品名、数量、金额、船名航次、提单号、开航时间、装港、卸港等信息。

三、开船电的用途

如果合同成交的贸易术语是FOB或CFR,出口人有义务在装船完毕后的第一时间内将运输详情书面通知进口人(或其保险公司),以便进口人及时办理运输保险。即便是CIF成交,也应该电告装运消息,以便进口人提前准备赎单、提货事宜。

四、开船电常用的文体结构及用语

开船电常用的文体结构及用语可以通过图3-3所示的范文学习。

天津知学国际贸易有限公司
TIANJIN ZHIXUE TRADING CO.,LTD.
SHIPPING ADVICE

NO. TJ18-3003   TIANJIN JUN. 15,2018

TO:M/S. E. F. U. GENERAL INSURANCE LTD.
   P. O. BOX 5005. KARACHI-PAKISTAN
   FAX NO. 9221-32311646;E-MAIL:INFO@EFUINSURANCE. COM
REF YOUR INSURANCE COVER NOTE NO. 255038865/05/2018
SHIPMENT DETAILS AS FOLLOWS,
VESSEL NAME:QING YUN HE V. 0033S
B/L NO.:STJJED0100157
DATE OF SHIPMENT:JUN. 15,2018
PORT OF LOADING:XINGANG CHINA
PORT OF DISCHARGE:KARACHI SEAPORT
AMOUNT:USD54,400. 00
QUANTITY:800 BAGS = 20,000 KGS NET

图3-3　开船电范文

CREDIT NO.:LC/01/001/69587

COMMERCIAL INVOICE NO.：TJ18-3003

COMMODITY:522 SULPHUR BLACK BR 220 PERCENT（YOUHAO BRAND）

TIANJIN ZHIXUE TRADING CO.,LTD.

（Authorized Signature）

图3-3（续）

对开船电内容的解释说明如表3-2所示。

表3-2　开船电要素及资料来源

序　号	开船电要素	资料来源
1	文件名称	开船电（Shipping Advice）
2	编号	引用商业发票号码
3	签发地点	地点同商业发票
4	日期	同提单日期
5	致（to）	信用证指明的保险公司或50条款中的申请人
6	保险参考号码	信用证相关条款
7	船名航次	按海运提单
8	提单号	按海运提单
9	开航日	按海运提单
10	装货港	按海运提单
11	卸货港	按海运提单
12	金额	按信用证32B条款
13	数量	按商业发票
14	信用证号码	引用信用证号码
15	品名	按信用证45A条款
16	商业发票号码	引用商业发票号码
17	受益人名称	按信用证59条款
18	受益人签章	盖受益人单证章或手签

做一做

请在图3-3所示的开船电中提取相关信息,填入表3-3中。

表3-3　开船电要素

序　号	开船电要素	从图3-3中提取相关内容填写
1	文件名称	
2	编号	
3	签发地点	

（续表）

序　号	开船电要素	从图 3-3 中提取相关内容填写
4	日期	
5	致（to）	
6	保险参考号	
7	船名航次	
8	提单号	
9	开航日	
10	装货港	
11	卸货港	
12	金额	
13	数量	
14	信用证号码	
15	品名	
16	发票号码	
17	受益人名称	
18	受益人签章	

英语园地

1. shipping advice：开船电（装运通知）
2. cover note No.：保险参考号码

课后训练

1. 根据以下信用证内容及相关信息给受益人发开船电。商业发票号码 TJ18-3002；TIANJIN MAY 5,2018；装货港天津新港；开船日期 2018 年 5 月 15 日；船名青云河,航次0033S；海运提单号码 TGFXG000008。

:27：［Sequence of Total］1/1
:40A：［Form of Documentary Credit］Irrevocable
:20：［Documentary Credit No.］M4323102NU00876
:31C：［Date of Issue］180425
:40E：［Applicable Rules］UCP latest version
:31D：［Date and Place of Expiry］180615 in China
:51D：［Applicant Bank］
Shinhan Bank
Daehan Plaza, Seoul, Korea
:50：［Applicant］
Samyung Trading Co., Ltd.,
18 Victory Road, Sonnan Dong, Kangnam Ku
Seoul, Korea
:59：［Beneficiary］
Tianjin Zhixue Trading Co., Ltd.
No. 8, Yashen Road,

Jinnan District, Tianjin 300350, P. R. China

:32B: [Currency Code Amount] USD79,200.00

:41D: [Available with...by...] Any bank In China by negotiation

:42C: [Drafts at...] 60 days after sight

:42D: [Drawee] SHBKUS33XXX, Shinhan Bank, Seoul, Korea

:43P: [Partial Shipments] Not allowed

:43T: [Transshipment] Not allowed

:44E: [Port of Loading/Airport of Departure] Xingang China

:44F: [Port of Discharge/Airport of Destination] Busan Korea

:44C: [Latest Date of Shipment] 180531

:45A: [Description of Goods and/or Services]

9600 pcs of 100% Cotton Men's T-shirt at unit price of USD8.25 CIF Busan

:46A: [Documents Required]

1. Signed original commercial invoices in triplicate, certifying that the goods are of China origin.

2. Full set of clean shipped on board ocean bills of lading made out to order marked freight prepaid and notify applicant.

3. Full set of insurance policy endorsed in blank for 110% of the commercial invoice value, with claims payable in Korea in the currency of draft, covering the PICC all risks and war risks clause.

4. Detailed packing list in triplicate.

:47A: [Additional Conditions]

A) Beneficiary's certificate stating that the shipment has been effected by one twenty feet full container load.

B) All documents must show the documentary credit number and issuance date.

C) If discrepant documents are presented an amount of USD70/-would be deducted out of proceeds being discrepancy handling fee.

:71B: [Charges]

All bank charges outside the country of issuance of the credit including advising, negotIation and reimbursement are on beneficiary account.

:48: [Period for Presentation]

Within 15 days after B/L date (but within the validity of this credit.)

:49: [Confirmation Instructions] Without

:72: [Sender to Receiver Information]

This credit is subject to the Uniform customs and practice for Documentary credit (2007 Revision) international chamber of commerce publication No. 600.

天津知学国际贸易有限公司
TIANJIN ZHIXUE TRADING CO.,LTD.
SHIPPING ADVICE

NO. _____　　　　　　　　TIANJIN _____

TO: M/S.

REF
SHIPMENT DETAILS AS FOLLOWS,
VESSEL NAME:
B/L NO.:
DATE OF SHIPMENT:
PORT OF LOADING:
PORT OF DISCHARGE:
AMOUNT:
QUANTITY:
CREDIT NO.:
COMMERCIAL INVOICE NO.:
COMMODITY:

TIANJIN ZHIXUE TRADING CO.,LTD.

(Authorized Signature)

2. 根据以下信用证内容及相关信息开具开船电。商业发票号码 TJ18-3001；签发地点和日期 TIANJIN AUG. 11，2018；装货港天津新港；开船日期 2018 年 8 月 20 日；船名航次 KOTA GEMAR V. 568S；海运提单号码 XGCN0812345。

火碱（化工品）

```
MT700 09/06/14 PRBLBDDHA012 181 SA 181113037580 ISS 155114010061
SENDER：PRIME BANK LIMITED（NARAYANGANJ BRANCH）NARAYANGANJ
27 SEQUENCE OF TOTAL 1/1
40A   FORM OF DOCUMENTARY CREDIT：IRREVOCABLE
20   DOCUMENTARY CREDIT NUMBER：1181270106
31C   DATE OF ISSUE：180806
40E   APPLICABLE RULES：UCP LATEST VERSION
31D   DATE AND PLACE OF EXPIRY：181015 IN CHINA
50   APPLICANT：
     NOAKHALI WHITE GOLD LTD.
     73，KAKRAIL ROOM－7/8
     EASTERN COMMERICAL COMPLEX DHAKA，BANGLADESH
59   BENEFICIARY：
     TIANJIN ZHIXUE TRADING CO.,LTD.
     NO. 8 YASHEN ROAD，JINNAN DISTRICT，TIANJIN 300350 P. R.  CHINA.
     TEL：022 88888888 FAX：77777777
32B   CURRENCY CODE，AMOUNT：USD10500. 00
41D   AVAILABLE WITH. . BY：ANY BANK IN CHINA BY NEGOTIATION
42C   DRAFTS AT：SIGHT
42D   DRAWEE：
     PRIME BANK LIMITED NARAYANGANJ BRANCH
     NARAYANGANJ，BANGLADESH.
43P   PARTIAL SHIPMENTS：ALLOWED
43T   TRANSSHIPMENT：ALLOWED
44E   PORT OF LOADING/AIRPORT OF DEPARTURE：
     ANY PORT OF CHINA
44F   PORT OF DISCHARGE/AIRPORT OF DESTINATION：
     CHITTAGONG SEA PORT，BANGLADESH
44C   LATEST DATE OF SHIPMENT：180830
45A   DESCRIPTION OF GOODS AND/OR SERVICES：
     25000KGS NET OF CHEMICAL（CAUSTIC SODA）FOR 100 PCT EXPORT ORIENTED
     DYEING INDUSTRY
     DESCRIPTION，QUANTITY，QUALITY，RATE，PACKING AND
     ALL OTHER DETAILS ARE AS PER PROFORMA INVOICE
     NO. ZXTC20180521 DATED 21. 05. 2018 OF THE BENEFICIRAY.
     TERMS OF DELIVERY：CFR CHITTAGONG，BANGLADESH.
46A   DOCUMENTS REQUIRED：
```

1. BENEFICIARYS SINGED COMMERCIAL INVOICE IN OCTUPLICATE CERTIFYING MERCHANDISE TO BE OF CHINA ORGIN.
2. FULL SET OF ORIGINAL SHIPPED ON BOARD BILL OF LADING DRAWN OR ENDORSED TO THE ORDER OF PRIME BANK LIMITED，NARAYANGANJ BRANCH，NARAYANGANJ BANGLADESH SHOWING FREIGHT PREPAID AND MARKED NOTIFY APPLICANT AND LC ISSUING BANK GIVING FULL NAME AND ADDRESS.
3. CERTIFICATE OF ORIGIN ISSUED BY THE CHAMBER OF COMMERCE OF CHINA OR ANY SIMILAR INSTITUTION REQUIRED CERTIFYING MERCHANDISE TO BE OF CHINA ORIGIN.
4. PACKING LIST IN DETAILS REQUIRD IN TRIPLICATE.
5. ALL SHIPMENT UNDER THIS CREDIT MUST BE ADVISED BY THE BENEFICIARY IMMEDIATELY AFTER SHIPMENT BUT WITHIN 7 WORKING DAYS FROM THE DATE OF SHIPMENT DIRECTLY TO ISLAMI INSURANCE BANGLADESH LTD 55/1 S. M. MALEH ROAD，NARAYANGANJ，BANGLADESH REFERRING THEIR INSURANCE COVER NOTE IIBL/NGJ/MC－13/05/2014 DATED 30. 05. 2014 SHOWING OF SHIPMENT LIKE VESSEL NAME，BL NO. BL DATE PORT OF SHIPMENT，PORT OF DESTINATION LC NO.，LC DATE，COMMERCIAL INVOICE NO.，INVOICE VALUE，QUANTITY ETC. A COPE OF THIE ADVICE MUST ACCOMPANY WITH THE ORIGINAL DOCUMENTS.

47A ADDITIONAL CONDITIONS

1. SHORT FROM, BLANK BACK, CHARTERPARTYBILLOF LADING AND THIRD PRATY BIL OF LADING ARE NOT ACCEPTABLE.

2. SHIPMENT WILL BE MADE BY REGULAR LINER VESSEL OR CONFERENCE VESSEL.

3. L/C NO. AND DATE MUST APPEAR IN ALL DOCUMENTS.

4. L/C AUTHORIZATION FORM NO. PBL LCA 154946, IRC NO. CD 0168679, VAT REG NO. 18061001235, TIN NO. 019 - 101 - 5546 H. S. CODE NO. 2815. 11. 00 AND COUNTRY OF ORIGIN MUST APPER IN INVOICE, PACKING LIST AND B/L.

5. SHIPMENT / TRANSHIPMENT BY ISRAELI FLAG VESSEL AND USIING ISRAELI PORT NOT ALLOWED.

6. DOCUMENTS EVIDENCING SHIPMENT MUST NOT BE DATED EARLIER THAN THE ISSUING DATE OF THE CREDIT.

7. BENEFICIARY MUST CERTIFY IN THE INVOICE THAT THE SPECIFICATION OF QUALITY, QUANTITY, PACKING, RATE AND ALL OTHER DETAILS ARE AS PER PROFORMA INVOICE.

8. ONE COPY OF NON - NEGOTIABLE SHIPPING DOCUMENTS TO BE SENT TO THE APPLICANT ADDRESSING "NOAKHALI WHITE GOLD LTD. 73, KAKRAIL ROOM - 7/8 EASTERN COMMERICAL COMPLEX DHAKA, BANGLADESH" BY COURIER WITHIN SEVEN (07) DAYS FROM THE DATE OF SHIPMENT. RELEVANT COURIER RECEIPT MUST BE ENCLOSED WITH ORIGINAL SHIPPING DOCUMENTS.

9. ORIGINAL AND DUPLICATE SET OF DOCUMENTS TO BE SENT TO PRIME BANK LTD., NARAYANGANJ BRANCH BY COURIER SERVICE

10. PAYMENT AGAINST DISCREPANT DOCUMENTS MUST NOT BE MADE UNDER RESERVE OR GUARANTEE WITHOUT OUR PRIOR APPROVAL.

11. TOTAL NUMBER OF PACKAGES MUST BE SHOW IN PACKING LIST AND B/L.

12. SEA WORTHY EXPORT STANDARD PACKING CLEARLY MENTIONING THE COUNTRY OF ORIGIN.

13. AFTER SHIPMENT THE BENEFICIARY MUST INFORM THE SHIPMENT DETAILS TO PRIME BANK LTD. THROUGH FAX NO. 8802 - 7639088.

14. DRAFTS IN DUPLICATE MUST BE DRAWN ON ISSUING BANK QUOTING OUR L/C NO. AND DATE MUST BE SUBMITTED WITH THE ORIGINAL DOCUMENTS.

15. 'GOODS IMPORTED UNDER BOND'.

16. USD 69. 00 WILL BE DEDUCTED FOR EACH PRESENTATION OF DISCREPANT DOCUMENTS USD57 . 50 WILL BE DEDUCTED AS PAYMENT CHARGE FROM EACH BILL

17. L/C ISSUING BANK VAT/BIN REG. NO. 19011013789 MUST BE MENTIONED IN ALL SHIPPING DOCUMENTS.

18. DOCUMENTS MUST BE SENT TO THE FOLLOWING ADDRESS
PRIME BANK LIMITED NARAYANGNJ BRANCH
56, S. M. MALEH ROAD
NARAYANGANJ, BANGLADESH.

71B CHARGES：
OTHER CHARGES OUTSIDE BANGLADES ARE ON ACCOUNT OF THE BENEFICIARY.

48 PERIOD FOR PRESENTATION：
21 DAYS FROM THE DATE OF B/L BUT WITHIN THE VALDITY OF THE CREDIT.

49 CONFIRMATION INSTRUCTIONS：WITHOUT

78 INSTRUCTIONS TO THE PAYING/ACCEPTING/NEGOTIATING BANK：

1. WE DO HEREBY AGREE WITH DRAWERS, ENDORSERS AND BONAFIDE HOLDERS THAT THE DRAFT(S) DRAWN UNDER ARE IN COMPLIANCE WITH THE TERMS AND CONDITIONS OF THIS CREDIT AND THE SAME SHALL BE DULY HONOURED ON PRESENTATION.

2. UPON RECIPT OF ORIGINAL DOCUMENTS COMPLYING THE TERMS AND CONDITION WE SHALL MAKE PAYMENT AS PER INSTRUCTION OF THE NEGOTIATING BANK.

57D ADVISE THROUGH BANK：
BEN BIC：SCBLCNSXTJN

72 SENDER TO RECEIVER INFORMATION：
PLEASE ADVISE THE DC TO THE BENEFICIARY UNDER INTIMATION TO US BY MT730.

天津知学国际贸易有限公司
TIANJIN ZHIXUE TRADING CO.,LTD.
SHIPPING ADVICE

NO. ＿＿＿＿＿＿＿＿＿＿＿　　　　　　　　　　TIANJIN ＿＿＿＿＿＿＿＿＿＿

TO:M/S.

REF
SHIPMENT DETAILS AS FOLLOWS,
VESSEL NAME:
B/L NO.:
DATE OF SHIPMENT:
PORT OF LOADING:
PORT OF DISCHARGE:
AMOUNT:
QUANTITY:
CREDIT NO.:
COMMERCIAL INVOICE NO.:
COMMODITY:

TIANJIN ZHIXUE TRADING CO.,LTD.

(Authorized Signature)

任务二十　缮制受益人证明

知识目标

1. 了解受益人证明的作用。
2. 掌握受益人证明的主要条款。

能力目标

1. 能看懂受益人证明。
2. 能缮制受益人证明。

任务引入

天津知学国际贸易有限公司单证员进行信用证审核后填写信用证审单记录时,发现信用证46A条款中有以下条件。

BENEFICIARY'S CERTIFICATE STATING THAT ONE SET OF NON-NEGOTIABLE SHIPPING DOCUMENTS AND 1/3 SET OF ORIGINAL B/L HAVE BEEN SENT DIRECTLY TO APPLICANT IMMEDIATELY AFTER SHIPMENT BY COURIER.

参考译文:受益人证明,声明一套副本单据及一份正本提单在开船后不久即用快递直接寄给申请人。

以上说明该信用证需要提供受益人证明(Beneficiary's Certificate)。

一、判断信用证是否需要提供受益人证明

仔细阅读信用证46A条款中有关单据的内容,或47A条款中的附加条件,看看是否有Certificate(证明)字样。如果有,再看此证明应由谁签署。如果由Beneficiary(受益人)签署,则说明该信用证需要提供受益人证明用以结汇。

二、受益人证明的种类

1. 信用证条款中列出的证明

进口方往往要求出口人按进口人的意志做某些事情,履行一定的义务。而做这些事情的结果又没有相关单据可以证明。因此会通过信用证来要求受益人就某些动作加以声明,以证明其确实履行了该约定义务。

受益人证明反映的事件没有统一规律,需要见招拆招,看信用证具体的要求是什么。例如,信用证要求受益人就快递寄单事宜加以证明。有些信用证会在46A条款中直接写上需要什么内容的受益人证明,有些只在47A条款的附件条件中补充列明。因此,审证需要仔细,才不至于漏掉必要的单据。

无须担心单证员的英文水平高低,只要掌握了受益人证明的格式,不遗漏证明要素,学会串联用语"We hereby state that..."(我们在此声明:……),后面抄信用证相关条款原文即可。银行不管你是否真的寄送了单据,只关心证明文件是否缺失,证明的内容是否与信用证要求相符。

2. 海运提单正本证明

海运提单正本通常是一式三份,卸货港提货时只要收货人提供其中任意一份即可完成提货,此时其他正本自动作废。为什么客户要求将一份海运提单正本不通过银行而直接寄给自己呢? 在受益人还没有收到信用证款项时不担心寄一份海运提单正本给申请人的后果吗? 其实你丝毫不用担心,申请人之所以这样要求的原因是,在韩国、日本这样的近洋国家,中国开航的船会在2~4天抵港。而通过银行正常审单程序外加寄单,少说也需要10天时间,这样就会影响进口人在卸货港及时提货。信用证46A条款中关于海运提单的要求是2/3,也就是说,3份海运提单正本中2份交银行结汇。只要受益人提交的单据没有不符点,平稳收汇是没有问题的。

3. 船公司证明

有些信用证要求开具船公司证明,有些内容是正常的业务范畴,如船龄不得超过15年,航线为直达运输或运费水平等;有些则带有政治色彩,如阿拉伯国家往往声明不得使用以色列船旗的船舶,不挂靠以色列港口等。遇到此类要求,需要事先征得船东同意才能出具,并由签署海运提单的一方在船公司证明上加签单章。如果协商未果,需要提早通知客户修改信用证相关条款。

三、受益人证明的书写样式

受益人证明常用的文体结构及常用语可以通过图3-4所示的范文学习(以寄海运提单正本为例)。

TIANJIN ZHIXUE TRADING CO.,LTD.

CERTIFICATE

NO. TJ18-3001   TIANJIN JAN. 20 ,2018

TO：M/S. AI KIKAKU CO.,LTD. AW BUILDING,2-8-6 MINAMIKYUHOUJI-MACHI CHUO-KU OSAKA JAPAN

DEAR SIRS,

    WE HEREBY STATE THAT ONE SET OF NON-NEGOTIABLE SHIPPING DOCUMENTS AND 1/3 SET OF ORIGINAL B/L HAVE BEEN SENT DIRECTLY TO APPLICANT IMMEDIATELY AFTER SHIPMENT BY COURIER.

TIANJIN ZHIXUE TRADING CO.,LTD.

(Authorized Signature)

图3-4 受益人证明范文

对受益人证明内容的解释说明如表3-4所示。

表3-4 受益人证明要素及资料来源

序　号	受益人证明要素	资料来源
1	文件名称	证明(certificate)
2	编号	引用商业发票号码
3	签发地点	地点同商业发票
4	日期	同海运提单日期
5	致(to)	信用证指明的50条款中的申请人
6	串联用语1	Dear Sirs,(先生们,)
7	串联用语2	We hereby Certify(或State)that
8	正文内容	引用信用证相关描述原文
9	受益人名称	按信用证59条款
10	受益人签章	盖受益人单证章或手签

做一做

请从图3-4所示的受益人证明中提取相关信息填入表3-5中。

表3-5 受益人证明要素

序　号	受益人证明要素	从图3-4中提取相关内容填写
1	文件名称	
2	编号	

（续表）

序　号	受益人证明要素	从图3-4中提取相关内容填写
3	签发地点	
4	日期	
5	致（to）	
6	串联用语1	
7	串联用语2	
8	正文内容	
9	受益人名称	
10	受益人签章	

 英语园地

1. non-negotiable：不可议付的（指副本）

2. negotiable documents：可以议付的单据（指正本单据）

3. certificate：证明（名词）

4. certify：证明（动词）

5. state：声明（动词或名词）

课后训练

1. 根据以下信用证内容及相关信息开具受益人证明。商业发票号码 TJ18-3002；签发地点和日期 MAY. 5，2018。

:27：［Sequence of Total］1/1

:40A：［Form of Documentary Credit］Irrevocable

:20：［Documentary Credit No.］M4323102NU00876

:31C：［Date of Issue］180425

:40E：［Applicable Rules］UCP latest version

:31D：［Date and Place of Expiry］180615 in China

:51D：［Applicant Bank］

Shinhan Bank

Daehan Plaza，Seoul，Korea

:50：［Applicant］

Samyung Trading Co.，Ltd.，

18 Victory Road，Sonnan Dong，Kangnam Ku

Seoul，Korea

:59：［Beneficiary］

Tianjin Zhixue Trading Co.，Ltd.

No. 8，Yashen Road，

Jinnan District，Tianjin 300350，P. R. China

:32B：［Currency Code Amount］USD79，200. 00

:41D：［Available with...by...］Any bank In China by negotiation

:42C：［Drafts at...］60 days after sight

:42D：［Drawee］SHBKUS33XXX，Shinhan Bank，Seoul，Korea

:43P：［Partial Shipments］Not allowed

:43T: [Transshipment] Not allowed

:44E: [Port of Loading/Airport of Departure] Xingang China

:44F: [Port of Discharge/Airport of Destination] Busan Korea

:44C: [Latest Date of Shipment] 180531

:45A: [Description of Goods and/or Services]

9,600 pcs of 100% Cotton Men's T-shirt at unit price of USD8. 25 CIF Busan

:46A: [Documents Required]

1. Signed original commercial invoices in triplicate, certifying that the goods are of China origin.

2. Full set of clean shipped on board ocean bills of lading made out to order marked freight prepaid and notify applicant.

3. Full set of insurance policy endorsed in blank for 110% of the commercial invoice value, with claims payable in Korea in the currency of draft, covering the PICC all risks and war risks clause.

4. Detailed packing list in triplicate.

:47A: [Additional Conditions]

A) Beneficiary's certificate stating that the shipment has been effected by one twenty feet full container load.

B) All documents must show the documentary credit number and issuance date.

C) If discrepant documents are presented an amount of USD 70/-would be deducted out of proceeds being discrepancy handling fee.

:71B: [Charges]

All bank charges outside the country of issuance of the credit including advising, negotiation and reimbursement are on beneficiary account.

:48: [Period for Presentation]

Within 15 days after B/L date (but within the validity of this credit.)

:49: [Confirmation Instructions] Without

:72: [Sender to Receiver Information]

This credit is subject to the Uniform customs and practice for Documentary credit (2007 Revision) international chamber of commerce publication No. 600.

2. 根据以下信用证内容及相关信息开具受益人证明。商业发票号码 TJ18 – 3003;签发地点及日期 TIANJIN JUN. 5,2018。

:27: [Sequence of Total] 1/1

:40A: [Form of Documentary Credit No.] IRREVOCABLE

:20: [Documentary Credit] LC/01/001/69587

:31C: [Date of Issue] 180528

:40E: [Applicable Rules] UCP LATEST VERSION

:31D: [Date and Place of Expiry] 180815 IN CHINA

:51D: [Applicant Bank]

HABIB METROPOLITAN BANK LTD. ,

CPU-IMPORT,10/2,AKHBAR MANZIL STEEET/NEXT TO JANG OFFICE,OFF:I. I.

CHUNDRIGAR ROAD,KARACHI. PAKISTAN.

:50: [Applicant]

MASTER DAVID CORPORATION,

R-18 SOUTH AVENUE,

S. B.,KARACHI-83200,

PAKISTAN

:59: [Beneficiary]

TIANJIN ZHIXUE TRADING CO.,LTD.

NO. 8,YASHEN ROAD,

JINNAN DISTRICT,TIANTIN 300350,P. R. CHINA

:32B: [Currency Code Amount] USD54,400. 00

:41D: [Available with. . . by. . .] ANY BANK IN CHINA BY NEGOTIATION

:42C: [Drafts at. . .] SIGHT

:42D: [Drawee]

HABIB METROPOLITAN BANK LTD. ,

CPU-IMPORT,10/2,AKHBAR MANZIL STREET/NEXT TO JANG OFFICE,OFF:I. I.

CHUNDRIGAR ROAD,KARACHI,PAKISTAN.

:43P: [Partial Shipments] NOT ALLOWED

:43T:[Transshipment] NOT ALLOWED

:44E:[Port of Loading/Airport of Departure] ANY SEAPORT OF CHINA

:44F:[Port of Discharge/Airport of Destination] KARACHI SEAPORT

:44C:[Latest Date of Shipment] 180731

:45A:[Description of Goods and/or Services]

20,000 KGS OF 522 SULPHUR BLACK BR 220 PERCENT (YOUHAO BRAND) AT THE RATE OF USD 2.72 PER KG CFR KARACHI BY SEA TO BE SHIPPED INTO 1×20′ FULL CONTAINERS LOAD AS PER BENEFICIARY'S PROFORMA INVOICE NO. 18PK0421 DATED 21-04-2018.

:46A:[Documents Required]

1. BENEFICIARY MANUALLY SIGNED ORIGINAL COMMERCIAL INVOICES CFR KARACHI IN OCTUPLICATE IN THE NAME OF APPLICANT WITH FULL ADDRESS INDICATING NTN NO. 1478108, IMPORT REGISTRATION NO. W-10691, H.S. CODE NO. 3204-1910, LC NO. AND CERTIFYING THE GOODS ARE OF CHINA ORIGIN.

2. FULL SET OF CLEAN SHIPPED ON BOARD OCEAN BILLS OF LADING EVIDENCING SHIPMENT OF GOODS LC NUMBER WITH TOTAL NET AND GROSS WEIGHT DRAWN OR ENDORSED TO THE ORDER OF HABIB METROPOLITAN BANK LTD. SHOWNING FREIGHT PREPAID AND MARKED NOTIFY HABIB METROPOLITAN BANK LTD. AND APPLICANT.

3. INSURANCE COVERED BY APPLICANT, BENEFICIARY SHIPMENT ADVICE QUOTING THE NAME OF THE CARRYING VESSEL, DATE OF SHIPMENT, AMOUNT, QUANTITY AND THIS CREDIT NUMBER SHOULD BE SENT TO M/S. E.F.U. GENERAL INSURANCE LTD., P.O. BOX 5005. KARACHI-PAKISTAN AT FAX NO. 9221-32311646 OR BY E-MAIL:INFO@EFUINSURANCE. COM REFERRING TO THEIR COVER NOTE NO. 255038865/05/2013 WITHIN 4 DAYS OF SHIPMENT AND COPY OF SHIPMENT ADVICE MUST ACCOMPANYORIGINAL DOCUMENTS.

4. DETAILED BENEFICIARY SIGNED PACKING LIST WITH TOTAL NET AND GROSS WEIGHT OF CONSIGNMENT TOTAL NUMBER OF BAGS AND WEIGHT OF EACH BAGS IN FOUR COPIES.

5. CERTIFICATE FROM SHIPPING COMPANY OR THEIR AGENT CERTIFYING THAT (I) SHIPMENT/TRANSSHIPMENT ON ISRAELI FLAG VESSEL NOT EFFECTED. (II) CONSIGNMENT WILL NOT BE DISCHARGED AT PORT QASIM, PAKISTAN.

6. CERTIFICATE OF ANALYSIS REQUIRED.

7. BENEFICIARY'S SIGNED CERTIFICATE CONFIRMING THAT GOODS SHIPPED UNDER THIS CREDIT DOES NOT CONTAIN BENZIDINE.

:47A:[Additional Conditions]

A) INVOICE EXCEEDING THIS CREDIT AMOUNT IS NOT ACCEPTABLE.

B) SHIPMENTS AND DOCUMENTS DATED PRIOR TO THE DATE OF THIS CREDIT NOT ACCEPTABLE.

C) SHORT FORM/CHARTER PARTY/BLANK BACK/THIRD PARTY/HOUSE AND FORWARDERS AGENT BILL OF LADING NOT ACCEPTABLE.

D) ALL DOCUMENTS MUST SHOW ITS ISSUANCE DATE, OPENING BANK'S LETTER OF CREDIT NUMBER AND APPLICANT NAME AND ADDRESS.

E) BILLS OF LADING MUST SHOW NAME, ADDRESS AND TELEPHONE NUMBER OF THE SHIP OWNER OR THEIR AGENT AT FINAL DESTINATION.

F) THE BENEFICIARY SHOULD SEND TO APPLICANT BY COURIER AND BY FAX ON 92-231-2562312 OR E-MAIL: EXIMPO@SMGROUP. COM. PK ATTN:MR IRFAN (IMPORT DEPT) NON NEGOTIABLE COPIES OF BILL OF LADING INVOICE AND PACKING LIST WITHIN 7 WORKING DAYS FROM THE DATE OF SHIPMENT AND COURIED RECEIPT AND FAX TRANSMISSION REPORT MUST ACCOMPANY THE ORIGINAL DOCUMENTS.

G) A CERTIFICATE FROM THE BENEFICIARY TO THE EFFECT THAT ONE SET OF INVOICE AND PACKING LIST HAS BEEN PACKED ON THE INNER SIDE OF THE DOOR OF EACH CONTAINER.

H) PLEASE ADVICE THIS D/C ON RECEIPT OF YOUR ADVISING CHARGES FROM BENEFICIARY.

I) BILL OF LADING MUST SHOW 14 DAYS FREE TIME AT PORT OF DISCHARGE.

(CONTINUED INSTRUCS TO PAY/ACCPT/NEGOT BANK UNDER FIELD 78)

J) NEGOTIATION OF DOCUMENTS WITH DISCREPANCIES UNDER RESERVE NOT ALLOWED WITHOUT OPENING BANK'S PRIOR APPROVAL.

K) ORIGINAL SETS OF DOCUMENTS MUST CONSIST OF FIRST ORIGINAL/ORIGINAL BILLS OF LADING.

L) IF DISCREPANT DOCUMENTS ARE PRESENTED AN AMOUNT OF USD50/-WOULD BE DEDUCTED OUT OF PROCEEDS BEING DISCREPANCY HANDLING CHARGES.

:71B:[Charges]

All BANK CHARGES OUTSIDE THE COUNTRY OF ISSUANCE OF THE CREDIT INCLUDING ADVISING, NEGOTATION AND REIMBURSEMENT ARE ON BENEFICIARY ACCOUNT.

:48:[Period for Presentation]

WITHIN 15 DAYS AFTER B/L DATE(BUT WITHIN THE VALIDITY OF THIS CREDIT.)

:49：[Confirmation Instructions] WITHOUT

:78：[Instructions to the paying/negotiating bank]

1. AMOUNT OF EACH NEGOTIATION MUST BE ENDORSED ON THE REVERSE OF THE CREDIT. THE NEGOTIATING BANK MUST CERTIFY THAT ALL TERMS AND CONDITIONS OF L/C HAVE BEEN COMPLIED WITH.

2. FORWARD THE ORIGINAL DOCUMENTS IMEDIATELY BY COURIER SERVICE AND DUPLICATE SET BY SEPARATE REGISTERED MAIL.

3. NEGOTIATING BANK MUST INFORM TO OPENING BANK SWIFT：MPBLPKKACIU SAME DAY THE AMOUNT OF NEGOTIATION，TOTAL QUANTITY SHIPPED, VESSEL NAME, B/L NUMBER AND DATE AND COPY OF THE SAME MUST ACCOMPANY WITH ORIGINAL DOCUMENTS.

4. WE SHALL REMIT PROCEEDS TO NEGOTIATING BANK ON RECEIPT OF DOCUMENTS COMPLYING WITH TERMS OF CREDIT.

:72：[Sender to Receiver Information]

THIS CREDIT IS SUBJECT TO THE UNIFORM CUSTOMS AND PRACTICE FOR DOCUMENTARY CREDIT (2007 REVISION) INTERNATIONAL CHAMBER OF COMMERCE PUBLICATION NO. 600.

3. 根据上面的信用证内容及相关信息开具船公司证明。商业发票号码 TJ18-3003；签发地点和日期 TIANJIN JUN. 5，2018；装货港天津新港；开船日期 2018 年 6 月 15 日；船东 CHINA OCEAN SHIPPING COMPANY；海运提单号码 STJJED0100157；船名航次 QING YUN HE V. 0033S。

任务二十一　整理单据交单议付

知识目标

1. 了解交单议付的意义。

2. 掌握制单完整、准确、及时的原则。

能力目标

1. 能依据信用证条款审单，做到单据种类、数量充足；单证一致，单单一致。

2. 能及时做到交单议付。

任务引入

2018 年 5 月 15 日，天津知学国际贸易有限公司发票号码为 TJ18－3002、出口韩国的货物已经装船起运。至此，单证员已经做好商业发票、装箱单，从保险公司取回保险单，从货代公司取回海运提单，又补充缮制了汇票。万事俱备，审单完毕后，整理出一整套单据，连同信用证正本，准备到中国银行天津分行交单议付。

一、交单议付的意义

交单议付的根本目的是持符合信用证规定的全套外贸出口单据向银行索要货款。

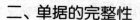

二、单据的完整性

① 单据种类不得缺失。审核信用证46A条款中的单据内容,提供所有信用证需要的文件。再看47A条款附加条件中是否要求了哪种文件一并提供。最后看42C条款是否需要汇票,如果需要也必须提供。

② 单据份数要充足。

③ 每一份单据中的要素不得缺失。除了单据内容完整外,还需审核是否签字、盖章;需要领事认证、贸促会认证等合法、合规手续是否已经办理。

三、单证一致,单单一致

① 单据内容与信用证内容是否保持一致,单据与单据之间的内容是否保持一致。普遍接受的缩略语可以在单据上替代其全称。例如,用Int'l代替International(国际),用Co. 代替Company(公司),用Corp. 代替Corporation(公司),用kgs或kos. 代替kilograms(千克)或kilos(千克),用Ind代替Industry(工业),用Ltd. 代替Limited(有限),用mfr代替manufac-turer(制造商),用MT代替metric tons(公吨),反之亦然。信用证文本中使用缩略语,即允许单据上使用同样的缩略语或具有同一含义的其他缩略语,或使用其全称,反之亦然。

② 如果拼写或打字错误并不影响单词或其所在句子的含义,则不构成单据不符。例如,在货物描述中的machine(机器)显示为mashine,fountain pen(钢笔)显示为fountan pen,或model(型号)显示为modle,均不视为不符点。但是,model 321(型号321)显示为model 123(型号123),将视为不符点。

③ 非单据化条件下的不符点判断。例如,当信用证规定"以木箱包装(packing in wooden cases)",而没有要求该内容应当显示在单据上时,任何所提交的单据上显示的不同包装类型将视为不符点。

④ 单据不止一份的正本可以标注为正本(original)、第二联(duplicate)、第三联(tripli-cate),第一正本(first original)、第二正本(second original)等。这些标注都不否定单据为正本。

⑤ 当信用证要求提交非全套正本运输单据,如"2/3正本提单",但没有指示剩余份数的正本运输单据的处理方式时,交单可以包括3/3全套正本提单。

⑥ 发票(Invoice)、1份发票(One Invoice)、发票1份(Invoice in 1 copy或Invoice-1 copy),将被理解为要求1份正本发票。

⑦ 发票4份(Invoice in 4 copies)或发票4联(Invoice in 4 folders),表示提交至少1份正本发票,其余为副本即满足要求。

⑧ 在集装箱运输下运输单据经常在"唛头"或类似栏位中,仅仅显示带有或不带有铅封号的集装箱号,而其他单据显示了更加详尽的唛头细节,如此不构成矛盾。

⑨ 信用证要求的单据应当单独提交。然而,如果信用证要求1份正本装箱单和1份正本重量单,那么提交2份正本装箱及重量联合单据,只要其同时表明了包装和重量细节,也

满足要求。

⑩ 信用证要求单据涵盖不止一项功能,提交看似满足每项功能的单一单据或独立单据均可。例如,信用证要求提交质量和数量证明时,提交单一的质量和数量证明,或提交独立的质量证明和数量证明即满足要求,只要每种单据满足其功能,且提交了信用证所要求的正本与副本份数。

⑪ 当信用证仅以银行的 SWIFT 代码表示汇票付款人时,汇票可以相同的 SWIFT 代码或该银行的全称显示付款人。

⑫ 当信用证要求提交"发票"而未做进一步描述时,提交任何类型的发票(如商业发票、海关发票、税务发票、最终发票、领事发票等)即满足要求。但是,发票不得标明"临时""预开"或类似名称。

⑬ 当信用证要求提交"商业发票"时,提交名称为"发票"的单据也满足要求。

⑭ 当信用证规定了贸易术语作为货物描述的一部分时,发票应当显示该贸易术语,而当信用证规定了贸易术语的出处时,发票应当显示贸易术语的相同出处。例如,信用证规定贸易术语为 CIF Singapore Incoterms 2010,发票不应显示贸易术语为 CIF Singapore 或 CIF Singapore Incoterms。但是,当信用证规定贸易术语为 CIF Singapore 或 CIF Singapore Incoterms 时,发票可以显示贸易术语为 CIF Singapore Incoterms 2010 或其他任何版本。

⑮ 无论是否仅提交一份运输单据,利用一个以上的运输工具(不止一辆卡车、一条船或一架飞机等)进行的运输是部分装运,即便这些运输工具在同一天出发并前往同一目的地。

⑯ 即使提交了多份运输单据,只要这些单据下的货物装载在一个运输工具前往同一个目的地,均不构成分批装运。

⑰ 当信用证规定了提单的卸货港的地理区域或港口范围(如"任一欧洲港口"或"汉堡、鹿特丹、安特卫普港")时,提单应当显示实际卸货港,且其应当位于信用证规定的地理区域或港口范围之内。提单无须显示该地理区域。同样规定适用于装货港。

⑱ 当提单收货人做成"凭指示"或"凭托运人指示"时,该提单应当由托运人背书。只要背书是为托运人或代表托运人做出,该背书就可以由托运人之外的具名实体做出。

⑲ 提单上的货物描述可以使用与信用证所规定的货物描述不相矛盾的统称。

⑳ 当从信用证得知要求支款的金额仅是货物总价值的一部分(例如,由于折扣、预付款或类似情形,或部分货款延付)时,保险金额的计算必须以发票或信用证所显示的货物总价值为基础。

四、信用证的使用(兑付)

有些信用证规定了议付银行,这样的信用证只能交单到指定银行。

大多数信用证中的 41D:[Available with... by...]Any bank in China by negotiation,意思是可以在中国的任何银行交单议付。这时受益人就可以选择他们心仪的银行交单。多数时候可以选择通知银行,或中国银行等国际业务较为熟练的大银行交单。

英语园地

1. negotiation bank：议付行
2. discrepancy：不符点

课后训练

1. 收集、整理之前与此信用证相关的所有资料，按照信用证审单记录的要求，逐一整理单据，留档全套副本后，正本提交银行。

要求学生独立整理、审核、提交单据。另外选出 5 名学生扮演银行工作人员，教师给予培训，提出工作要求。银行工作人员对于接到的单据依据信用证条款进行审核，并提出修改意见。

:27：［Sequence of Total］1/1
:40A：［Form of Documentary Credit］Irrevocable
:20：［Documentary Credit No.］M4323102NU00876
:31C：［Date of Issue］180425
:40E：［Applicable Rules］UCP latest version
:31D：［Date and Place of Expiry］180615 in China
:51D：［Applicant Bank］
Shinhan Bank
Daehan Plaza，Seoul，Korea
:50：［Applicant］
Samyung Trading Co.，Ltd.，
18 Victory Road，Sonnan Dong，Kangnam Ku
Seoul，Korea
:59：［Beneficiary］
Tianjin Zhixue Trading Co.，Ltd.
No. 8，Yashen Road，
Jinnan District，Tianjin 300350，P. R. China
:32B：［Currency Code Amount］USD79，200. 00
:41D：［Available with. . . by. . .］Any bank In China by negotiation
:42C：［Drafts at. . .］60 days after sight
:42D：［Drawee］SHBKUS33XXX，Shinhan Bank，Seoul，Korea
:43P：［Partial Shipments］Not allowed
:43T：［Transshipment］Not allowed
:44E：［Port of Loading/Airport of Departure］Xingang China
:44F：［Port of Discharge/Airport of Destination］Busan Korea
:44C：［Latest Date of Shipment］180531
:45A：［Description of Goods and/or Services］
9，600 pcs of 100% Cotton Men's T-shirt S ~ XXL Size at unit price of USD8. 25 CIF Busan
:46A：［Documents Required］
1. Signed original commercial invoices in triplicate，certifying that the goods are of China origin.
2. Full set of clean shipped on board ocean bills of lading made out to order marked freight prepaid and notify applicant.
3. Full set of insurance policy endorsed in blank for 110% of the commercial invoice value，with claims payable in Korea in the currency of draft，covering the PICC all risks and war risks clause.
4. Detailed packing list in triplicate.
:47A：［Additional Conditions］
1）Invoice exceeding this credit amount is not acceptable.
2）All documents must showthe documentary credit number and issuance date.
3）If discrepant documents are presented an amount of USD70/-would be deducted out of proceeds being discrepancy

handling fee.

:71B:[Charges]

All bank charges outside the country of issuance of the credit including advising, negoitation and reimbursement are on bene-ficiary account.

:48:[Period for Presentation]

Within 15 days after b/l date (but within the validity of this credit.)

:49:[Confirmation Instructions]Without

:72:[Sender to Receiver Information]

This credit is subject to the Uniform Customs and Practice for Documentary Credit (2007 Revision) international chamber of commerce publication No. 600.

2. 根据以下信用证收集单据或制单,到银行交单。任务形式、规则同上。

Own Address:CIBKCNBJ300 CHINA CITIC BANK (TIANJIN BRANCH) TIANJIN

Input Message Type:700 Issue of a Documentary Credit

Input Date/Time:180110/1616

Sent by:BIKEJPJSXXX THE SENSHU IKEDA BANK LTD. OSAKA

Output Date/Time:180110/1516

Priority:Normal

***   ***   ***   ***

:27[Sequence of Total]1/1

:40A[Form of Documentary Credit]IRREVOCABLE

:20[Documentary Credit No.]LC-012-612-15116

:31C[Date of Issue]180110

:40E[Applicable Rules]UCP LATEST VERSION

:31D[Date and Place of Expiry]180210 BENEFICIARY'S COUNTRY

:50[Applicant]

AI KIKAKU CO.,LTD.

AW BUILDING,2-8-6 MINAMIKYUHOUJI-MACHI

CHUO-KU OSAKA JAPAN

:59[Beneficiary]

TIANJIN ZHIXUE TRADING CO.,LTD.

NO.8,YASHEN ROAD,

JINNAN DISTRICT,TIANJIN 300350,P. R. CHINA

:32B[Currency Code Amount]USD120,000.00

:39A[Percentage Credit Amount Tolerance]5/5

:41D[Available with...by...]ANY BANK BY NEGOTIATION

:42C[Drafts at...]DRAFTS AT SIGHT FOR FULL INVOICE COST

:42A[Drawee]BIKEJPJS THE SENSHU IKEDA BANK LTD. OSAKA

:43P[Partial Shipments]ALLOWED

:43T[Transshipment]PROHIBITED

:44E[Port of Loading/Airport of Departure]CHINESE PORT/AIR PORT

:44F[Port of Discharge/Airport of Destination]JAPANESE PORT/AIR PORT

:44C[Latest Date of Shipment]180131

:45A[Description of Goods and/or Services]

SNEAKERS 6,000 PAIRS CFR JAPAN

:46A[Documents Required]

+ SIGNED ORIGINAL COMMERCIAL INVOICES IN 3 COPIES.

+ 2/3 SET OF CLEAN ON BOARD OCEAN BILLS OF LADING MADE OUT TO ORDER OF SHIPPER AND BLANK EN-DORSED AND MARKED "FREIGHT PREPAID" AND NOTIFY APPLICANT AND/OR CLEAN AIR WAYBILL CON-SIGNED TO APPLICANT.

+ PACKING LIST IN THREE COPIES.

+ BENEFICIARY'S CERTIFICATE STATING THAT ONE SET OF NON-NEGOTIABLE SHIPPING DOCUMENTS AND 1/3 SET OF ORIGINAL B/L HAVE BEEN SENT DIRECTLY TO APPLICANT IMMEDIATELY AFTER SHIPMENT BY COURIER.

:47A[Additional Conditions]

+ T/T REIMBURSEMENT PROHIBITED.

+ INSURANCE TO BE EFFECTED BY APPLICANT.

+5 PERCENT MORE OR LESS IN AMOUNT AND QUANTITY IS ACCEPTABLE.

+ THE THIRD PARTY DOCUMENTS ARE ACCEPTABLE.

+ ALL DOCUMENTS MUST BE SENT US BY ONE LOT.

:71[Charges]

ALL BANKING CHARGES OUTSIDE JAPAN ARE FOR ACCOUNT OF BENEFICIARY.

:48[Period for Presentation]

10 DAYS AFTER THE DATE OF SHIPMENT BUT WITHIN THE VALIDITY OF THE CREDIT.

:49[Confirmation Instructions]WITHOUT

:78[Instructions to the paying/negotiating bank]

+ NEGOTIATING BANK MUST AIRMAIL DRAFTS AND ALL DOCUMENTS DIRECT TO US IN ONE LOT BY COURIER SERVICE (MAIL TO:THE SENSHU IKEDA BANK LTD. INT'L DIV. ADDRESS:18-14 CHAYAMACHI,KITA-KU,O-SAKA CITY,OSAKA 530-0013,JAPAN).

+ IN REIMBURSEMENT,WE SHALL REMIT THE PROCEEDS ACCORDING TO NEGOTIATING BANK'S INSTRUC-TIONS LESS REMITTANCE CHARGES USD60.00.

+ DISCREPANCY FEE OF USD50.00 WILL BE DEDUCTED FROM THE PROCEEDS FOR EACH PRESENTATION OF DISCREPANT DOCUMENTS UNDER THIS CREDIT.

:57D[Advise Through Bank]YR OFFICE NO. 14 NANJING ROAD,HE XI DISTRICT,TIANJIN,CHINA

*** 　　　　*** 　　　　*** 　　　　***

Shipping Marks
=============
AI
OSAKA
C/#1-500
MADE IN CHINA

MEASUREMENT:@70 CM×40 CM×35 CM

NET WEIGHT:@12KGS
GROSS WEIGHT:@14KGS

项目四

出口篇实训

综合实训一

1. 业务背景：

卖方：天津知学国际贸易有限公司

买方：环球标准公司

品名及规格：200 毫米宽度塑料保鲜膜

销售单价：CIF Southampton USD1. 90/pc

包装：每个纸箱装 48 卷

纸箱尺寸：21 cm×30 cm×40 cm

纸箱重量：0. 5 kg

保鲜膜重量：0. 4 kg

销售数量：4 800 pcs

船名(Vessel)：COSCO NETHERLANDS

航次(V.)：006W

提单号(B/L No.)：TJUK098267

开航日期：2018 年 3 月 15 日

集装箱号封号：GSTU2003178/005616/20′GP

装运唛头：

G. S.

PE WRAP

S. AMPTON

CTN NO. 1-100

2. 任务要求：根据以下信用证及以上相关信息，整理出全套银行结汇单据并交单议付。

Input Message Type：700 Issue of a Documentary Credit
Input Date/Time：180220/1016
Sender：BARCCNSHXX THE BARCLAY BANK LTD.
Receiver：BANK OF CHINA TIANJIN BRANCH
Priority：Normal

***   ***   ***   ***

:27〔Sequence of Total〕1/1
:40A〔Form of Documentary Credit〕IRREVOCABLE
:20〔Documentary Credit No.〕51160943
:31C〔Date of Issue〕180220
:40E〔Applicable Rules〕UCP 600
:31D〔Date and Place of Expiry〕180420 CHINA
:50〔Applicant〕
GLOBAL STANDARDS LTD.
507 HACKNEY ROAD LONDON UK E2 9ED
PHONE：0044 91710292
:59〔Beneficiary〕
TIANJIN ZHIXUE TRADING CO.,LTD.
NO. 8,YASHEN ROAD,
JINNAN DISTRICT,TIANJIN 300350,P. R. CHINA
:32B〔Currency Code Amount〕USD9,120. 00
:41D〔Available with...by...〕ANY BANK BY NEGOTIATION
:42C〔Drafts at...〕DRAFTS AT SIGHT
:42A〔Drawee〕BARCCNSHXX THE BARCLAY BANK LTD.
:43P〔Partial Shipments〕PROHIBITED
:43T〔Transshipment〕ALLOWED
:44E〔Port of Loading/Airport of Departure〕XINGANG CHINA
:44F〔Port of Discharge/Airport of Destination〕SOUTHAMPTON UK
:44C〔Latest Date of Shipment〕180330
:45A〔Description of Goods and/or Services〕
4,800 PCS PLASTIC WRAP WIDTH 200 MM AT USD1. 90/PC CIF SOUTHAMPTON
:46A〔Documents Required〕
+ SIGNED ORIGINAL COMMERCIAL INVOICES IN TRIPLICATE.
+3/3 CLEAN ON BOARD OCEAN BILLS OF LADING MADE OUT TO ORDER AND BLANK ENDORSED MARKED
    "FREIGHT PREPAID" AND NOTIFY APPLICANT.
+ DETAILED PACKING LIST IN THREE COPIES.
+ INSURANCE POLICY VALUED 110% OF INVOICE AMOUNT COVERING ICC (A) CLAUSES WITH CLAIM PAYA-
    BLE AGENT AT UK.
+ FORM A CERTIFICATE STATING THAT GOODS ARE OF CHINA ORIGIN.
:47A〔Additional Conditions〕
+ T/T REIMBURSEMENT PROHIBITED.
+ FORWARDER B/L IS ACCEPTABLE.
+ THE L/C NUMBER MUST BE INDICATED ON ALL DOCUMENTS.
:71〔Charges〕
ALL BANKING CHARGES OUTSIDE UK ARE FOR ACCOUNT OF BENEFICIARY.
:49〔Confirmation Instructions〕WITHOUT
:78〔Instructions to the paying/negotiating bank〕
+ NEGOTIATING BANK MUST AIRMAIL DRAFTS AND ALL DOCUMENTS DIRECT TO US IN ONE LOT BY COURIER
    SERVICE.
+ IN REIMBURSEMENT,WE SHALL REMIT THE PROCEEDS ACCORDING TO NEGOTIATING BANK'S INSTRUC-
    TIONS LESS REMITTANCE CHARGES USD60. 00.
+ DISCREPANCY FEE OF USD50. 00 WILL BE DEDUCTED FROM THE PROCEEDS FOR EACH PRESENTATION OF
    DISCREPANT DOCUMENTS UNDER THIS CREDIT.
***   ***   ***   ***

综合实训二

1. **业务背景：**

作为中国银行天津分行的工作人员,你接到了天津知学国际贸易有限公司交来的信用证正本及全套结汇单据。

相关信息：出口货物，无缝钢管，美国军工 A500 标准 B 等级，裸装，无唛头。

规格（mm）			数量（根）	净重（MT）		体积（CBM）	
直径	壁厚	长度		一根	小计	@	小计
219.1	7.1	12 192	1 100	0.45	495	0.585	643.5
508	12.1	12 192	270	1.90	513	3.146	849.42
总计			1 370		1 008		

从天津新港装船，直达运输至墨西哥 ALTAMIRA 港口。

2. 任务要求：审单，如果发现不符点，则在审单记录上做出标志并提出修改意见。

Eximbills Enterpriste Incoming Swift
==
Message Type：MT700
Send Bank：CITUSA6LCAX
CITI BANK AMERICA LOS ANGELES，CA（CALIFORNIA REGIONAL OFFICE）

Recv Bank：BKCHCNBJ200
BANK OF CHINA TIANJIN（TIANJIN BRANCH）

User Name：tj101055
Print Times：2
Print Date：2018-11-06 MIR：181106 CITUSA6LCAX 3070030757

:27［Sequence of Total］1/1
:40A：［Form of Documentary Credit］IRREVOCABLE
:20：［Documentary Credit Number］MCA1468BT0367
:31C：［Date of Issue］181104
:40E［Applicable Rules］UCP LATEST VERSION
:31D：［Date and Place of Expiry］181214 IN THE BENEFICIARY'S COUNTRY
:50：［Applicant］
BAXTER-STEEL INC.
2840 N. BELLMONT AVE. 659
TORRANCE，CA 90321
:59：［Beneficiary］
TIANJIN ZHIXUE TRADING CO.，LTD.
NO. 8 YASHEN ROAD，JINNAN DISTRICT，TIANJIN 300350 P. R. CHINA.
:32B：［Currency Code，Amount］USD635，760.00
:41D：［Available with...by...］ANY BANK BY NEGOTIATION
:42C：［Drafts at...］AT SIGHT
:42D：［Drawee］
CITI BANK AMERICA
3000 W. OLYMPIC BLVD.
LOS ANGELES，CA 90006
:43P：［Partial Shipments］ALLOWED
:43T：［Transshipment］PROHIBITED
:44E：［Port of Loading/Airport of Departure］ANY CHINESE SEA PORT
:44F：［Port of Discharge/Airport of Destination］ANY MEXICAN PORT
:44C：［Latest Date of Shipment］181130
:45A：［Description of Goods and/or Services］
ASTM A 500 GRADE B ROUND PIPE.
OD 219.1 MM @ CFR MEXICAN PORT USD590/MT，495MT；
OD 508 MM @ CFR MEXICAN PORT USD670/MT，513MT

:46A:〔Documents Required〕
+ SIGNED COMMERCIAL INVOICE IN 1 ORIGINAL.
+ PACKING LIST IN 1 ORIGINAL.
+ FULL SET OF CLEAN ON BOARD OCEAN BILLS OF LADING MADE OUT TO THE ORDER OF CITI BANK AMERI- CA MARKED "FREIGHT PREPAID" AND NOTIFY APPLICANT.
:47A〔additional conditions〕
+ ALL DOCUMENTS MUST INDICATE THE NUMBER OF THIS CREDIT.
+ COPY OF BILLS OF LADING IS ACCEPTABLE.
:71B:〔Charges〕
ALL BANKING CHARGES INCLUDING POSTAGE,OUTSIDE USA ARE FOR ACCOUNT OF BENEFICIARY.
:48:〔Period for Presentation〕
DOCUMENTS TO BE PRESENTED WITHIN 21 DAYS AFTER THE DATE OF SHIPMENT BUT WITHIN THE VALIDITY OF THE CREDIT.
:49:〔Confirmation Instructions〕WITHOUT
:78:〔Instructions to the Paying/Accepting/Negotiating Bank〕
+ THE AMOUNT OF EACH NEGOTIATION (DRAFT) MUST BE ENDORSED ON THE REVERSE OF THIS CREDIT BY THE NEGOTIATING BANK.
+ UPON RECEIPT OF YOUR DOCUMENTS IN GOOD ORDER,WE WILL REMIT THE PROCEEDS TO THE ACCOUNT DESIGNATED BY NEGOTIATION.
+ IF DOCUMENTS ARE PRESENED WITH DISCREPANCIES, A DISCREPANCY FEE OF USD50.00 WILL BE DE- DUCTED FROM THE REIMBURSEMENT CLAIM(THE PROCEEDS). THIS FEE SHOULD BE CHARGED FOR THE ISSUING BANK'S FILE. IF NOT,USD20.00 WILL BE DEDUCTED FROM PAYMENT.
+ ALL DOCUMENTS ARE TO BE DESPATCHED TO CITI BANK AMERICA,INT'L OPERATION TEAM AT 3000 W. OLYMPIC BLVD. LOS ANGELES,CA 90006,UNITED STATES IN ONE LOT BY EXPRESS COURIER SERVICE.

审单记录

编号:TJ18-3011

| 信用证:L/C No.　MCA1468BT0367 at sight |
| 金额:USD635,760.00 |

汇票	2	发票	1	提单	3	船公司证明		原产地证		快递收据	
货主证明		保险单	2	装箱单	1	品质证		开船电		传真报告	

单证存在问题及处理意见

付款路径

开户行:中国银行天津分行

地址:天津市解放北路81号

受益人:天津知学国际贸易有限公司(Tianjin Zhixue Trading Co.,Ltd.)

账号:379-9801080185

电话:022-88888888　传真:77777777

BILL OF EXCHANGE

凭 Drawn under　CITI BANK AMERICA	不可撤销信用证 Irrevocable L/C No.　　MCA1468BT0367

日期
Date　NOV. 4 ,2018

按息付款
Payable with interest @ _____ %
per annum

号码
No.　TJ18-3011

汇票金额
Exchange for　~~USD635,760.00~~

天津
Tianjin　MAY. 15 ,2018

见票
At　60 days after

日后(本汇票之副本未付)付交
sight of this FIRST of Exchange (Second of Exchange Being unpaid)

Pay to the order of　BANK OF CHINA TIANJIN BRANCH

金额
The sum of　~~SAY U. S. DOLLARS SEVENTY NINE THOUSAND TWO HUNDRED ONLY.~~

此致
To　CITI BANK AMERICA

TIANJIN ZHIXUE TRADING CO.,LTD.

(Authorized Signature)

天津知学国际贸易有限公司

TIANJIN ZHIXUE TRADING CO.,LTD.

NO. 8 YASHEN ROAD , JINNAN DISTRICT , TIANJIN 300350 P. R. CHINA.

TEL:022 88888888 FAX:77777777

COMMERCIAL INVOICE

INVOICE NO. TJ18-3011　　　　　　　　　　　　　　　TIANJIN NOV. 5 ,2018

TO: M/S. BAXTER-STEEL INC. 2840 N. BELLMONT AVE. 659 TORRANCE , CA 90321

SHIPPED BY VESSEL

FROM XINGANG CHINA　　　　　　　　　　　　TO　ALTAMIRA , MEXICO

SHIPPING MARKS	DESCRIPTION OF GOODS	AMOUNT
	1,370 PCS = 1,008 MTS NET OF :-	
N/M	ROUND PIPE	

SPECIFICATION (MM)			QUANTITY (PCS)	G. /N. W. (MT)		@ CFR ALTAMIRA (USD)	AMOUNT (USD)
OD	WD	LENGTH		@	TOTAL		
219. 1	7. 1	12,192	1,100	0. 45	495	590	292,050
508	12. 1	12,192	270	1. 90	513	670	343,710
TOTAL			1,370		1,008		635,760

TOTAL CIF ALTAMIRA , MEXICO...　　　　　　　　　　　USD635,760.00
　　　　　　　　　　　　　　　　　　　　　　　　==========

PACKING : NAKED
THE NUMBER OF THIS CREDIT : MCA1468BT0367

TIANJIN ZHIXUE TRADING CO.,LTD.

PACKING LIST

NO. TJ18-3011   TIANJIN NOV. 5 ,2018

TO: M/S. BAXTER-STEEL INC. 2840 N. BELLMONT AVE. 659 TORRANCE, CA 90321

SHIPPING MARKS

DESCRIPTION OF GOODS

1,370 PCS = 1008 MTS NET OF :-

N/M　　　　　　　　　ASTM A500 GRADE B ROUND PIPE

PACKING: NAKED

SPECIFICATION （MM）			QUANTITY （PCS）	G. /N. W. （MT）		MEAS. （CBM）	
OD	WD	LENGTH		@	TTL	@	TTL
219. 1	7. 1	12,192	1,100	0. 45	495	0. 585	643. 5
508	12. 1	12,192	270	1. 90	513	3. 146	849. 42
TOTAL			1,370		1,008		1,492. 92

Shipper TIANJIN ZHIXUE TRADING CO.,LED.	BILL OF LADING	B/L No. **XGHT160430**

	CARRIER:	Nationality of Ocean Vessel

Shipped on board the vessel named herein in apparent good order and condition (unless otherwise indicated) the goods or packages specified herein and to be discharged at the above mentioned port of discharge or as near thereto as the vessel may safely get and be always afloat.

Consignee

TO THE ORDER

The weight measure marks numbers quantity contents and value being particulars furnished by the shipper are not checked by the Carrier on loading. The Shipper Consignee and the Holder of this Bill of Lading hereby expressly accept and agree to all printed written or stamped provisions exceptions and conditions of this Bill of Lading including those on the back hereof. One of the Bill of Lading duly endorsed must be surrendered in exchange for the goods or delivery order.

Notify address

Notify APPLICANT

In witness whereof, the Carrier or his Agent has signed Bills of Lading all of this tenor or date one of which being accomplished the others to stand void.

Pre-carriage by	* Place of Receipt by Pre-carrier

Shippers are requested to note particularly and exceptions and conditions of this Bill of Lading with reference to the validity of insurance upon their goods.

Ocean Vessel KOTA MEGA V. 77	Port of Loading NINGANG , CHINA

Original

Port of Discharge MEXICAN PORT	* Final destination (If goods to be transhipped at port of discharge)	Freight payable at	Number of original R(s)/L THREE(3)

Marks & Nos. /Container Nos. N/M	Number and kind of packages. description of goods. **1 ,370 PCS** **ASTM A500 GRADE B ROUND PIPE** **CLEAN SHIPPED ON BOARD** **FREIGHT COLLECT**	Gross weight kgs **1,008 MT**	Measurement m³ **1,492. 92 M³**
TOTAL PACKAGES(IN WORDS)	TOTAL: ONE HUNDRED THIRTY SEVEN PIECES ONLY.		

Freight and charges	Place of B(s)/L issue **TIANJIN**	Dated **DEC. 2 ,2018**
	Signed for the Carrier **AS AGENT FOR THE CARRIER:**	

Applicable only when document used as a Through Bill of Lading

(PGC FORM 02) Printed in I-1988

第二部分　进口篇

支付方式为信用证的进口单证业务流程如下。

1）买家下采购订单或买卖双方签订贸易合同。

2）进口方（开证申请人）申请开立信用证，缮制开证申请书。

3）进口方（开证申请人）到开证银行赎单。

4）进口方到卸货港船代理处换单。

5）进口方进行报检、报关操作。

| 下订单 | 申请开证 | 赎单 | 换单 | 报关提货 |

进口业务流程图

项目五

进口国际贸易单证

任务二十二　采购订单认知

知识目标

1. 了解采购订单的内容。
2. 掌握采购订单的主要条款。

能力目标

1. 能看懂采购订单。
2. 能缮制采购订单。

任务引入

2018年2月8日,天津知学国际贸易有限公司下订单给意大利冯赞纳蒂尼公司,向其采购142件乐器(架子鼓),订单号码为ZX180036。采购订单详细内容如图5-1所示。

一、采购订单基础知识

1. 采购订单的定义

采购订单是由进口方、买货的一方向出口方、销售方下达的书面发货指令。它通常无须像销售合同一样双方签字,只由采购方单方签字即可生效,多用于有着长期合作关系的买卖双方之间。工业企业购买原材料、半成品时更多使用采购订单。有时候采购方可以按照生产计划给供应商下达一个长期采购订单,如1年、6个月等,然后要求供应商按照一定时间间隔和期限分批执行。

采购订单是供应商生产发货的依据。没有国际贸易合同时,采购订单可以在进口报关、报检业务中代替合同的功能。

2. 采购订单的主要栏目

采购订单的主要栏目包括文件名称,订单号,订单日期,供应商名称、地址、联系办法,供应商号,货物输往地址,订单下达者,运输方式,运输时间,货号,品名及规格,数量,单价,金额等。

ZHIXUE TRADING CO.,LTD.
知　学　国　贸

PURCHASE ORDER

DATE：	20180208
P. O. #	ZX180036

VENDOR	SHIP TO
Attn：	Attn：
VAN ZANATTINIE TRADING CO., LTD. NO. 20 ,3RD FLOOR,SRIVARI ENCLAVE AIRPORT ROAD, HAL POST PIGALORE- 680017 ITALY	Tianjin Zhixue International Trading Co. , Ltd. 8 Yashen Road Tianjin 300350 China.
Mail：	
Phone：+（81）	Phone：
Fax：+（81）	Fax：

REQUISITIONER	SHIP VIA	FOB	SHIPPING TERMS
WANG JIANGUO	SEA	USD21,300.00	BY FCL,NO LATER THAN THE END OF APR.

ITEM #	DESCRIPTION	QTY.	UNIT PRICE	TOTAL
1	MUSICAL INSTRUMENT	142 PCS	USD150.00	USD21,300.00
				—
				—
				—
				—
			FOB GENOA	USD21,300.00
			TAX RATE	
			DISCOUNT	
			Insurance	
			Freight	
			TOTAL	USD21,300.00

Other Comments or Special Instructions

Partial shipment and transshipment not allowed.

王建国

Authorized by WANG JIANGUO

FEB. 08 ,2018

Date：

If you have any questions about this purchase order,please contact ×××.

图5-1　采购订单

二、进口货订舱常识

如果像本"任务引入"中的进口货量,无论是哪种价格条款(FOB、CFR、CIF),一般都委托出口人订舱。如果大批量进口货物(如10万吨铁矿石),FOB外国港口条款,就需要中国进口商自己订舱了。此类业务称为FOB货订舱。通常是我方选定船舶到外国港口装货,以便进口人掌握船期、运价方面的主动权。

英语园地

1. purchase order:采购订单
2. P/O No. 或 P. O. #:订单号
3. vendor 或 supplier:供应商
4. ship to:运往
5. special instruction:特殊指令
6. attention:缩写为 Attn.,收件人,联系人
7. tax rate:税率
8. discount:折扣
9. insurance:保险
10. freight:运费

做一做

请从图5-1所示的采购订单中提取相关信息填入表5-1中。

表5-1 采购订单要素

序 号	订单要素	从图5-1中提取相关内容填写
1	订单号码	
2	文件名	
3	采购方	
4	订单日期	
5	供应商	
6	运输至	
7	询价人	
8	运输方式	
9	贸易术语/价格条款	

（续表）

序　号	订单要素	从图 5-1 中提取相关内容填写
10	运输条款	
11	序号	
12	货物描述	
13	数量	
14	单价	
15	金额小计	
16	特殊条款	
17	总计金额	
18	签字/盖章	
19	签署日期	

课后训练

1. 根据以下业务背景资料,模拟进口方业务人员填制采购订单。

供应商:B & M Brandy Co.,Ltd.,（法国宝马白兰地有限公司）

　　　　Leydheckerstr 10,d-64293 Paris France

采购商:Tianjin Zhixue Trading Co.,Ltd.（天津知学国际贸易有限公司）

　　　　中国天津市津南区雅深路 8 号

订单号:ZX180019

装运港:MARSEILLE,FRANCE

卸货港:XINGANG,CHINA

运输标志:N/M

货名:WINE 750 ml(750 ml 瓶装红葡萄酒)

数量:14 400 BOTTLES

包装:每 6 瓶装一个纸箱

保险条款:PICC All Risks（人保一切险）

单价:EUR5.00/BOTTLE CIF XINGANG CHINA

支付条件:T/T 60 DAYS FROM INVOICE DATE

订单日期:2018 年 11 月 5 日

运输条款:装 1 × 20′整柜海运,可转船运输但不得分批运输

装船期:不得迟于 2018 年 11 月 30 日

ZHIXUE TRADING CO.,LTD.
知　学　国　贸

PURCHASE ORDER

DATE：

P. O. #

VENDOR	SHIP TO
Attn：	Attn：
	Tianjin Zhixue International Trading Co. Ltd. 8 Yashen Road Tianjin 300350 China.
Mail：	
Phone：+	Phone：
Fax：+	Fax：

REQUISITIONER	SHIP VIA	FOB	SHIPPING TERMS

ITEM #	DESCRIPTION	QTY.	UNIT PRICE	TOTAL

Other Comments or Special Instructions

	TAX RATE
	DISCOUNT
	Insurance
	Freight
	TOTAL

Authorized by _____　　　　　Date：

If you have any questions about this purchase order，please contact ×××.

任务二十三　申请开立信用证

知识目标
1. 了解开立信用证时应该注意的问题。
2. 熟悉开立信用证的程序。

能力目标
1. 能看懂信用证开证申请书。
2. 能缮制信用证开证申请书。

任务引入

2018 年 2 月 8 日,天津知学国际贸易有限公司下订单给意大利冯赞纳蒂尼公司,向其采购 142 件乐器(架子鼓),订单号码为 ZX180036。国外供应商要求我方使用信用证作为付款手段。天津知学国际贸易有限公司的业务员于 2 月 10 日到中国银行天津分行申请开立信用证。

一、信用证开证申请书的缮制方法

信用证开证申请书(正面)如图 5-2 所示,填写方法如下。

（1）Issue by

根据合同的规定,用"×"选择信用证的传递方式。

（2）Credit No.

此栏由银行填写信用证号码。

（3）Date and place of expiry of the credit

填写信用证的有效日期与地点。信用证的有效日期一般在最后装运期限后再后延 15 天左右,信用证的到期地点一般在出口国。

（4）Beneficiary

填写出口商的全称和详址。

（5）Amount

按照合同总金额填写。

（6）Partial shipments

根据合同对分批装运的规定,选择允许或不允许。

（7）Transshipment

根据合同对转运的规定,选择允许或不允许。

IRREVOCABLE DOCUMENTARY CREDIT APPLICATION

TO: BANK OF CHINA TIANJIN BRANCH   Date: Feb. 10, 2018

☐Issue by airmail ☐With brief advice by teletransmission ☐Issue by express delivery ☒ Issue by teletransmission (which shall be the operative instrument)	Credit No. Date and place of expiry May 15, 2018 Italy
Applicant Tianjin Zhixue International Trading Co. No. 8 Yashen Road Tianjin 300350 China.	Beneficiary (Full name and address) Van zanattinie trading co., ltd. No, 20, 3rd floor, srivari enclave airport road, hal post pigalore-680017 Italy
Advising Bank ANY BANK	Amount USD21,300.00

Partial shipments ☐allowed ☒ not allowed	Transshipment ☐allowed ☒ not allowed	Credit available with ANY BANK
Loading on board/dispatch/taking in charge at/from **GENOA** not later than APR 30, 2018 For transportation to: XINGANG		By ☒ sight payment ☐acceptance ☐negotiation against the documents detailed herein ☒ and beneficiary's draft(s) for 100 % of invoice value at *** sight drawn on BANK OF CHINA TIANJIN BRANCH
☒ FOB ☐CFR ☐CIF ☐or other terms		

Documents required: (marked with ×)

1. (×) Signed commercial invoice in __3__ copies indicating L/C No. and Contract No. _____
2. (×) Full set of clean on board Bills of Lading made out to order and blank endorsed, marked "freight [×] to collect /
   [×] prepaid [ ] showing freight amount" notifying __APPLICANT_____.
   ( ) Airway bills/cargo receipt/copy of railway bills issued by _____ showing "freight [ ] to collect/[ ] prepaid
   [ ] indicating freight amount" and consigned to _____.
3. ( ) Insurance Policy/Certificate in __ copies for __ % of the invoice value showing claims payable in _____ in
   currency of the draft, blank endorsed, covering All Risks, War Risks and _____.
4. (×) Packing List/Weight Memo in __3__ copies indicating quantity, gross and weights of each package.
5. ( ) Certificate of Quantity/Weight in __ copies issued by _____.
6. ( ) Certificate of Quality in __ copies issued by [ ] manufacturer/[ ] public recognized surveyor _____.
7. (×) Certificate of Origin in __1__ copies.
8. ( ) Beneficiary's certified copy of fax / telex dispatched to the applicant within __ days after shipment advising L/C No.,
   name of vessel, date of shipment, name, quantity, weight and value of goods.

Other documents, if any
NONE

Description of goods:
142 PCS OF MUSICAL INSTRUMENT AT USD150.00/PC FOB GENOA

Additional instructions:
1. (×) All banking charges outside the opening bank are for beneficiary's account.
2. (×) Documents must be presented within __15__ days after date of issuance of the transport documents but within the
   validity of this credit.
3. ( ) Third party as shipper is not acceptable, Short Form/Blank back B/L is not acceptable.
4. ( ) Both quantity and credit amount __ % more or less are allowed.
5. (×) All documents must be sent to issuing bank by courier/speed post in one lot.
   ( ) Other terms, if any

图 5-2 信用证开证申请书(正面)

(8) Loading on board/dispatch/taking in charge at/from not later than For transportation to
根据合同的规定填写运输路线和装运日期。

（9）Credit available with

填写信用证的种类和汇票金额。

（10）Trade terms

根据合同的规定用"×"选择贸易术语，也可补充在 or other terms 后面。

（11）Documents required

根据合同的规定或进口商的要求，用"×"选择单据的类别及要求。

（12）Description of goods

根据合同的规定，填写货物名称、规格、数量、单价和包装方式。

（13）Additional Instructions

根据合同的规定或进口商的要求，用"×"选择相关内容。

在信用证开证申请书背面填写进口商的开户银行和账号、开证银行名称、开证申请人及经办人名称、开证申请人的电话号码等信息。

二、申请开立信用证应注意的问题

① 开证时间。如合同规定开证日期，就必须在规定限期内开立信用证；如合同有装运期的起止日期，那么最迟必须让卖方在装运期的第一天就收到信用证；如合同只规定最后装运期，那么买方应在合理的时间内开证，一般掌握在合同规定的交货期前一个月或一个半月。总之，要让卖方在收到信用证以后能在合同规定的装运期内出运货物。

② 申请开证前，要落实进口批准手续及外汇来源。

③ 开证时要注意证同一致，必须以对外签订的正本合同（包括修改后的正本合同）为依据，合同中规定要在信用证上明确的条款都必须列明，不能使用"参阅第××号合同"或"第××号合同项下货物"等条款，也不能将有关合同作为信用证附件附在信用证后，因为信用证是一个独立的文件，不依附于贸易合同。

④ 合同规定为远期付款时，要明确汇票期限，价格条款必须与相应的单据要求及费用负担、表示方要求等相吻合。例如，CIF 价格条件下，开证申请书应表明要求卖方提交"运费已付"的提单，要求卖方提交保险单据，表明保险内容、保险范围及投保金额。

⑤ 由于银行是凭单付款，不管货物质量如何，也不受买卖合同的约束，因此为使货物质量符合合同规定，买方可在开证时要求对方提供商品检验机构出具的装船前检验证明，并明确规定货物的规格品质，指定检验机构（合同中应事先订明），这样，交单时如发现检验结果与证内规定不一致，可拒付货款。

⑥ 信用证内容必须明确无误，应明确规定各类单据的出单人（商业发票、保险单和运输单据除外），明确规定各单据应表述的内容。

⑦ 在信用证支付方式，只要单据表面与信用证条款相符合，开证行就必须按规定付款。所以，进口人对卖方的要求，在申请开证时，应将合同有关规定转化成有关单据，具体规定在信用证中，如信用证申请书中含有某些条件而未列明应提交与之相应的单据的，银行将认为未列此条件，对此将不予理会。

⑧ 一般信用证都应明确表示可撤销或不可撤销。如无此表示，根据 UCP 600 的规定，

应视作不可撤销的信用证。我国基本上都使用不可撤销信用证。

⑨ 国外通知行由开证行指定,进口方不能指定,但如果出口商在订立合同时,坚持指定通知行,进口商可在开证申请书上注明,供开证行在选择通知行时参考。

⑩ 如不准分批装运、不准中途转运、不接受第三者装运单据,均应在信用证中明确规定,否则,将被认为允许分批、允许转运、接受第三者装运单据。

⑪ 对我方开出的信用证,如对方(出口人)要求其他银行保兑或由通知行保兑,我方原则上不能同意(在订立买卖合同时,应该说服国外出口人免除保兑要求,以免开证时被动)。

⑫ 我国银行一般不开可转让信用证(因为对第一受益人资信难于了解,特别是对于跨地区和国家的转让更难掌握)。但在特殊情况下,如大额合同项下开证要求多家出口商交货,照顾实际需要,可与银行协商开出可转让信用证。另外,我国银行一般也不开有电报索偿条款(T/T reimbursement clause)的信用证。

三、信用证开证申请书要素说明

对信用证开证申请书内容的解释说明如表5-2所示。

表5-2　信用证开证申请书要素说明

序　号	信用证开证申请书要素	填写说明
1	致(to)	开证银行
2	文件名	信用证开证申请书(印就)
3	开证形式	多选电开(teletransmission)
4	信用证号码	空(银行生成)
5	效期及地点	年月日＋出口国
6	申请人	进口方名称、地址
7	受益人	出口方名称、地址
8	通知行	一般不限定
9	总金额	采购订单或合同金额
10	可否分批运输	勾选
11	可否转船运输	勾选
12	信用证兑付银行	一般不限定
13	装货港	出口国港口
14	装期	参见采购订单或合同
15	卸货港	进口国买家所在地港口
16	信用证兑付方式	即期、远期、承兑、议付,勾选
17	贸易术语	勾选
18	是否需要汇票	勾选
19	汇票金额	按发票金额的百分比
20	汇票期限	即期或若干天,参见采购订单或合同
21	汇票抬头人	多为开证银行

（续表）

序　号	信用证开证申请书要素	填写说明
22	需要的文件	勾选
23	其他单据	按实际需求
24	货物描述	数量、品名规格、单价、价格条款、包装等
25	附加条件	银行费用约定
		交单期约定
		银行寄单约定

知识拓展

1．SWIFT是环球同业银行金融电讯协会（Society for Worldwide Interbank Financial Telecommunication）英文的缩写，是国际银行同业间的国际合作组织，成立于1973年。目前全球大多数国家的银行均已使用SWIFT系统。SWIFT为银行间的结算提供了安全、可靠、快捷、标准化、自动化的通信业务，从而大大提高了银行的结算速度。由于SWIFT的格式具有标准化，目前信用证的格式主要都使用SWIFT电文与MT700格式。

2．信用证的开证方式主要有信开（open by airmail）和电开（open by tele-transmission）两种。

开证行以航邮或快递方式将信用证寄给通知行就是信开。电开是由开证行将信用证加注密押后以电信方式通知受益人所在地的代理行，即通知行，请其通知受益人。

开证行接受申请人的开证申请后，应严格按照开证申请书的指示拟定信用证条款，有的草拟完信用证后，还应送交开证申请人确认。开证行应将其所开立的信用证由邮寄、电传或通过SWIFT电信网络送交出口地的联行或代理行，请它们代为通知或转交受益人。通知行的主要责任是鉴定信用证签名或电传密押的真实性，而且，受益人如有问题也可通过这家银行进行查询。

3．开证保证金和手续费。银行应进口商的要求开立信用证，会依据申请人的财务状况、资信状况收取比例不等的保证金。申请人还需支付一定金额的开证手续费。

英语园地

1．application form：申请单

2．documentary credit：跟单信用证

3．sight payment：即期付款

4．deferred payment：远期付款

5．acceptance：承兑

6. negotiation：议付

课后训练

1. 请从图 5-2 所示的信用证开证申请书中提取相关信息填入表 5-3 中。

表 5-3　信用证开证申请书要素

序　号	信用证开证申请书要素	从图 5-2 中提取相关内容填写
1	致（to）	
2	文件名	
3	开证形式	
4	信用证号	
5	效期及地点	
6	申请人	
7	受益人	
8	通知行	
9	总金额	
10	可否分批运输	
11	可否转船运输	
12	信用证兑付银行	
13	装货港	
14	装期	
15	卸货港	
16	信用证兑付方式	
17	贸易术语	
18	是否需要汇票	
19	汇票金额	
20	汇票期限	
21	汇票抬头人	
22	需要的文件	
23	其他单据	
24	货物描述	
25	附加条件	

2. 根据进口合同或采购订单信息填制信用证开证申请书。

Purchase Order

NO. 20186985

DATE：APR. 15，2018

THE BUYERS：　Zhixue Trading Co.，Ltd.

ADDRESS：　　No. 8 Yashen Road，Jinnan District，Tianjin 300350 China

THE SELLERS：　B & M Brandy Co.，Ltd.

ADDRESS：　　Leydheckerstr 10，D-64293 Paris，France

　This P/O is made by and between the Buyers and the Sellers，whereby the Buyers agree to buy and the Sellers agree to sell the under mentioned commodity according to the terms and conditions stipulated bellow：

COMMODITY：

NO.	Commodity Code	Description	Unit	Qty.	Unit Price	Amount
1	9085	Wine 750 ml	bottle	14,400	CIF XINGANG EUR5. 00	EUR72,000. 00
Total Value in EUR						72,000. 00

1. COUNTRY AND MANUFACTURERS：FRANCE
2. SHIPPING MARK：N/M
3. PORT OF SHIPMENT：MARSEILLE
4. PORT OF DESTINAION：XINGANG TIANJIN
5. SHIPMENT TO BE SHIPPED：BEFORE MAY. 30，2018. Transshipment allowed.
6. ARBITRATION

　Any dispute arising from or in connection with this Contract shall be submitted to China International Economic and Trade Arbitration Commission for arbitration which shall be conducted in accordance with the Commission arbitration rules in effect at the time of applying for arbitration. The arbitral award is final and binding upon both parties. Arbitration fee shall be borne by the losing party.

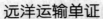

THE BUYERS
ZHIXUE TRADING CO.,LTD.

THE SELLERS
B & M Brandy CO.,LTD.

IRREVOCABLE DOCUMENTARY CREDIT APPLICATION

TO:

Date:

Account No.

Transacted by:

Telephone No.:

with _____ (name of bank)

(Applicant: name signature of authorized person)
(with seal)

任务二十四　银行赎单

知识目标
1. 熟悉审单原则。
2. 掌握审单方法。

能力目标
1. 能看懂进口单据。
2. 能依据信用证条款审核单据。

任务引入

2018年4月10日,天津知学国际贸易有限公司接到中国银行天津分行的通知,信用证号LC14323-3112的进口单据经由曼哈顿银行(意大利)议付并寄达中国天津。同时,接国外供应商通知,订单号ZX180036项下142件乐器(架子鼓)将于4月20日左右运抵天津新港。天津知学国际贸易有限公司的业务员于是前往中国银行柜台审核单据、付款赎单。

一、单据审核的基本要求

1. 及时性
及时审核有关单据可以对一些单据上的差错做到及时发现,及时更正,有效地避免因审核不及时造成的各项工作的被动。

2. 全面性
应当从安全收汇和全面履行合同的高度来重视单据的审核工作,一方面,我们应对照信用证和合同认真审核每一份单证,不放过任何一个不符点;另一方面,要善于处理所发现的问题,加强与各有关部门的联系和衔接,使发现的问题得到及时、妥善的处理。

按照"严格符合"的原则,做到"单单相符、单证相符"。单单相符、单证相符是安全收汇的前提和基础,所提交的单据中存在的任何不符——哪怕是细小的差错都会造成一些难以挽回的损失。

二、单据审核的基本方法

单据审核的方法概括起来有以下两种。

1. 纵向审核法
这是指以信用证或合同(在非信用证付款条件下)为基础对规定的各项单据进行一一审核,要求有关单据的内容严格符合信用证的规定,做到"单证相符"或"单同相符"。

2. 横向审核法

这是在纵向审核的基础上,以商业发票为中心审核其他规定的单据,使有关的内容相互一致,做到"单单相符"。

三、单据审核的要点

1. 汇票

① 汇票的付款人名称、地址是否正确。

② 汇票上金额的大、小写必须一致。

③ 付款期限要符合信用证或合同(非信用证付款条件下)规定。

④ 检查汇票金额是否超出信用证金额,如信用证金额前有"大约"一词可按 10% 的增减幅度掌握。

⑤ 出票人、收款人、付款人都必须符合信用证或合同(非信用证付款条件下)的规定。

⑥ 币制名称应与信用证和商业发票上的相一致。

⑦ 出票条款是否正确,如出票所根据的信用证或合同号码是否正确。

⑧ 是否按需要进行了背书。

⑨ 汇票是否由出票人进行了签字。

⑩ 汇票份数是否正确,如"只此一张"或"汇票一式二份"。

2. 商业发票

① 抬头人必须符合信用证规定。

② 签发人必须是受益人。

③ 商品的描述必须完全符合信用证的要求。

④ 商品的数量必须符合信用证的规定。

⑤ 单价和价格条件必须符合信用证的规定。

⑥ 提交的正副本份数必须符合信用证的要求。

⑦ 信用证要求表明和证明的内容不得遗漏。

⑧ 商业发票的金额不得超出信用证的金额,如数量、金额均有"大约",可按 10% 的增减幅度掌握。

3. 保险单据

① 保险单据必须由保险公司或其代理出具。

② 投保加成必须符合信用证的规定。

③ 保险险别必须符合信用证的规定并且无遗漏。

④ 保险单据的类型应与信用证的要求一致,除非信用证另有规定,保险经纪人出具的暂保单银行不予接受。

⑤ 保险单据的正副本份数应齐全,如保险单据注明出具一式多份正本,除非信用证另有规定,所有正本都必须提交。

⑥ 保险单据上的币制应与信用证上的币制相一致。

⑦ 包装件数、唛头等必须与商业发票和其他单据相一致。

⑧ 运输工具、起运地及目的地,都必须与信用证及其他单据相一致。

⑨ 如转运,保险期限必须包括全程运输。

⑩ 除非信用证另有规定,保险单的签发日期不得迟于运输单据的签发日期。

⑪ 除非信用证另有规定,保险单据一般应做成可转让的形式,以受益人为投保人,由投保人背书。

4．运输单据

① 运输单据的类型必须符合信用证的规定。

② 起运地、转运地、目的地必须符合信用证的规定。

③ 装运日期/出单日期必须符合信用证的规定。

④ 收货人和被通知人必须符合信用证的规定。

⑤ 商品名称可使用货物的统称,但不得与商业发票上货物说明的写法相抵触。

⑥ 运费预付或运费到付必须正确表明。

⑦ 正副本份数应符合信用证的要求。

⑧ 运输单据上不应有不良批注。

⑨ 包装件数必须与其他单据相一致。

⑩ 唛头必须与其他单据相一致。

⑪ 全套正本都必须盖妥承运人的印章及签发日期章。

⑫ 应加背书的运输单据,必须加背书。

5．原产地证

① 原产地证是独立的单据,不要与其他单据联合起来,必须由信用证指定的机构出具,若信用证无此规定,可以由包括受益人在内的任何人出具。

② 按照信用证要求,原产地证已签字、经公证人证实、合法化、签证等。

③ 原产地证的内容必须符合信用证的要求,并与其他单据不矛盾,如果信用证规定货物为某地生产则原产地证必须标明为某地生产。

④ 原产地证上载明的原产地国家,应该符合信用证的要求。

⑤ 含有检验意义的原产地证的日期不能迟于提单,特殊原产地证的格式必须符合进口国际惯例要求。

6．装箱单

① 单据的名称、份数必须和信用证要求相符。

② 货物的名称、规格、数量及唛头等必须与其他单证相符,不可互相矛盾。

③ 数量、重量及尺码的小计必须吻合。

④ 提供的单据份数不能少于信用证规定的数量。

知识拓展

1．开证行收到出口国议付行寄来的单据,首先审核单证是否相符。通过审核后通知申请人前来付款赎单。申请人接到赎单通知后,首先审核单据的符合性,通过后支付信用证金额与开证保证金的差额后取得单据。

2．进口单据的作用：海运提单用来码头提货；商业发票、装箱单、原产地证等用来报关、报检、购买外汇等。

英语园地

redemption：赎单

课后训练

1. 根据 LC17323-3112 号信用证项下的进口单据，完成审单记录。

进口单据审单记录

L/C NO.

单据名称	份　　数	单据名称	份　　数

单据不符点：

1.

2.

3.

（1）采购订单

ZHIXUE TRADING CO.,LTD.
知　学　国　贸

PURCHASE ORDER

DATE:	20180208
P. O. #	ZX180036

VENDOR	SHIP TO
Attn:	Attn:
VAN ZANATTINIE TRADING CO., LTD. NO. 20,3RD FLOOR,SRIVARI ENCLAVE AIRPORT ROAD, HAL POST PIGALORE-680017 ITALY	Tianjin Zhixue International Trading Co., Ltd. 8 Yashen Road Tianjin 300350 China.
Mail:	
Phone: + (81)	Phone:
Fax: + (81)	Fax:

REQUISITIONER	SHIP VIA	FOB	SHIPPING TERMS
WANG JIANGUO	SEA	USD21,300.00	BY FCL,NO LATER THAN THE END OF APR.

ITEM #	DESCRIPTION	QTY.	UNIT PRICE	TOTAL
1	MUSICAL INSTRUMENT	142 PCS	USD150.00	USD21,300.00
				—
				—
				—
				—
			FOB GENOA	USD21,300.00
			TAX RATE	
			DISCOUNT	
			Insurance	
			Freight	
			TOTAL	USD21,300.00

Other Comments or Special Instructions
Partial shipment and transhipment not allowed.

王建国

Authorized by WANG JIANGUO

FEB. 08,2018

Date:

If you have any questions about this purchase order,please contact ××× .

(2) 信用证

:27:[Sequence of Total]1/1

:40A:[Form of Documentary Credit]Irrevocable

:20:[Documentary Credit No.]LC17323-3112

:31C:[Date of Issue]180210

:40E:[Applicable Rules]UCP latest version

:31D:[Date and Place of Expiry]180515 in Italy

:51D:[Applicant Bank]

Bank of China Tianjin Branch

No. 80 Jiefang Road, Tianjin 300030 China

:50:[Applicant]

Tianjin Zhixue International Trading Co., Ltd.

No. 8 Yashen Road Tianjin 300350 China.

:59:[Beneficiary]

Van Zanattinie Trading Co., Ltd.

No:20, 3rd floor, srivari enclave airport road, hal post pigalore-680017 Italy

:32B:[Currency Code Amount]USD21,300.00

:41D:[Available with...by...]Any bank In Italy by payment

:42C:[Drafts at...]at sight

:42D:[Drawee]Bank of China Tianjin Branch

:43P:[Partial Shipments]Not allowed

:43T:[Transhipment]Not allowed

:44E:[Port of Loading/Airport of Departure]Genoa

:44F:[Port of Discharge/Airport of Destination]Xingang

:44C:[Latest Date of Shipment]180430

:45A:[Description of Goods and/or Services]

142 PCS OF MUSICAL INSTRUMENT AT USD150.00/PC FOB GENOA

:46A:[Documents Required]

1. Signed original commercial invoices in three copies.

2. Full set of clean shipped on board ocean bills of lading made out to order marked freight collect and notify applicant.

3. Packing List in three copies.

4. Certificate of origin in one copy.

:71B:[Charges]

All banking charges outside the opening bank are for beneficiary's account.

:48:[Period for Presentation]

Within 15 days after B/L date (but within the validity of this credit.)

:49:[Confirmation Instructions]Without

:72:[Sender to Receiver Information]

This credit is subject to the Uniform Customs and Practice for Documentary Credit (2007 Revision) international chamber of commerce publication No. 600.

All documents must be sent to issuing bank by courier/speed post in one lot.

（3）海运提单

1. Shipper Insert Name, Address and Phone VAN ZANATTINIE TRADING CO., LTD. NO:20, 3RD FLOOR, SRIVARI ENCLAVE AIRPORT ROAD, HAL POST PIGALORE-680017 IT-ALY.	B/L No. COSGNA58796

中远集装箱运输有限公司
COSCO CONTAINER LINES

TLX：33057 COSCO CN
FAX：+86(021) 6545 8984

ORIGINAL

Port-to-Port or Combined Transport
BILL OF LADING

2. Consignee Insert Name, Address and Phone TO ORDER.

3. Notify Party Insert Name, Address and Phone (It is agreed that no responsibility shall attach to the Carrier or his agents for failure to notify) TIANJIN ZHIXUE INTERNATIONAL TRADING CO., LTD. NO. 8 YASHEN ROAD TIANJIN 300350 CHINA.

RECEIVED in external apparent good order and condition except as otherwise noted. The total number of packages or unites stuffed in the container, the description of the goods and the weights shown in this Bill of Lading are furnished by the Merchants, and which the carrier has no reasonable means of checking and is not a part of this Bill of Lading contract. The carrier has Issued the number of Bills of Lading stated below, all of this tenor and date, One of the original Bills of Lading must be surrendered and endorsed or signed against the delivery of the shipment and whereupon any other original Bills of Lading shall be void. The Merchants agree to be bound by the terms and conditions of this Bill of Lading as if each had personally signed this Bill of Lading.

SEE clause 4 on the back of this Bill of Lading (Terms continued on the back hereof, please read carefully).

* Applicable Only When Document Used as a Combined Transport Bill of Lading.

4. Combined Transport * Pre-carriage by	5. Combined Transport * Place of Receipt
6. Ocean Vessel Voy. No. COSCO YANTIAN V. 678E	7. Port of Loading GENOA
8. Port of Discharge XINGANG TIANJIN	9. Combined Transport * Place of Delivery

Marks & Nos Container / Seal No.	No. of Containers or Packages	Description of Goods (If Dangerous Goods, See Clause 20)	Gross Weight Kgs	Measurement M³
N/M GSTU2223587 /54879 /142 CTNS / /CY /CY /20'GP	142 CTNS	MUSICAL INSTRUMENT FREIGHT COLLECT	2,982 KGS	23. 43 M³

Description of Contents for Shipper's Use Only (Not part of This B/L Contract)

10. Total Number of containers and/or packages (in words) 　　Subject to Clause 7 Limitation　　TOTAL ONE HUNDRED FORTY TWO CARTONS ONLY.

11. Freight & Charges	Revenue Tons	Rate	Per	Prepaid	Collect

Ex. Rate：	Prepaid at	Payable at	Place and date of issue GENOA MAR. 25, 2018
	Total Prepaid	No. of Original B(s)/L THREE	Signed for the Carrier, COSCO CONTAINER LINES

LADEN ON BOARD THE VESSEL

DATE　MAR. 25, 2018　　BY　THE AGENT OF THE CARRIER

(4) 商业发票

VAN ZANATTINIE TRADING CO.,LTD.

NO. 20 ,3RD FLOOR ,SRIVARI ENCLAVE

AIRPORT ROAD , HAL POST PIGALORE-680017 ITALY

COMMERCIAL INVOICE

Invoice No. __VZ7501__   Genoa , Mar. 15 ,2018

To: M/S. Tianjin Zhixue International Trading Co., Ltd. No. 8 Yashen Road Tianjin 300350 China.

Shipped by __Sea__

From __Genoa__   To __Xingang Tianjin__

Shipping Marks	Description of Goods	Amount
N/M	142 CARTONS = 142 PCS NET OF :- MUSICAL INSTRUMENT At USD150/PC FOB GENOA TOTAL FOB GENOA Packing : IN CARTONS Payment : L/C AT SIGHT	USD21 ,300. 00

(5) 装箱单

VAN ZANATTINIE TRADING CO.,LTD.

PACKING LIST

No. __VZ7501__   Genoa , Mar. 15 ,2018

To : M/S. Tianjin Zhixue International Trading Co., Ltd. No. 8 Yashen Road Tianjin 300350 China.

Shipping Marks   Description of Goods

N/M   142 CARTONS = 142 PCS NET OF :-

                                 MUSICAL INSTRUMENT

                                 Packing : IN CARTONS

Net Weight : @ 20 kgs   Total : 2,840 kgs

Gross Weight : @ 21 kgs   Total : 2,982 kgs

Measurement : @ 60 cm × 50 cm × 55 cm Total : 23. 43 m³

（6）原产地证

<table>
<tr>
<td colspan="2">1. Exporter（full name address and country ）
VAN ZANATTINIE TRADING CO., LTD.
NO. 20 ,3RD FLOOR, SRIVARI ENCLAVE
AIRPORT ROAD, HAL POST PIGALORE-680017 ITALY</td>
<td colspan="3">Certificate No. CCI 091810528</td>
</tr>
<tr>
<td colspan="2">2. Consignee（full name address and country）
TIANJIN ZHIXUE INTERNATIONAL TRADING CO., LTD. NO. 8
YASHEN ROAD TIANJIN 300350 CHINA.</td>
<td colspan="3">CERTIFICATE OF ORIGIN
OF
THE REPUBLIC OF ITALY</td>
</tr>
<tr>
<td colspan="2">3. Means of transport and route
FROM GENOA TO XINGANG BY SEA</td>
<td colspan="3" rowspan="2">5. For certifying authority use only</td>
</tr>
<tr>
<td colspan="2">4. Country / region of destination
CHINA</td>
</tr>
<tr>
<td>6. Marks and numbers
N/M</td>
<td>7. Number and kind of packages；
description of goods
ONE HUNDRED FORTY TWO
（142）CARTONS NET OF-:
MUSICAL INSTRUMENT
*** *** *** *** ***
*** ***</td>
<td>8. HS Code
920600</td>
<td>9. Quantity
142 PCS</td>
<td>10. Number and date of Invoices
VZ7501
MAR. 15 ,2018</td>
</tr>
<tr>
<td colspan="2">11. Declaration by the exporter
The undersigned hereby declares that the above details and statements are correct, that all the goods were produced in China and that they comply with the Rules of Origin of the People's Republic of China.

GENOA MAR. 15 ,2018

Place and date, signature and stamp of authorized signatory</td>
<td colspan="3">12. Certification
It is hereby certified that the declaration by the exporter is correct.

THE CHAMBER COMMERCE OF ITALY
GENOA MAR. 15 ,2018

Place and date, signature and stamp of certifying authority</td>
</tr>
</table>

2. 已知以下信用证和相关议付单据，对议付单据进行审核。

:27:〔Sequence of Total〕1/1

:40A:〔Form of Documentary Credit〕Irrevocable

:20:〔Documentary Credit No.〕123516

:31C:〔Date of Issue〕180515

:40E:〔Applicable Rules〕UCP latest version

:31D:〔Date and Place of Expiry〕180615 in Italy

:51D:〔Applicant Bank〕

Bank of China Tianjin Branch

No. 80 Jiefang Road, Tianjin 300030 China

:50:〔Applicant〕

SHANGHAI IMPORT AND EXPORT TRADING COMPANY No. 45 , YOUYI Road, HAIDIAN District, SHANGHAI CHINA

:52A:〔Issuing Bank〕BANK OF CHINA SHANGHAI BRANCH

:59:〔Beneficiary〕KOREA AAA IMPORT & EXPORT CORPORATION 82-234 OTOLI MACHI BUSAN, KOREA

:32B:〔Currency Code Amount〕CURRENCY USD271 ,746. 00

:41D: [Available with... by...] ANY BANK IN KOREA BY NEGOTIATION

:42C: [Drafts at...] DRAFTS AT 30 DAYS AFTER SIGHT

:42D: [Drawee] BANK OF CHINA SHANGHAI BRANCH

:43P: [Partial Shipments] ALLOWED

:43T: [Transhipment] ALLOWED

:44E: [Port of Loading/Airport of Departure] BUSAN

:44F: [Port of Discharge/Airport of Destination] SHANGHAI

:44C: [Latest Date of Shipment] 180531

:45A: [Description of Goods and/or Services]

MILK POWDER CJ BRAND @ USD48. 70/TIN FOB BUSAN PACKED IN 930 CARTONS 6 TINS/CARTON

:46A: [Documents Required]

+ SIGNED COMMERCIAL INVOICE IN TRIPLICATE.

+ SIGNED PACKING LIST IN TRIPLICATE.

+ BENEFICIARY'S CERTIFICATE STATING THAT ONE COPY OF THE DOCUMENTS CALLED FOR UNDER THE L/C HAS BEEN DISPATCHED BY COURIER SERVICE DIRECT TO THE APPLICANT WITHIN 3 DAYS AFTER SHIPMENT.

+3/3 PLUS ONE COPY OF CLEAN "ON BOARD" OCEAN BILLS OF LADING MADE OUT TO ORDER AND BLANK ENORSED MARKED "FREIGHT COLLECT" AND NOTIFY APPLICANT.

:71B: [Charges]

ALL BANKING CHARGES OUTSIDE CHINA ARE FOR BENEFICIARY'S ACCOUNT.

:48: [Presentation Period]

DOCUMENTS MUST BE PRESENTED WITHIN 15 DAYS AFTER THE DATE OF ISSUANCE OF THE SHIPPING DOCUMENTS BUT WITHIN THE VALIDITY OF THE CREDIT.

上海进出口贸易公司收到全套议付单据如下。

(1) 商业发票

ISSUER KOREA AAA IMPORT & EXPORT CORPORATION 82-234 OTOLI MACHI BUSAN, KOREA		COMMERCIAL INVOICE	
TO SHANGHAI IMPORT AND EXPORT TRADING COMPANY No. 45, YOUYI Road, HAIDIAN District, SHANGHAI CHINA		NO. INVOICE2018512	DATE MAY. 20, 2018
TRANSPORT DETAILS FROM BUSAN TO SHANGHAI BY SEA		S/C NO. TX200523	L/C NO. 123516
		TERMS OF PAYMENT L/C	
Marks and Numbers	Number and kind of package Description of goods	Quantity	Unit Price	Amount
N/M	MILK POWDER CJ BRAND Packed in 930 Cartons 6 TIN/CARTON	5,580 TINS	FOB BUSAN USD48. 70 /TIN	USD271,746. 00

Total: 5,580 TINS USD271,746. 00

SAY U. S. DOLLARS TWO HUNDRED AND SEVENTY ONE THOUSAND SEVEN HUNDRED AND FORTY SIX ONLY

KOREA AAA IMPORT & EXPORT CORPORATION

金丽

（2）装箱单

ISSUER KOREA AAA IMPORT & EXPORT CORPORATION 82-234 OTOLI MACHI BUSAN,KOREA				PACKING LIST		
TO SHANGHAI IMPORT AND EXPORT TRADING COMPANY No. 45,YOUYI Road,HAIDIAN District,SHANGHAI CHINA						
				INVOICE NO. INVOICE2018512	DATE MAY. 20,2018	
Marks and Numbers	Number and kind of package Description of goods	Quantity	Package	G. W.	N. W.	Meas.
N/M	MILK POWDER CJ BRAND Packed in 930 Cartons 6 TIN/CARTON	5,580 TINS	930 CARTONS	5,300 KGS	3,906 KGS	55.8 CBM

TOTAL：5,580 TINS 930 CARTONS 5,300 KGS 3,906 KGS 55.8 CBM

SAY NINE HUNDRED AND THIRTY CARTONS ONLY

KOREA AAA IMPORT & EXPORT CORPORATION

金丽

（3）海运提单

1. Shipper Insert Name, Address and Phone KOREA AAA IMPORT & EXPORT CORPORATION 82-234 OTOLI MACHI BUSAN, KOREA	B/L No. CR0741

中远集装箱运输有限公司
COSCO CONTAINER LINES

TLX：33057 COSCO CN
FAX：+86（021）6545 8984

2. Consignee Insert Name, Address and Phone   TO ORDER.

ORIGINAL

Port-to-Port or Combined Transport
BILL OF LADING

3. Notify Party Insert Name, Address and Phone （It is agreed that no responsibility shall attach to the Carrier or his agents for failure to notify）   SHANGHAI IMPORT AND EXPORT TRADING COMPANY No. 45, YOUYI Road, HAIDIAN District, SHANGHAI CHINA

RECEIVED in external apparent good order and condition except as otherwise noted. The total number of packages or unites stuffed in the container, the description of the goods and the weights shown in this Bill of Lading are furnished by the Merchants, and which the carrier has no reasonable means of checking and is not a part of this Bill of Lading contract. The carrier has Issued the number of Bills of Lading stated below, all of this tenor and date, One of the original Bills of Lading must be surrendered and endorsed or signed against the delivery of the shipment and whereupon any other original Bills of Lading shall be void. The Merchants agree to be bound by the terms and conditions of this Bill of Lading as if each had personally signed this Bill of Lading.

SEE clause 4 on the back of this Bill of Lading（Terms continued on the back hereof, please read carefully）.

* Applicable Only When Document Used as a Combined Transport Bill of Lading.

4. Combined Transport * Pre-carriage by	5. Combined Transport * Place of Receipt
6. Ocean Vessel Voy. No. DAFENG V. 8809	7. Port of Loading BUSAN
8. Port of Discharge SHANGHAI	9. Combined Transport * Place of Delivery

Marks & Nos Container / Seal No.	No. of Containers or Packages	Description of Goods（If Dangerous Goods, See Clause 20）	Gross Weight Kgs	Measurement M³
N/M CBHU3254732	930 cartons 1 ×40′	MILK POWDER CJ BRAND	5,300 KGS	55.8 M³
		Description of Contents for Shipper's Use Only（Not part of This B/L Contract）		

10. Total Number of containers and/or packages（in words） Subject to Clause 7 Limitation   TOTAL FOUR HUNDRED CARTONS ONLY.

11. Freight & Charges	Revenue Tons	Rate	Per	Prepaid	Collect

Ex. Rate：	Prepaid at	Payable at	Place and date of issue BUSAN MAY. 29 ,2018
	Total Prepaid	No. of Original B(s)/L THREE	Signed for the Carrier COSCO CONTAINER LINES

LADEN ON BOARD THE VESSEL
DATE MAY. 29 ,2018   BY   COSCO CONTAINER LINES

（4）装运通知

KOREA AAA IMPORT & EXPORT CORPORATION
82-234 OTOLI MACHI BUSAN, KOREA

SHIPPING ADVICE

TO：SHANGHAI IMPORT AND EXPORT TRADING COMPANY　　　　ISSUE DATE：2018-5-29

OUR REF. DATE：

Dear Sir or Madam：

　　We are Please to Advice you that the following mentioned goods has been shipped out, Full details were shown as follows：

Invoice Number：	INVOICE2018512
Bill of loading Number：	SEAU121107112
Ocean Vessel：	DAFENG V. 8809
Port of Loading：	BUSAN
Date of shipment：	2018-5-29
Port of Destination：	Tianjin
Estimated date of arrival：	JUN. 12 ,2018
Containers/Seals Number：	CBHU3254732
Description of goods：	MILK POWDER CJ BRAND
Shipping Marks：	N/M
Quantity：	930 cartons
Gross Weight：	5,300 kgs
Net Weight：	3,906 kgs
Total Value：	USD271,746.00

Thank you for your patronage. We look forward to the pleasure of receiving your valuable repeat orders.

Sincerely yours,

　　　　　　　　　　　　　　　　　　　KOREA AAA IMPORT & EXPORT CORPORATION

金丽

（5）受益人证明

KOREA AAA IMPORT & EXPORT CORPORATION
82-234 OTOLI MACHI BUSAN, KOREA

CERTIFICATE

To：SHANGHAI AND EXPORT TRADING COMPANY　　　Invoice No. ：　　INVOICE2018512

Date：　　2018-5-30

　　CERTIFICATE FROM THE BENEFICIARY STATING THAT ONE COPY OF THE DOCUMENTS CALLED FOR UNDER THE L/C HAS BEEN DISPATCHED BY COURIER SERVICE DIRECT TO THE APPLICANT WITHIN 3 DAYS AFTER SHIPMENT.

　　　　　　　　　　　　　　　　　　　KOREA AAA IMPORT & EXPORT CORPORATION

金丽

（6）汇票

BILL OF EXCHANGE

Drawn under BANK OF CHINA SHANGHAI BRANCH   L/C No.   123516

Dated MAY. 15 ,2018   Payable with interest@ _____ % per annum

No. INVOICE2018512   Exchange for   USD271,746.00   BUSAN   JUN. 02 ,2018

At 60 DAYS AFTER   sight of this FIRST of Exchange（Second of Exchange being Unpaid）

Pay to the order of   BANK OF CHINA BUSAN BRANCH

The sum of   SAY U. S. DOLLARS TWO HUNDRED AND SEVENTY ONE THOUSAND SEVEN HUNDRED AND FOURTY SIX ONLY

To：BANK OF CHINA SHANGHAI BRANCH

　　32 JIEFANG ROAD SHANGHAI

                                        KOREA AAA IMPORT & EXPORT CORPORATION

                                                        金丽

进口单据审单记录

L/C No.

单据名称	份　数	单据名称	份　数

单据不符点：

1.

2.

3.

项目六

进口远洋运输单证

任务二十五　进口换单

知识目标

1. 了解提货单的意义。

2. 掌握进口换单流程。

能力目标

1. 能看懂提货单的内容。

2. 能完成进口换单操作。

任务引入

2018年4月20日,天津知学国际贸易有限公司从中国银行天津分行取得信用证号 LC1733-3112、订单号 ZX180036 项下 142 件乐器的全套进口单据。4月22日接到船代公司的到货通知,载于船名航次 COSCO YANTIAN V.678E、提单号 COSGNA58796 项下的 1×20′集装箱将于4月25日抵达天津新港,请做好接货准备。

一、提货单

1. 提货单的作用

进口货物到港前,船代会依据提单"通知人"一栏的记载内容告知被通知人做好提货准备。收货人持全套海运提单中的任意一份正本提单前往船代公司缴费并换取提货单准备报关提货。提货单是进口报关的附属文件之一,因此务必在报关之前做好换单工作以免耽误通关时间。换单之后,船代在提货单上加盖换单章。通关之后,海关在提货单上加盖放行章。货主或其代理凭盖有双章的提货单去海关监管仓库提货。

2. 换取提货单

进口人凭任意一份正本海运提单,背面加盖公章后到船代公司换取提货单(Delivery Order. D/O）。换单之前,按照船代要求,付清美元费用(海运费)及人民币费用(码头卸货费、杂费、提箱押金等)。

二、进口换单的流程

进口换单的流程如图6-1所示。

获取提单　接到货通知　提单背书　船代缴费　提取提货单　报关　提货

图6-1　进口换单流程

三、办理进口通关的注意事项

① 提前做好接货准备,关注船舶动态。

② 及时取得所有进口单据,寻找一家进口通关实力强的货代公司或者报关行合作,将进口通关时间压缩到尽可能短。

③ 一旦接到到货通知,尽快办理换取提货单业务。

 知识拓展

1. 进口转栈。进口集装箱在码头停留时间不会超过3天。第4天起,如果收货人不能办结进口清关手续,码头会将重箱移至后方堆场。此举称为转栈,提货人会为此支付一定的人民币费用。

2. 进口滞箱费。如同任务十一介绍的出口集装箱有超期使用费一样,进口集装箱超过一定期限不还空箱,货主也需要支付用箱费用。

四、提货单的样式

根据图6-2所示的进口海运提单,换取的提货单如图6-3所示。

1. Shipper Insert Name, Address and Phone		B/L No. COSGNA58796

1. Shipper Insert Name, Address and Phone

VAN ZANATTINIE TRADING CO., LTD.
NO: 20, 3RD FLOOR, SRIVARI ENCLAVE
AIRPORT ROAD, HAL POST PIGALORE-680017
ITALY.

中远集装箱运输有限公司
COSCO CONTAINER LINES

TLX: 33057 COSCO CN
FAX: +86 (021) 6545 8984

ORIGINAL

2. Consignee Insert Name, Address and Phone

TO ORDER.

Port-to-Port or Combined Transport
BILL OF LADING

3. Notify Party Insert Name, Address and Phone
(It is agreed that no responsibility shall attach to the Carrier or his agents for failure to notify)

TIANJIN ZHIXUE INTERNATIONAL TRADING CO., LTD.
NO. 8 YASHEN ROAD TIANJIN 300350 CHINA.

RECEIVED in external apparent good order and condition except as otherwise noted. The total number of packages or unites stuffed in the container, the description of the goods and the weights shown in this Bill of Lading are furnished by the Merchants, and which the carrier has no reasonable means of checking and is not a part of this Bill of Lading contract. The carrier has Issued the number of Bills of Lading stated below, all of this tenor and date, One of the original Bills of Lading must be surrendered and endorsed or signed against the delivery of the shipment and whereupon any other original Bills of Lading shall be void. The Merchants agree to be bound by the terms and conditions of this Bill of Lading as if each had personally signed this Bill of Lading.

SEE clause 4 on the back of this Bill of Lading (Terms continued on the back hereof, please read carefully).

* Applicable Only When Document Used as a Combined Transport Bill of Lading.

4. Combined Transport * Pre-carriage by	5. Combined Transport * Place of Receipt
6. Ocean Vessel Voy. No. COSCO YANTIAN V. 678E	7. Port of Loading GENOA
8. Port of Discharge XINGANG TIANJIN	9. Combined Transport * Place of Delivery

Marks & Nos Container / Seal No.	No. of Containers or Packages 142 CTNS	Description of Goods (If Dangerous Goods, See Clause 20)	Gross Weight Kgs	Measurement M³
N/M GSTU2223587 /54879 /142 CTNS/ /CY /CY /20'GP		MUSICAL INSTRUMENT FREIGHT COLLECT	2,982 KGS	23.43 M³

Description of Contents for Shipper's Use Only (Not part of This B/L Contract)

10. Total Number of containers and/or packages (in words)
    Subject to Clause 7 Limitation   TOTAL ONE HUNDRED FORTY TWO CARTONS ONLY.

11. Freight & Charges	Revenue Tons	Rate	Per	Prepaid	Collect

Ex. Rate:	Prepaid at	Payable at	Place and date of issue GENOA MAR. 25, 2018
	Total Prepaid	No. of Original B(s)/L THREE	Signed for the Carrier, COSCO CONTAINER LINES

LADEN ON BOARD THE VESSEL

DATE MAR. 25, 2018   BY THE AGENT OF THE CARRIER

图6-2 进口海运提单

天津中远集装箱船务代理有限公司
COSCO TIANJIN CONTAINER SHIPPING AGENCY CO.,LTD.

提 货 单
DELIVERY ORDER

天津新港地区、场、站

货位编号：NO.0016635

收货人/通知方：TIANJIN ZHIXUE INTERNATION TRADING CO.

下列货物已办妥手续,运费结算,准予交付收货人

船名 COSOCO YANTIAN	航次 678E	起运港 热那亚	目的港 天津新港
提单号 COSGNA58796	交付条款 CY-CY	到付海运费 USD680	合同号
卸货地点	到达日期 2018 年 4 月 25 日	进库场日期	第一程运输

货名	乐器	集装箱号/铅封号	
集装箱数	1×20′	GSTU222358754879	54879
件数	142 CTNS		
重量	2,982.00 kg		
体积	23.43 m³		
	标志		

请核对放货。

天津中远集装箱船务有限公司
业务专用章

凡属法定检验、检疫的进口商品,必须向有关监督机构申报。

收货人章	海关章		
1	2	3	4
5	6	7	8

图6-3 提货单

英语园地

1. Delivery Order：缩写为 D/O,提货单

2. arrival notice：到货通知

课后训练

1. 换单训练。教师提供进口海运提单,设立船代办公窗口并备好提货单。要求学生按照标准进口操作流程独立完成换单操作。

1. Shipper Insert Name, Address and Phone B & M Brandy Co., Ltd.	B/L No. CR3653

2. Consignee Insert Name, Address and Phone Zhixue Trading Co., Ltd. No. 8 Yashen Road Jinnan District Tianjin 300350 China.

中远集装箱运输有限公司
COSCO CONTAINER LINES

TLX：33057 COSCO CN
FAX：+86（021）6545 8984

ORIGINAL

Port-to-Port or Combined Transport
BILL OF LADING

3. Notify Party Insert Name, Address and Phone （It is agreed that no responsibility shall attach to the Carrier or his agents for failure to notify） Ditto

RECEIVED in external apparent good order and condition except as otherwise noted. The total number of packages or unites stuffed in the container, the description of the goods and the weights shown in this Bill of Lading are furnished by the Merchants, and which the carrier has no reasonable means of checking and is not a part of this Bill of Lading contract. The carrier has Issued the number of Bills of Lading stated below, all of this tenor and date, One of the original Bills of Lading must be surrendered and endorsed or signed against the delivery of the shipment and whereupon any other original Bills of Lading shall be void. The Merchants agree to be bound by the terms and conditions of this Bill of Lading as if each had personally signed this Bill of Lading.

SEE clause 4 on the back of this Bill of Lading（Terms continued on the back hereof, please read carefully）.

* Applicable Only When Document Used as a Combined Transport Bill of Lading.

4. Combined Transport * **Pre-carriage by**	5. Combined Transport * **Place of Receipt**
6. Ocean Vessel Voy. No. **CMA VANDINOS V. 967 E**	7. Port of Loading **Marseilles**
8. Port of Discharge **Xingang Tianjin**	9. Combined Transport * **Place of Delivery**

Marks & Nos Container / Seal No.	No. of Containers or Packages	Description of Goods（If Dangerous Goods, See Clause 20）	Gross Weight Kgs	Measurement M³
N/M GSTU5678787 /H5698 /2,400 CTNS/ /CY /CY /20′GP	2,400 CTNS	WINE 750 ML FREIGHT PREPAID	13,680 KGS	27.324 M³
		Description of Contents for Shipper's Use Only（Not part of This B/L Contract）		

10. Total Number of containers and/or packages（in words） Subject to Clause 7 Limitation TOTAL ONE CONTAINER ONLY.

11. Freight & Charges	Revenue Tons	Rate	Per	Prepaid	Collect

Ex. Rate：	Prepaid at	Payable at	Place and date of issue **MARSEILLES APR. 30 ,2018**
	Total Prepaid	No. of Original B（s）/L **THREE**	Signed for the Carrier **COSCO CONTAINER LINES**

LADEN ON BOARD THE VESSEL

DATE　APR. 30 ,2018　　BY　THE AGENT OF THE CARRIER

任务二十六　缮制入境货物报检单

知识目标

1. 了解入境报检的意义。
2. 掌握入境报检单的主要条款。

能力目标

1. 能从报检附属单据中获取有价值的信息。
2. 能缮制入境货物报检单。

任务引入

2018 年 4 月 22 日,天津知学国际贸易有限公司订单号 ZX180036 项下 142 件乐器,载于船名航次 COSCO YANTIAN V.678E、提单号 COSGNA58796 项下 1×20′集装箱将于 4 月 25 日抵达天津新港。该商品的 HS CODE(税则编码)为 9206000010,经查看 2018 年中国海关进口税则,监管条件为 A,属于进口法定检验商品管理范畴。为了能使该票货物顺利通过,进口人委托天津全通报检服务公司办理入境商品检验以获取入境货物通关单。

一、关于入境报检

1. 法检目录

每年,国家质量监督检验检疫总局都会联合海关总署颁布《出入境检验检疫机构实施检验检疫的进出境商品目录》,简称法检目录。凡是列入目录的商品,进出境时需要先做商检,获取通关单后才能报关。

2. 报检随附单据

报检随附单据包括发票、合同、装箱单,有时还需要信用证副本,特殊商品需要进口许可证及审批证书复印件等。

二、入境货物报检单填制规范

① 编号:由检验检疫机构报检受理人员填写,前 6 位为检验检疫机构代码,第 7 位为报检类代码,第 8、9 位为年代码,第 10 至 15 位为流水号。实行电子报检后,该编号可在受理电子报检的回执中自动生成。

② 报检单位:填写报检单位的全称,并加盖报检单位印章。

③ 报检单位登记号:填写报检单位在检验检疫机构备案或注册登记的代码。

④ 联系人:填写报检人员姓名。

　　⑤ 电话:填写报检人员的联系电话。

　　⑥ 报检日期:是检验检疫机构实际受理报检的日期,由检验检疫机构受理报检人员填写。

　　⑦ 收货人(中/外文):填写进口贸易合同中的买方,中英译文应一致。

　　⑧ 发货人(中/外文):填写进口贸易合同中的卖方,中英译文应一致。

　　⑨ 货物名称(中/外文):填写本批货物的品名,应与进口贸易合同和国外发票名称一致,如为废旧货物应注明。

　　⑩ HS 编码:填写本批货物的商品编码,以当年海关公布的商品税则编码分类为准。一般为 8 位数或 10 位数编码。

　　⑪ 原产国(地区):填写本批货物生产/加工的国家或地区。

　　⑫ 数/重量:填写本批货物的数/重量,应与进口贸易合同、国外发票上所列的货物数/重量一致,并应注明数/重量单位。

　　⑬ 货物总值:填写本批货物的总值及币种,应与进口贸易合同和国外发票上所列一致。

　　⑭ 包装种类及数量:填写本批货物实际运输包装的种类及数量,应注明包装的材质。

　　⑮ 运输工具名称号码:填写装运本批货物的运输工具名称及号码。

　　⑯ 合同号:填写本批货物的进口贸易合同号,或订单、形式发票的号码。

　　⑰ 贸易方式:填写本批进口货物的贸易方式。根据实际情况选填一般贸易、来料加工、进料加工、易货贸易、补偿贸易、边境贸易、无偿援助、外商投资、对外承包工程进出口货物、进口加工区进出境货物、出口加工区进出区货物、退运货物、过境货物、保税区进出境仓储、转口货物、保税区进出区货物、暂时进出口货物、暂时进出口留购货物、展览品、样品、其他非贸易性物品和其他贸易性货物等。

　　⑱ 贸易国别(地区):填写本批进口货物的贸易国家或地区名称。

　　⑲ 提单/运单号:填写本批进口货物的海运提单号或空运单号,有二程提单的应同时填写。

　　⑳ 到货日期:填写本批进口货物到达口岸的日期。

　　㉑ 起运国家(地区):填写本批进口货物的起运国家或地区名称。

　　㉒ 许可证/审批号:需办理进境许可证或审批的进口货物应填写有关许可证号或审批号,不得留空。

　　㉓ 卸毕日期:填写本批进口货物在口岸卸毕的实际日期。

　　㉔ 起运口岸:填写装运本批进口货物起运口岸的名称。

　　㉕ 入境口岸:填写装运本批进口货物交通工具进境首次停靠的口岸名称。

　　㉖ 索赔有效期至:按进口贸易合同规定的日期填写,特别要注明截止日期。

　　㉗ 经停口岸:填写本批进口货物在到达目的地前中途曾经停靠的口岸名称。

　　㉘ 目的地:填写本批进口货物最后到达的交货地。

　　㉙ 集装箱规格、数量及号码:进口货物若以集装箱运输,应填写集装箱的规格、数量及号码。

　　㉚ 合同订立的特殊条款以及其他要求:填写在进口贸易合同中订立的有关质量、卫生等特殊条款,或报检单位对本批货物检验检疫的特别要求。

㉛ 货物存放地点:填写本批进口货物存放的地点。

㉜ 用途:填写本批进口货物的用途。根据实际情况选填种用或繁殖、食用、奶用、观赏或演艺、伴侣动物、实验、药用、饲用、其他。

㉝ 随附单据:在检验检疫机构提供的实际单据名称前的"□"内打"√"。如没有,在"□"后补填其名称。

㉞ 标记及号码:填写进口货物的标记及号码,应与进口贸易合同和国外发票等有关单据保持一致。若没有标记及号码,则填"N/M"。

㉟ 外商投资财产:由检验检疫机构报检受理人员填写。

㊱ 报检人郑重声明:由报检人员亲笔签名。

㊲ 检验检疫费:由检验检疫机构计费人员填写。

㊳ 领取单证:由报检人在领取单证时,填写实际领证日期并签名。

三、入境货物报检单的样式

入境货物报检单如图6-4所示。

中华人民共和国出入境检验检疫
入境货物报检单

报检单位(加盖公章):天津全通报检公司　　　　　　　　　　　*编号＿＿＿＿＿＿

报检单位登记号:×××　　　　联系人:　　　电话:　　　报检日期:　　年　月　日

收货人	(中文)	天津知学国际贸易有限公司		企业性质(划"√")	□合资　□合作　□外资	
	(外文)	Tianjin Zhixue International Trading Co.,Ltd.				
发货人	(中文)					
	(外文)	VAN ZANATTINIE TRADING CO.,LTD.				

货物名称(中/外文)	H. S. 编码	原产国(地区)	数/重量	货物总值	包装种类及数量
乐器	9206000010	意大利	142 件	21300 美元	142 纸箱

运输工具名称号码	HANJIN YANTIAN V. 678E		合同号	ZX180036
贸易方式　一般贸易	贸易国别(地区)　意大利		提单/运单号	COSGNA58796
到货日期　20180425	起运国家(地区)　意大利		许可证/审批号	
卸货日期　20180425	起运口岸　热那亚		入境口岸	天津新港
索赔有效期至	经停口岸		目的地	天津

集装箱规格、数量及号码	1×20′GP GSTU2223587

合同订立的特殊条款以及其他要求		货物存放地点	天津新港
		用途	其他

随附单据(划"√"或补填)		标记及号码	*外商投资财产(划"√")	□是　□否
☑合同　　　　□到货通知			*检验检疫费	
☑发票　　　　☑装箱单			总金额	
☑提/运单　　□质保书			(人民币元)	
□兽医卫生证书　□理货清单				
□植物检疫证书　□磅码单		N/M	计费人	
□动物检疫证书　□验收报告				
□卫生证书　　□			收费人	
□原产地证　　□				
□许可/审批文件　□				

图6-4　入境货物报检单

报检人郑重声明：	领取证单	
1. 本人被授权报检。	日期	
2. 上列填写内容正确属实,货物无伪造或冒用他人的厂名、标志、认证标志,并承担货物质量责任。	签名	
签名：_____		

注:有"＊"号栏由出入境检验检疫机关填写

图6-4(续)

对入境货物报检单内容的解释说明如表6-1所示。

表6-1　入境货物报检单要素说明

序　号	入境货物报检单要素	填写说明
1	文件名称	入境货物报检单
2	报检单位名称	报检企业名
3	报检单位登记号	在 CIQ 登记备案的 10 位企业编码
4	报检单编号	留空
5	报检日期	填写日期
6	联系人/电话	报检企业的联系人及电话
7	收货人	同发票的抬头人,用中文填写
8	发货人	同发票的开票人,可写英文
9	货物名称	同发票,用中文填写,如多品名,须与报关单品名顺序一致
10	HS 编码	参考海关 10 位商品编码
11	原产国(地区)	货物的产地国或地区
12	数/重量	同装箱单件数或净重
13	货物总值	同发票,格式为币制＋钱数
14	包装种类及数量	同装箱单,注明包装材质
15	运输工具名称号码	承运的船名航次
16	合同号	按合同或订单
17	贸易方式	实际情况
18	贸易国别(地区)	实际情况
19	提单/运单号	按海运提单
20	到货日期	到货日期
21	起运国家(地区)	实际情况
22	许可证/审批号	有就填写,无则空
23	卸毕日期	按实际
24	起运口岸	提单中装货港
25	入境口岸	进口报关的口岸
26	经停口岸	按运输实际情况
27	目的地	国内用户所在地
28	集装箱规格、数量及号码	按海运提单
29	合同订立的特殊条款以及其他要求	有则写,无则空
30	货物存放地点	当时货物所在地点
31	用途	其他
32	标记及号码	按发票、装箱单

1. 请从图6-4所示的入境货物报检单中提取相关信息填入表6-2中。

表6-2　入境货物报检单要素

序　号	入境货物报检单要素	从图6-4中提取相关内容填写
1	文件名称	
2	报检单位名称	
3	报检单位登记号	
4	报检单编号	
5	报检日期	
6	联系人/电话	
7	收货人	
8	发货人	
9	货物名称	
10	HS 编码	
11	原产国(地区)	
12	数/重量	
13	总值	
14	包装种类及件数	
15	运输工具名称号码	
16	合同号	
17	贸易方式	
18	贸易国别(地区)	
19	提单/运单号	
20	到货日期	
21	起运国家(地区)	
22	许可证/审批号	
23	卸毕日期	
24	起运口岸	
25	入境口岸	
26	经停口岸	
27	目的地	
28	集装箱规格、数量及号码	
29	合同订立的特殊条款以及其他要求	
30	货物存放地点	
31	用途	
32	标记及号码	

2. 依据下列报检信息及附属单据填制入境货物报检单。

进口商品,750 毫升瓶装红酒(wine),商品编码 22042100,进口船舶抵达天津新港日期 2018 年 5 月 25 日,货主委托天津善建报关公司代理报检。

（1）海运提单

1. Shipper Insert Name, Address and Phone B & M Brandy Co., Ltd.	B/L No. CR3653

中远集装箱运输有限公司
COSCO CONTAINER LINES

TLX:33057 COSCO CN
FAX：+86(021) 6545 8984

ORIGINAL

Port-to-Port or Combined Transport
BILL OF LADING

2. Consignee Insert Name, Address and Phone Zhixue Trading Co., Ltd. No. 8 Yashen Road Jinnan District Tianjin 300350 China.

RECEIVED in external apparent good order and condition except as otherwise noted. The total number of packages or unites stuffed in the container, the description of the goods and the weights shown in this Bill of Lading are furnished by the Merchants, and which the carrier has no reasonable means of checking and is not a part of this Bill of Lading contract. The carrier has Issued the number of Bills of Lading stated below, all of this tenor and date, One of the original Bills of Lading must be surrendered and endorsed or signed against the delivery of the shipment and whereupon any other original Bills of Lading shall be void. The Merchants agree to be bound by the terms and conditions of this Bill of Lading as if each had personally signed this Bill of Lading.

SEE clause 4 on the back of this Bill of Lading (Terms continued on the back hereof, please read carefully).

＊ Applicable Only When Document Used as a Combined Transport Bill of Lading.

3. Notify Party Insert Name, Address and Phone （It is agreed that no responsibility shall attach to the Carrier or his agents for failure to notify） Ditto

4. Combined Transport ＊ Pre-carriage by	5. Combined Transport ＊ Place of Receipt
6. Ocean Vessel Voy. No. CMA VANDINOS V. 967 E	7. Port of Loading Marseilles
8. Port of Discharge Xingang Tianjin	9. Combined Transport ＊ Place of Delivery

Marks & Nos Container / Seal No.	No. of Containers or Packages	Description of Goods (If Dangerous Goods, See Clause 20)	Gross Weight Kgs	Measurement M³
N/M GSTU5678787 /H5698 /2,400 CTNS/ /CY /CY /20'GP	2,400 CTNS	WINE 750 ML FREIGHT PREPAID	13,680 KGS	27.324 M³

Description of Contents for Shipper's Use Only (Not part of This B/L Contract)

10. Total Number of containers and/or packages (in words) Subject to Clause 7 Limitation　　TOTAL ONE CONTAINER ONLY.

11. Freight & Charges	Revenue Tons	Rate	Per	Prepaid	Collect

Ex. Rate:	Prepaid at	Payable at	Place and date of issue MARSEILLES APR. 30 ,2018
	Total Prepaid	No. of Original B(s)/L THREE	Signed for the Carrier COSCO CONTAINER LINES

LADEN ON BOARD THE VESSEL

DATE　APR. 30 ,2018　　BY　THE AGENT OF THE CARRIER

（2）采购订单

Purchase Order

NO. 20186985
DATE：APR. 15

THE BUYERS：   Zhixue Trading Co., Ltd.

ADDRESS：   No. 8 Yashen Road, Jinnan District, Tianjin 300350 China

THE SELLERS：   B & M Brandy Co., Ltd.

ADDRESS：   Leydheckerstr 10, D-64293 Paris, France

This P/O is made by and between the Buyers and the Sellers, whereby the Buyers agree to buy and the Sellers agree to sell the under mentioned commodity according to the terms and conditions stipulated bellow：

COMMODITY：

NO.	Commodity Code	Description	Unit	Qty.	Unit Price	Amount
1	9085	Wine 750 ml	bottle	14,400	CIF XINGANG EUR5.00	EUR72,000.00
			Total Value in EUR			72,000.00

1. COUNTRY AND MANUFACTURERS：FRANCE

2. SHIPPING MARK：N/M

3. PORT OF SHIPMENT：MARSEILLE

4. PORT OF DESTINATION：XINGANG TIANJIN

5. SHIPMENT TO BE SHIPPED：BEFORE MAY. 30, 2018. Transhipment allowed.

6. ARBITRATION

Any dispute arising from or in connection with this Contract shall be submitted to China International Economic and Trade Arbitration Commission for arbitration which shall be conducted in accordance with the Commission arbitration rules in effect at the time of applying for arbitration. The arbitral award is final and binding upon both parties. Arbitration fee shall be borne by the losing party.

7. OTHER

This contract signed in two copies the seller holds one copy and the buyer hold one copies.

THE BUYERS   THE SELLERS

ZHIXUE TRADING CO., LTD.   B & M Brandy Co., Ltd.

（3）装箱单

B & M Brandy Co.,Ltd.,Leydheckerstr 10 ,d-64293 Paris France	**Invoice & Packing List**

Zhixue Trading Co.,Ltd.

No. 8 Yashen Road Jinnan District	Number	BM181718
300350 TIANJIN	Date	20. 04. 2018
	At	Paris
CHINA	Order/date	20186985
		15. 04. 2018

2,400 carton(s)：

> Collect by customer

> Ocean Freight　　　　　　　　EUR800

> Weight　　　　　　　13,680 KG/　　10,800KG/　　27. 324 M³
　　　　　　　　　　　G. W.　　　　N. W.　　　　Meas.

Item	Qty.	Price/unit	Value(EUR)
WINE 750 ml	14,400 BOTTLES		
		5. 00EUR	72,000. 00
	Country of origin：FRANCE		
Item(s) Total	14,400 BOTTLES		
Net			
Total price(EUR)			72,000. 00

Basis for Price and Delivery/General Conditions

Incoterms(2010)　　　CIF XINGANG TIANJIN

Premium　　　　　　3‰

Mode of patch　　　Collect. by Customer

Terms of payment　　　　　　　＊＊＊＊ Indicate invoice no. when payment effected ＊＊＊＊

T/T 60 days from Invoice Date

　　　　　　　　　　　　　　　　　　　　　B & M Brandy Co.,Ltd.
　　　　　　　　　　　　　　　　　　　　　JOHNASON

中华人民共和国出入境检验检疫
入境货物报检单

报检单位(加盖公章)：　　　　　　　　　　　　　　　　　　　　　　　　　　*编　号＿＿＿＿＿＿

报检单位登记号：　　　联系人：　　　电话：　　　　　　　　报检日期：　　年　月　日

收货人	(中文)		企业性质(划"√")	□合资　□合作　□外资
	(外文)			
发货人	(中文)			
	(外文)	VAN ZANATTINIE TRADING CO., LTD.		

货物名称(中/外文)	H. S. 编码	原产国(地区)	数/重量	货物总值	包装种类及数量

运输工具名称号码		合同号	

贸易方式		贸易国别(地区)		提单/运单号	
到货日期		起运国家(地区)		许可证/审批号	
卸货日期		起运口岸		入境口岸	
索赔有效期至		经停口岸		目的地	

集装箱规格、数量及号码	

合同、信用证订立的检验检疫条款或特殊要求		货物存放地点	
		用　途	

随附单据(划"√"或补填)		标记及号码	*外商投资资产(划"√")	□是□否
□合同　　　到货通知 □发票　　　□装箱单 □提/运单　　□质保书 □兽医卫生证书　□理货清单 □植物检疫证书　□磅码单 □动物检疫证书　□验收报告 □卫生证书　　　□ □原产地证　　　□ □许可/审批文件　□		N/M	*检验检疫费	
			总金额 (人民币元)	
			计费人	
			收费人	

报检人郑重声明： 1. 本人被授权报检。 2. 上列填写内容正确属实,货物无伪造或冒用他人的厂名、标志、认证标志,并承担货物质量责任。 　　　　　　　　　　　　　签名:＿＿＿＿＿＿	领取证单	
	日期	
	签名	

注:有"＊"号栏由出入境检验检疫机关填写

任务二十七 缮制进口货物报关单

知识目标
1. 了解进口报关的意义。
2. 掌握进口报关单的主要条款。

能力目标
1. 能从报关附属单据中获取有价值的信息。
2. 能缮制进口货物报关单。

任务引入

天津知学国际贸易有限公司(海关注册编码 1212961555)订单号 ZX180036 项下 142 件乐器,载于船名航次 COSCO YANTIAN V.678E、提单号 COSGNA58796 项下 1×20′集装箱已于 2018 年 4 月 25 日抵达天津新港。现已换单成功,且已获取入境货物通关单 No.120000117075563。天津知学国际贸易有限公司委托善建报关行(海关注册编码 1212980317)代做进口报关。

1. 进口报关

进口报关是指收货人或其代理向海关申报进口手续和缴纳进口税的法律行为。海关根据报关人的申报,依法进行验关。海关经查验无误后,才能放行。

2. 报关随附单据

发票、合同、装箱单,有时还需要信用证副本,特殊商品需要进口许可证及审批证书复印件等。

3. 入境货物报关单填制规范

(1) 预录入编号

本栏目填报预录入报关单的编号,预录入编号规则由接受申报的海关决定。

(2) 海关编号

本栏目填报海关接受申报时给予报关单的编号,一份报关单对应一个海关编号。报关单海关编号为 18 位,其中第 1~4 位为接受申报海关的编号(海关规定的《关区代码表》中相应海关代码),第 5~8 位为海关接受申报的公历年份,第 9 位为进出口标志(1 为进口,0 为出口;集中申报清单 I 为进口,E 为出口),后 9 位为顺序编号。

(3) 收发货人

本栏目填报在海关注册的对外签订并执行进出口贸易合同的中国境内法人、其他组织或个人的名称及编码。编码可选填 18 位法人和其他组织统一社会信用代码或 10 位海关注册编码任一项。

（4）进口口岸

本栏目应根据货物实际进境的口岸海关，填报海关规定的《关区代码表》中相应口岸海关的名称及代码。

（5）进口日期

进口日期填报运载进口货物的运输工具申报进境的日期。本栏目为 8 位数字，顺序为年（4 位）、月（2 位）、日（2 位）。

（6）申报日期

申报日期指海关接受进出口货物收发货人、受委托的报关企业申报数据的日期。以电子数据报关单方式申报的，申报日期为海关计算机系统接受申报数据时记录的日期；以纸质报关单方式申报的，申报日期为海关接受纸质报关单并对报关单进行登记处理的日期。

申报日期为 8 位数字，顺序为年（4 位）、月（2 位）、日（2 位）。本栏目在申报时免予填报。

（7）消费使用单位/生产销售单位

消费使用单位填报已知的进口货物在境内的最终消费、使用单位的名称，包括：

①自行从境外进口货物的单位；

②委托进出口企业进口货物的单位。

生产销售单位填报出口货物在境内的生产或销售单位的名称，包括：

①自行出口货物的单位；

②委托进出口企业出口货物的单位。

本栏目可选填 18 位法人和其他组织统一社会信用代码或 10 位海关注册编码或 9 位组织机构代码任一项。没有代码的应填报 NO。

（8）运输方式

运输方式包括实际运输方式和海关规定的特殊运输方式，前者指货物实际进出境的运输方式，按进出境所使用的运输工具分类；后者指货物无实际进出境的运输方式，按货物在境内的流向分类。

本栏目应根据货物实际进出境的运输方式或货物在境内流向的类别，按照海关规定的《运输方式代码表》选择填报相应的运输方式。

（9）运输工具名称

本栏目填报载运货物进出境的运输工具名称或编号。填报内容应与运输部门向海关申报的舱单（载货清单）所列相应内容一致。

（10）航次号

本栏目填报载运货物进出境的运输工具的航次编号。

（11）提运单号

本栏目填报进出口货物提单或运单的编号。

（12）申报单位

自理报关的，本栏目填报进出口企业的名称及编码；委托代理报关的，本栏目填报报关企业名称及编码。

本栏目可选填 18 位法人和其他组织统一社会信用代码或 10 位海关注册编码任一项。

本栏目还包括报关单左下方用于填报申报单位有关情况的相关栏目,包括报关人员、申报单位签章。

(13) 监管方式

监管方式是以国际贸易中进出口货物的交易方式为基础,结合海关对进出口货物的征税、统计及监管条件综合设定的海关对进出口货物的管理方式。其代码由4位数字构成,前2位是按照海关监管要求和计算机管理需要划分的分类代码,后2位是参照国际标准编制的贸易方式代码。

本栏目应根据实际对外贸易情况按海关规定的《监管方式代码表》选择填报相应的监管方式简称及代码。一份报关单只允许填报一种监管方式。

(14) 征免性质

本栏目应根据实际情况按海关规定的《征免性质代码表》选择填报相应的征免性质简称及代码,持有海关核发的《征免税证明》的,应按照《征免税证明》中批注的征免性质填报。一份报关单只允许填报一种征免性质。

(15) 备案号

本栏目填报进出口货物收发货人、消费使用单位、生产销售单位在海关办理加工贸易合同备案或征、减、免税备案审批等手续时,海关核发的《加工贸易手册》《征免税证明》或其他备案审批文件的编号。

(16) 贸易国(地区)

本栏目填报对外贸易中与境内企业签订贸易合同的外方所属的国家(地区)。进口填报购自国。未发生商业性交易的填报货物所有权拥有者所属的国家(地区)。

本栏目应按海关规定的《国别(地区)代码表》选择填报相应的贸易国(地区)或贸易国(地区)中文名称及代码。

(17) 起运国(地区)

起运国(地区)填报进口货物起始发出直接运抵我国或者在运输中转国(地)未发生任何商业性交易的情况下运抵我国的国家(地区)。

(18) 装货港

装货港填报进口货物在运抵我国关境前的最后一个境外装运港。

本栏目应根据实际情况按海关规定的《港口代码表》选择填报相应的港口中文名称及代码。装货港/指运港在《港口代码表》中无港口中文名称及代码的,可选择填报相应的国家中文名称或代码。

(19) 境内目的地

境内目的地填报已知的进口货物在国内的消费、使用地或最终运抵地,其中最终运抵地为最终使用单位所在的地区。最终使用单位难以确定的,填报货物进口时预知的最终收货单位所在地。

本栏目按海关规定的《国内地区代码表》选择填报相应的国内地区名称及代码。

(20) 许可证号

本栏目填报以下许可证的编号:进(出)口许可证、两用物项和技术进(出)口许可证、两用物项和技术出口许可证(定向)、纺织品临时出口许可证。

一份报关单只允许填报一个许可证号。

（21）成交方式

本栏目应根据进出口货物实际成交价格条款，按海关规定的《成交方式代码表》选择填报相应的成交方式代码。

（22）运费

本栏目填报进口货物运抵我国境内输入地点起卸前的运输费用。

运费可按运费单价、总价或运费率3种方式之一填报，注明运费标记（运费标记1表示运费率，2表示每吨货物的运费单价，3表示运费总价），并按海关规定的《货币代码表》选择填报相应的币种代码。

（23）保费

本栏目填报进口货物运抵我国境内输入地点起卸前的保险费用。

保费可按保险费总价或保险费率2种方式之一填报，注明保险费标记（保险费标记1表示保险费率，3表示保险费总价），并按海关规定的《货币代码表》选择填报相应的币种代码。

（24）杂费

本栏目填报成交价格以外的、按照《中华人民共和国进出口关税条例》相关规定应计入完税价格或应从完税价格中扣除的费用。可按杂费总价或杂费率2种方式之一填报，注明杂费标记（杂费标记1表示杂费率，3表示杂费总价），并按海关规定的《货币代码表》选择填报相应的币种代码。

（25）合同协议号

本栏目填报进出口货物合同（包括协议或订单）编号。未发生商业性交易的免予填报。

（26）件数

本栏目填报有外包装的进出口货物的实际件数。特殊情况填报要求如下：

① 舱单件数为集装箱的，填报集装箱个数；

② 舱单件数为托盘的，填报托盘数。

本栏目不得填报为零，裸装货物填报为1。

（27）包装种类

本栏目应根据进出口货物的实际外包装种类，按海关规定的《包装种类代码表》选择填报相应的包装种类代码。

（28）毛重（千克）

本栏目填报进出口货物及其包装材料的重量之和，计量单位为千克，不足1千克的填报为1。

（29）净重（千克）

本栏目填报进出口货物的毛重减去外包装材料后的重量，即货物本身的实际重量，计量单位为千克，不足1千克的填报为1。

（30）集装箱号

本栏目填报装载进出口货物（包括拼箱货物）集装箱的箱体信息。一个集装箱填一条记录，分别填报集装箱号（在集装箱箱体上标示的全球唯一编号）、集装箱的规格和集装箱的自重。非集装箱货物填报为0。

（31）随附单证

本栏目根据海关规定的《监管证件代码表》选择填报除本规范第十八条规定的许可证件以外的其他进出口许可证件或监管证件代码及编号。

本栏目分为随附单证代码和随附单证编号2栏，其中代码栏应按海关规定的《监管证件代码表》选择填报相应证件代码，编号栏应填报证件编号。

（32）标记唛码及备注

本栏目填报要求如下：

① 标记唛码中除图形以外的文字、数字；

② 受外商投资企业委托代理其进口投资设备、物品的进出口企业名称；

③ 与本报关单有关联关系的，同时在业务管理规范方面又要求填报的备案号，填报在电子数据报关单中"关联备案"栏。

（33）项号

本栏目分2行填报及打印。第1行填报报关单中的商品顺序编号；第2行专用于加工贸易、减免税等已备案、审批的货物，填报和打印该项货物在《加工贸易手册》或《征免税证明》等备案、审批单证中的顺序编号。

（34）商品编号

本栏目填报的商品编号由10位数字组成。前8位为《中华人民共和国进出口税则》确定的进出口货物的税则号列，同时也是《中华人民共和国海关统计商品目录》确定的商品编码，后2位为符合海关监管要求的附加编号。

（35）商品名称、规格型号

本栏目分2行填报及打印。第1行填报进出口货物规范的中文商品名称，第2行填报规格型号。

（36）数量及单位

本栏目分3行填报及打印。

① 第1行应按进出口货物的法定第一计量单位填报数量及单位，法定计量单位以《中华人民共和国海关统计商品目录》中的计量单位为准。

② 凡列明有法定第二计量单位的，应在第2行按照法定第二计量单位填报数量及单位。无法定第二计量单位的，本栏目第2行为空。

③ 成交计量单位及数量应填报并打印在第3行。

（37）原产国（地区）

原产国（地区）应依据《中华人民共和国进出口货物原产地条例》《中华人民共和国海关关于执行〈非优惠原产地规则中实质性改变标准〉的规定》以及海关总署关于各项优惠贸易协定原产地管理规章规定的原产地确定标准填报。同一批进出口货物的原产地不同的，应分别填报原产国（地区）。进出口货物原产国（地区）无法确定的，填报"国别不详"（代码701）。

本栏目应按海关规定的《国别（地区）代码表》选择填报相应的国家（地区）名称及代码。

（38）单价

本栏目填报同一项号下进出口货物实际成交的商品单位价格。无实际成交价格的，本栏目填报单位货值。

（39）总价

本栏目填报同一项号下进出口货物实际成交的商品总价格。无实际成交价格的,本栏目填报货值。

（40）币制

本栏目应按海关规定的《货币代码表》选择相应的货币名称及代码填报,如果《货币代码表》中无实际成交币种,需将实际成交货币按申报日外汇折算率折算成《货币代码表》列明的货币填报。

（41）征免

本栏目应按照海关核发的《征免税证明》或有关政策规定,对报关单所列每项商品选择海关规定的《征减免税方式代码表》中相应的征减免税方式填报。

（42）特殊关系确认

本栏目根据《中华人民共和国海关审定进出口货物完税价格办法》（以下简称《审价办法》）第十六条,填报确认进出口行为中买卖双方是否存在特殊关系,有下列情形之一的,应当认为买卖双方存在特殊关系,在本栏目应填报"是",反之则填报"否":

① 买卖双方为同一家族成员的;

② 买卖双方互为商业上的高级职员或者董事的;

③ 一方直接或者间接地受另一方控制的;

④ 买卖双方都直接或者间接地受第三方控制的;

⑤ 买卖双方共同直接或者间接地控制第三方的;

⑥ 一方直接或者间接地拥有、控制或者持有对方5%以上（含5%）公开发行的有表决权的股票或者股份的;

⑦ 一方是另一方的雇员、高级职员或者董事的;

⑧ 买卖双方是同一合伙的成员的。

买卖双方在经营上相互有联系,一方是另一方的独家代理、独家经销或者独家受让人,如果符合前款的规定,也应当视为存在特殊关系。

（43）价格影响确认

本栏目根据《审价办法》第十七条,填报确认进出口行为中买卖双方存在的特殊关系是否影响成交价格,纳税义务人如不能证明其成交价格与同时或者大约同时发生的下列任何一款价格相近的,应当视为特殊关系对进出口货物的成交价格产生影响,在本栏目应填报"是",反之则填报"否":

① 向境内无特殊关系的买方出售的相同或者类似进出口货物的成交价格;

② 按照《审价办法》倒扣价格估价方法的规定所确定的相同或者类似进出口货物的完税价格;

③ 按照《审价办法》计算价格估价方法的规定所确定的相同或者类似进出口货物的完税价格。

（44）支付特许权使用费确认

本栏目根据《审价办法》第十三条,填报确认进出口行为中买方是否存在向卖方或者有关方直接或者间接支付特许权使用费。特许权使用费是指进出口货物的买方为取得知识产权权利人及权利人有效授权人关于专利权、商标权、专有技术、著作权、分销权或者销售权的许可或者转让而支付的费用。如果进出口行为中买方存在向卖方或者有关方直接或者间接支付特许权使用费的，在本栏目应填报"是"，反之则填报"否"。

　　根据图6-2所示的进口海运提单、图6-3所示的提货单等单据填制的进口货物报关单如图6-5所示。

中华人民共和国海关进口货物报关单

预录入编号：020220161000104827　　　　　　　　　　　海关编号：020220161000104827

进口口岸 新港海关	备案号		进口日期 20180607	申报日期 20180617
经营单位121291555 天津知学贸易有限公司	运输方式(2) 水路运输	运输工具名称 ZIM MOSKAVA/0042E		提运单号 ZIMUMER1626666
收货单位：1212980317 天津善建报关行	贸易方式(0110) 一般贸易	征免性质(101) 一般征税	征税比例	
许可证号	启运国(地区)(137) 土耳其	装货港(1523) 梅尔辛		境内目的地(12129) 天津津南
批准文号	成交方式 A&F	运费	保费 0.3	杂费
合同协议号 869856	件数 7300	包装种类 纸箱	毛量(千克) 18357	净重(千克) 16909
集装箱号 ZCSU7103275*1(2)	随附单证 入境货物通关单		用途	

标记唛码及备注
A:1200301165540979001

项号	商品编号	商品名称、规格型号	数量及单位	原产国(地区)	单价	总价	币制	征免
1	1905900000	芭维拉牌香草味威化奶油层55%（白糖、植物油、淀粉、芝士）	4994 千克 2270 箱	土耳其(137)	2.3	5221	美元 (502)	照章征税 (1)
2	1806900000	芭维拉牌甜筒巧克力华夫饼19%；榛果奶油76%（糖、棕榈油）	11915 千克 5030 箱	土耳其(137)	2.9	14587	美元 (502)	照章征税 (1)

税费征收情况			
录入员　　　　录入单位	兹声明以上申报无讹并承担法律责任	海关审单批注及放行日期(签章)	
报关员		审单　　　审价	
	申报单位(签章)	征税　　　统计	
单位地址			
邮编　　　电话　　　填制日期		查验　　　放行	

装卸货口岸：

图6-5　进口货物报关单

对进口货物报关单内容的解释说明如表6-3所示。

表6-3 进口货物报关单要素及说明

序　号	进口货物报关单要素	填写说明
1	文件名称	进口货物报关单
2	备案号	
3	进口口岸	接受报关的口岸海关名称
4	进口日期	运输工具申报入境日期
5	申报日期	海关接受申报日期
6	经营单位	收货人，或实际消费企业
7	运输方式	参见运输方式代码表
8	运输工具名称	参见进口运输单据，英文船名/航次
9	提运单号	参见进口运输单据号
10	收货单位	同经营单位
11	贸易方式	参见监管方式代码表，多数为一般贸易
12	征免性质	参见征免性质代码表，多为一般征税
13	征税比例	空
14	许可证号	
15	起运国（地区）	合同中卖方所在国家（地区）
16	装货港	参见进口运输单据
17	境内目的地	收货人所在地区
18	批准文号	空
19	成交方式	写发票中的贸易术语
20	运费	FOB成交时需要填写
21	保费	CFR、FOB成交时需要填写
22	杂费	空
23	合同协议号	参见合同或订单号
24	件数	参见装箱单
25	包装种类	参见装箱单
26	毛重	参见装箱单
27	净重	参见装箱单
28	集装箱号	运输单据或小提单
29	随附单证	填写入境货物通关单号码
30	项号	1（有几种货物就填几）
31	商品编号	海关商品编码（HS code）
32	数量及单位	参见装箱单
33	原产国（地区）	货物原产的国家或地区
34	单价	参见发票
35	总额	参见发票
36	币制	参见发票
37	征免	参征免方式代码表，多为"照章征税"

课后训练

1. 请从图 6-5 所示的进口货物报关单中提取相关信息填入表 6-4 中。

表 6-4　进口货物报关单要素

学生动手完成

序　号	进口货物报关单要素	从图6-5中提取相关内容填写
1	文件名称	
2	备案号	
3	进口口岸	
4	进口日期	
5	申报日期	
6	经营单位	
7	运输方式	
8	运输工具名称	
9	提运单号	
10	收货单位	
11	监管方式	
12	征免性质	
13	征税比例	
14	许可证号	
15	起运国（地区）	
16	装货港	
17	境内目的地	
18	批准文号	
19	成交方式	
20	运费	
21	保费	
22	杂费	
23	合同协议号	
24	件数	
25	包装种类	
26	毛重	
27	净重	
28	集装箱号	
29	随附单证	
30	项号	
31	商品编号	
32	数量及单位	
33	原产国（地区）	
34	单价	
35	总额	
36	币制	
37	征免	

2. 依据任务二十六课后训练第 2 题中的附属单据及信息填制进口货物报关单。

中华人民共和国海关进口货物报关单

预录入编号：   海关编号：

进口口岸		备案号		进口日期	申报日期
经营单位		运输方式	运输工具名称	提运单号	
收货单位：		贸易方式	征免性质	征税比例	
许可证号	启运国（地区）		装货港	境内目的地	
批准文号	成交方式	运费	保费	杂费	
合同协议号	件数	包装种类	毛量（千克）	净重（千克）	
集装箱号	随附单证			用途	
标记唛码及备注					

项号	商品编号	商品名称、规格型号	数量及单位	原产国（地区）	单价	总价	币制	征免

税费征收情况

录入员　　录入单位	兹声明以上申报无讹并承担法律责任	海关审单批注及放行日期（签章）	
报关员		审单　　　　审价	
	申报单位（签章）	征税　　　　统计	
单位地址			
邮编　　　电话　　填制日期		查验　　　　放行	

装卸货口岸：

附录 A　常用空白单据

1. 商业发票

商业发票
Commercial Invoice

1. 出口商 Exporter	4. 发票日期和发票号 Invoice Date and No.		
	5. 合同号 Contract No.	6. 信用证号 L/C No.	
2. 进口商 Importer	7. 原产地国 Country/region of origin		
	8. 贸易方式 Trade mode		
3. 运输事项 Transport details	9. 交货和付款条款 Terms of delivery and payment		

10. 运输标志和集装箱号码 Shipping marks; Container No.	11. 包装类型及件数；商品编码；商品描述 Number and kind of packages; Commodity No.; Commodity description	12. 数量 Quantity	13. 单价 Unit price	14. 金额 Amount

15. 总值（用数字和文字表示）Total amount (in figure and word)				

	16. 出口商签章 Exporter stamp and signature

2. 装箱单

装箱单
Packing List

1. 出口商(Exporter)			3. 装箱单日期(Packing list date)	
2. 进口商(Importer)			4. 合同号(Contract No.)	
			5. 发票号和日期(Invoice No. and Date)	
6. 运输标志和集装箱号 (Shipping marks;Container.)	7. 包装类型及件数;商品名称 Number and kind of packages;Commodity name		8. 毛重 kg Gross weight	9. 体积 m³ Cube
10. 出口商签章 Exporter stamp and signature				

3. 场站收据

▽

Shipper(发货人)		D/R No.（编号）	

Consignee(收货人)

装货单
场站收据副本

Notify Party(通知人)

Received by the Carrier the Total number of containers or other packages or units stated beiow to be transported subject to the terms and conditions of the Carrier's regular form of Bill of Lading（for Combined Transport or Port to port Shipment）which shall be deemed corporated herein.
Date（日期）

Pre-carriage by(前程运输)	Place of Receipt( )

Ocean Vessel(船名)　Voy no.(航次)　Port of Loading(装箱号)

场站章

Port of Discharge(卸货港)	Place of Delivery（地点）	Final Destination for the Merchant's Reference(目的地)	
Container No. （集装箱号）	Seal No.（标志号） Marks & Nos. （标记与号码）	No of containers or Packages （箱数或件数）	kind of Packages：Description of Goods（包装种类与货名）	Gross Weight 毛重（公斤）	Measurement 码（立方米）

TOTAL NUMBER OF CON TAINERS
OR PACKAGES(IN WORDS)
集装箱数或件数合计(大写)

FREIGHT & CHARGES （运费与附加费）	Revenue Tons( )	Rate( )	Pet( )	Prepaid(运费预付)	Collect(到付)

Ex. Rate(兑换)	Prepaid at(预付地点)	Payable at(地点)		Place of issue(等发地点)
	Total Prepaid(预付定额)	No. of ORIGINAL B（s）/L （正本提单份数）		

4. 一般原产地证

ORIGINAL

1. Exporter(full name address and country)	Certificate No.
	CERTIFICATE OF ORIGIN **OF** **THE PEOPLE'S REPUBLIC OFCHINA**
2. Consignee(full name address and country)	

3. Means of transport and route	5. For certifying authority use only
4. Country / region of destination	

6. Marks and numbers	7. Number and kind of packages; description of goods	8. H. S. Code	9. Quantity	10. Number and date of Invoices

11. Declaration by the exporter	12. Certification
The undersigned hereby declares that the above details and statements are correct,that all the goods were produced in China and that they comply with the Rules of Origin of the People's Republic of China.	It is hereby certified that the declaration by the exporter is correct.
------------------------------------	------------------------------------
Place and date,signature and stamp of authorized signatory	Place and date,signature and stamp of certifying authority

5. FORM A 原产地证

ORIGINAL

1. Goods consigned from(Exporter's business name, address, country)	Reference No.
	GENERALIZED SYSTEM OF PREFERENCES CERTIFICATE OF ORIGIN (Combined declaration and certificate) FORM A Issued in THE PEOPLE'S REPUBLIC OF CHINA (country) See Notes overleaf
2. Goods consigned to(Consignee's name, address, country)	
	4. For official use
3. Means of transport and route(as far as known)	

5. Item number	6. Marks and numbers of packages	7. Number and kind of packages; description of goods	8. Origin criterion (see Notes overleaf)	9. Gross weight or other quantity	10. Number and date of invoices

11. Declaration by the exporter
    The undersigned hereby declares that the above details and statementsare correct, that all the goods were produced in
 	
CHINA
(country)
and that they comply with the origin requirements specified for those goods in the Generalized System of Preferences for goods exported to
 	
Place and date, signature and stamp of authorized signatory
	12. Certification
	    It is hereby certified, on the basis of control carried out, that the declaration by the exporter is correct.
	
	Place and date, signature and stamp of certifying authority

6. 投保单

中国人民保险公司天津市分公司
The People's Insurance Company of China TianJin Branch
货物运输保险投保单
APPLICATION FOR CARGO TRANSPORTATION INSURANCE

投保单号：
Application No.

被 保 险 人 Insured					
贸易合同号 Contract No.		信用证号 L/C No.		发 票 号 Invoice No.	
标记 Marks & Nos.	包装及数量 Packing & quantity	保险货物项目 Description of goods		1. 发票金额 Invoice value _____ 2. 加成 Value Plus About _____ % 3. 保险金额 Insured Value _____ 4. 费率(‰) Rate _____ 5. 保险费 Premium _____	

装载运输工具： Name of the Carrier	业务编号： Business No. :	赔付地点： Claims Payable At 中国
起运日期： Departure Date	运输路线： 自　　　　　经 Route From　　　　Via　　　　To	到达(目的地)

包装方式□ 1. 散装　□2. 纸箱　□3. 罐装　□4. 木箱　□5. 编织袋　□6. 真空袋　□7. 桶装　□8. 裸装
□9. 苫布　10. 其他方式：_____
装载方式：□1. 普通集装箱　□2. 冷藏箱　□3. 拼箱　□4. 整船　□5. 舱面　6. 其他方式：_____
货物项目1. 精密仪器　是□　否□　2. 旧货物　是□　　否□（此二项投保人如未注明告知，则保险人
以全新的、非精密货物承保）　3. 船龄：_____年建

承保条件
Conditions：
进出口海洋运输：□ 一切险　　□ 水渍险　　□ 平安险　　（平安《海洋运输货物保险条款》）
　　　　　　　　□ ICC(A)　　□ ICC(B)　　□ ICC(C)　　（伦敦协会条款）
进出口航空运输：□ 航空运输险　□ 航空运输一切险　　（平安《航空运输货物保险条款》）
进出口陆上运输：□ 陆运险　　□ 陆运一切险　　　　（平安《陆上运输货物保险条款》）
特殊附加险：　　□ 战争险　　□ 罢工险　　　　　（□ 平安条款　　□ 伦敦协会条款）
国内水陆运输：　□ 基本险　　□ 综合险　　　　　（平安《国内水路、陆路货物运输保险条款》）
国内航空运输：　□ 航空运输险　□ 航空运输一切险　（平安《航空运输货物保险条款》）
是否放弃或部分放弃向承运人的追偿权利□ 是　□ 否（如果是，请详细说明）
其他承保条件：　　　　　　　　　　　　　　　　　免赔额：_____
　　　　　　　　　　　　　　　　　　　　　（免赔额的金额和比例以最终保险单为准）

特别约定 Special Conditions：

投保人声明：
　1. 保险人已经就本投保单及所附的保险条款的内容，尤其是关于保险人免除责任的条款及投保人和被保险人义
务条款向投保人作了明确说明，投保人对该保险条款及保险条件已完全了解，并同意接受保险条款和保险条件的约束。
　2. 本投保单所填各项内容均属事实，同意以本投保单作为保险人签发保险单的依据。
　3. 保险合同自保险单签发之日起成立。

投保人签字(盖章)　　　　　日期

7. 保险单

中国人民保险公司天津市分公司
The People's Insurance Company of China TianJin Branch
总公司设于北京   一九四九年创立
Head Office Beijing   Established in 1949
货物运输保险单
CARGO TRANSPORTATIONINSURANCE POLICY

发票号码(INVOICE NO.)   保险单号次
合同号(CONTRACT NO.)   Policy No.
信用证号(L/C NO.)
被保险人:
Insured:

中国人民保险有限公司(以下简称本公司)根据被保险人的要求,由被保险人向本公司缴付约定的保险费,按照本保险单承担险别和背面所载条款与下列特别条款承保下列货物运输保险,特立本保险单。

This policy of Insurance witnesses that the People's Insurance Company of China (hereinafter called "The Company"), at the request of the Insured and in consideration of the agreed premium paid to the company by the Insured, undertakes to insure the undermentioned goods in transportation subject to conditions of the Policy as per the Clauses printed overleaf and other special clauses attached hereon.

标记 Marks & Nos.	包装及数量 Quantity	保险货物项目 Descriptions of Goods	保险金额 Amount Insured

总保险金额:
Total Amount Insured: _____

保费   起运日期   载运输工具
Premium _____ Date of commencement: _____ Per conveyance: _____
自   经   至
Form _____   VIA   To

承保险别(Conditions):

所保货物,如发生本保险单项下可能引起索赔的损失或损坏,应立即通知本公司下述代理人查勘。如有索赔,应向本公司提交保险单正本(本保险单共有____份正本)及有关文件。如一份正本已用于索赔,其余正本则自动失效。

In the event of loss or damage which may result in acclaim under this Policy, immediate notice must be given to the Company's Agent as mentioned here under. Claims, if any, one of the Original Policy which has been issued in ____original (s) together with the relevant documents shall be surrendered to the Company. If one of the Original Policy has been accomplished, the others to be void.

中国人民保险公司天津市分公司
The People's Insurance Company of ChinaTianjin Branch

赔款偿付地点
Claim payable at _____
出单日期   _____
Issuing Date _____   Authorized Signature
地址: 电话(TEL):
Address: _____   传真(FAX): _____

215

8. 海运提单

1. Shipper Insert Name, Address and Phone	B/L No.

<table>
<tr><td colspan="2">2. Consignee Insert Name, Address and Phone</td><td rowspan="2">中远集装箱运输有限公司
COSCO CONTAINER LINES

TLX:33057 COSCO CN
FAX:+86(021) 6545 8984

ORIGINAL

Port-to-Port or Combined Transport
BILL OF LADING</td></tr>
<tr><td colspan="2">3. Notify Party Insert Name, Address and Phone
(It is agreed that no responsibility shall attach to the Carrier or his agents for failure to notify)</td></tr>
<tr>
<td>4. Combined Transport *
Pre-carriage by</td>
<td>5. Combined Transport *
Place of Receipt</td>
<td rowspan="3">RECEIVED in external apparent good order and condition except as otherwise noted. The total number of packages or unites stuffed in the container, the description of the goods and the weights shown in this Bill of Lading are furnished by the Merchants, and which the carrier has no reasonable means of checking and is not a part of this Bill of Lading contract. The carrier has Issued the number of Bills of Lading stated below, all of this tenor and date, One of the original Bills of Lading must be surrendered and endorsed or signed against the delivery of the shipment and whereupon any other original Bills of Lading shall be void. The Merchants agree to be bound by the terms and conditions of this Bill of Lading as if each had personally signed this Bill of Lading.

SEE clause 4 on the back of this Bill of Lading (Terms continued on the back hereof, please read carefully).

* Applicable Only When Document Used as a Combined Transport Bill of Lading.</td>
</tr>
<tr>
<td>6. Ocean Vessel Voy. No.</td>
<td>7. Port of Loading</td>
</tr>
<tr>
<td>8. Port of Discharge</td>
<td>9. Combined Transport *
Place of Delivery</td>
</tr>
</table>

Marks & Nos Container / Seal No.	No. of Containers or Packages	Description of Goods (If Dangerous Goods, See Clause 20)	Gross Weight Kgs	Measurement M³
		Description of Contents for Shipper's Use Only (Not part of This B/L Contract)		

10. Total Number of containers and/or packages (in words)
    Subject to Clause 7 Limitation

11. Freight & Charges	Revenue Tons	Rate	Per	Prepaid	Collect

Ex. Rate:	Prepaid at	Payable at	Place and date of issue
	Total Prepaid	No. of Original B(s)/L	Signed for the Carrier, COSCO CONTAINER LINES

LADEN ON BOARD THE VESSEL

DATE   BY

9. 装运通知

天津知学国际贸易有限公司
TIANJIN ZHIXUE TRADING CO.,LTD.
SHIPPING ADVICE

NO. _____ 　　　　　　　　　　　　TIANJIN _____

TO：M/S.

REF
SHIPMENT DETAILS AS FOLLOWS，
VESSEL NAME：
B/L NO.：
DATE OF SHIPMENT：
PORT OF LOADING：
PORT OF DISCHARGE：
AMOUNT：
QUANTITY：
CREDIT NO.：
COMMERCIAL INVOICE NO.：
COMMODITY：

TIANJIN ZHIXUE TRADING CO.,LTD.

（Authorized Signature）

10. 汇票

BILL OF EXCHANGE

凭　　　　　　　　　　　　　　　　　不可撤销信用证
Drawn under 　　　　　　　　　　　　Irrevocable L/C No.

日期　　　　　　按息付款
Date 　　　　　　Payable with interest@ ____ % per annum

号码　　　　　　汇票金额　　　　　　　　　　　　天津
No. 　　　　　　Exchange for 　　　　　　　　　　Tianjin

见票　　　　　　　　　　　日后(本汇票之副本未付)付交
At _____　　 sight of this FIRST of Exchange（Second of Exchange Being unpaid）

Pay to the order of _____

金额
The sum of
此致
To _____

_____
（Authorized Signature）

11. 受益人证明

CERTIFICATE

DATE：

INVOICE NO.：

TO：

（Authorized Signature）

12. 信用证开证申请书

IRREVOCABLE DOCUMENTARY CREDIT APPLICATION

TO：　　　　　　　　　　　　　　　　　　　　　　　Date：

Beneficiary（Full name and address）	Credit No.
	Date and place of expiry
Applicant	Beneficiary（Full name and address）
Advising Bank	Amount
Partial shipments　　　Transshipment	Credit available with By □sight payment　□acceptance　□negotiation □deferred payment at against the documents detailed herein □and beneficiary's draft(s)for ____% of invoice value at　　　　　sight
Loading on board/dispatch/taking in charge at/from	
□ FOB　　　□CFR　　　□CIF □or other terms	drawn on

Documents required：（marked with ×）

1. (　) Signed commercial invoice in ____ copies indicating L/C No. and Contract No. _____
2. (　) Full set of clean on board Bills of Lading made out to order and blank endorsed, marked "freight [　] to collect / [　]prepaid[　]showing freight amount" notifying _____.
   (　) Airway bills/cargo receipt/copy of railway bills issued by _____ showing "freight [　] to collect/[　] prepaid [　] indicating freight amount" and consigned to _____.
3. (　) Insurance Policy/Certificate in __ copies for __ % of the invoice value showing claims payable in _____ in currency of the draft, blank endorsed, covering All Risks, War Risks and _____.
4. (　) Packing List/Weight Memo in ____ copies indicating quantity, gross and weights of each package.
5. (　) Certificate of Quantity/Weight in __ copies issued by _____.
6. (　) Certificate of Quality in __ copies issued by[　]manufacturer/[　] public recognized surveyor _____.
7. (　) Certificate of Origin in ____ copies.
8. (　) Beneficiary's certified copy of fax / telex dispatched to the applicant within __ days after shipment advising L/C No., name of vessel, date of shipment, name, quantity, weight and value of goods.

Other documents, if any

Description of goods：

Additional instructions：

1. (　) All banking charges outside the opening bank are for beneficiary's account.
2. (　) Documents must be presented within ____ days after date of issuance of the transport documents but within the validity of this credit.
3. (　) Third party as shipper is not acceptable, Short Form/Blank back B/L is not acceptable.
4. (　) Both quantity and credit amount __ % more or less are allowed.
5. (　) All documents must be sent to issuing bank by courier/speed post in one lot.
   (　) Other terms, if any

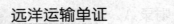

13. 入境货物报检单

中华人民共和国出入境检验检疫
入境货物报检单

报检单位(加盖公章):　　　　　　　　　　　　　　　　　　　　　　　　　　* 编号＿＿＿＿＿＿＿

报检单位登记号:　　　　联系人:　　　　　电话:　　　　　报检日期:　　年　月　日

收货人	(中文)			企业性质(画"√") □合资　□合作　□外资		
	(外文)					
发货人	(中文)					
	(外文)					

货物名称(中/外文)	H.S. 编码	原产国(地区)	数/重量	货物总值	包装种类及数量

运输工具名称号码				合同号	
贸易方式		贸易国别(地区)		提单/运单号	
到货日期		起运国家(地区)		许可证/审批号	
卸货日期		起运口岸		入境口岸	
索赔有效期至		经停口岸		目的地	
集装箱规格、数量及号码					

合同订立的特殊条款以及其他要求		货物存放地点	
		用途	

随附单据(划"√"或补填)		标记及号码	*外商投资财产(划"√")　　□是　□否	
□合同　　　　□到货通知			*检验检疫费	
□发票　　　　□装箱单			总金额 (人民币元)	
□提/运单　　□质保书				
□兽医卫生证书　□理货清单			计费人	
□植物检疫证书　□磅码单				
□动物检疫证书　□验收报告			收费人	
□卫生证书　　□				
□原产地证　　□				
□许可/审批文件　□				

报检人郑重声明:	领取证单	
1. 本人被授权报检。		
2. 上列填写内容正确属实。	日期	
	签名	
签名:		

注:有"＊"号栏由出入境检验检疫机关填写　　　　　　　　◆国家出入境检验检疫局制

14. 进口货物报关单

中华人民共和国海关进口货物报关单

预录入编号：　　　　　　　　　　　　　　　　　　　　　　　　　　海关编号：

进口口岸		备案号		进口日期		申报日期
经营单位		运输方式	运输工具名称		提运单号	
收货单位：		贸易方式		征免性质		征税比例
许可证号	起运国(地区)		装货港		境内目的地	
批准文号	成交方式	运费		保费		杂费
合同协议号	件数	包装种类		毛量(千克)		净重(千克)
集装箱号	随附单证			用途		

标记唛码及备注

项号	商品编号	商品名称、规格型号	数量及单位	原产国(地区)	单价	总价	币制	征免

税费征收情况

录入员　　　　　录入单位	兹声明以上申报无讹并承担法律责任	海关审单批注及放行日期(签章)
报关员		审单　　　　　审价
单位地址	申报单位(签章)	征税　　　　　统计
邮编　　　　电话　　　　填制日期		查验　　　　　放行

装卸货口岸：

15. 销售合同

销售合同
SALES CONTRACT

No.（号）：

Date（日期）：

THIS CONTRACT IS MADE BY AND BETWEEN（HEREINAFTER CALLED THE SELLERS）AND（HEREINAFTER CALLED THE BUYERS）WHEREBY THE SELLERS AGREE TO SELL AND THE BUYERS AGREE TO BUY THE UNDERMENTIONED GOODS ACCORDING TO THE TERMS AND CONDITIONS AS STIPULATED BELOW:

此合同由（此后称为卖方）与（此后称为买方）商定签署。根据以下列明之条款和条件,卖家同意销售、买家同意购买以下商品。

品名及规格 COMMODITY AND SPECIFICATION	包装 PACKING	数量 QUANTITY	单价 UNIT PRICE	总金额 AMOUNT

(SAY)US DOLLARS（美元总计）：

SHIPPING MARKS:to be designated by the sellers,in case the buyers desire to designate their own shipping marks. the buyers must advise the sellers accordingly 10 days before loading and obtain the sellers' consent.

装运唛头:由卖方设计,若买方有特殊要求,需在实际装货日 10 天前书面告知卖方并征得卖方同意。

INSURANCE（保险）：

PORT OF SHIPMENT（装货港）：

PORT OF DESTINATION（目的港）：

TIME OF SHIPMENT（装期）：

TERMS OF PAYMENT（支付条款）：

COMMISSION AMOUNT（佣金）：

Seller（卖方）   Buyer（买方）
========   ========

附录 B　外贸常用英语词汇

(一) 船代

shipping agent　船舶代理
handling agent　操作代理
booking agent　订舱代理
cargo canvassing　揽货

(二) 订舱

booking　订舱
booking note　订舱单
booking number　订舱号
dock receipt　场站收据
cable/telex release　电放
Person In Charge, PIC　具体负责操作人员
cancellation　退关

(三) 港口

Base Port, BP　基本港
sailing time　开航时间
second Carrier　(第)二程船
in transit　中转
transportation hub　中转港

(四) 拖车

tractor　牵引车/拖头
trailer　拖车
transporter　拖车
trucking company　车队(汽车运输公司)
toll gate　收费口

(五) 保税

bonded area　保税区
bonded goods　保税货物
bonded warehouse　保税库
caged stored at bonded warehouse　进入海关监管

fork lift　叉车

loading platform　装卸平台

（六）船期

weekly sailing　周班

monthly sailing　每月一班

On-schedule arrival/departure　准班抵离

Estimated(Expected)Time of Arrival,ETA　预计到达时间

Estimated(Expected)Time of Berthing,ETB　预计靠泊时间

Estimated(Expected)Time of Departure,ETD　预计离泊时间

closing date　截止申报时间

cut-off time　截关日

（七）费用

ocean freight　海运费

sea freight　海运费

freight rate　海运价

dead freight　空舱费

surcharge/additional charge　附加费

special rate　特价

bottom price　底价

back freight　退货运费

commission　佣金

rebate　回扣/折扣

combined charge　并单费

amend fee　改单费

trucking fee　集卡费

document fee　制单费

Inspection fee　查验费

booking fee　订舱费

co-load fee　外拼费

loading fee　内装费

customs clearance fee　报关费

commodity checking fee　商检费

special handling charge　特殊操作费

Terminal Handling Charge,THC　码头操作费

Automatic Manifest System,AMS　自动舱单系统录入费,用于美加航线

Bunker Adjustment Factor,BAF　燃油附加费

Currency Adjustment Factor, CAF　货币贬值附加费

Destination Delivery Charge, DDC　目的港卸货附加费, 常用于美加航线

Emergency Bunker Additional, EBA　紧急燃油附加费, 常用于非洲、中南美航线

Emergency Bunker Surcharge, EBS　紧急燃油附加费, 常用于澳洲航线

Fuel Adjustment Factor, FAF　燃油价格调整附加费, 日本航线专用

General Rate Increase, GRI　综合费率上涨附加费

Interim Fuel Additional, IFA　临时燃油附加费

Origin Receipt Charge, ORC　原产地收货费, 一般在广东地区使用

Panama Canal Surcharge, PCS　巴拿马运河附加费

Port Congestion Surcharge, PCS　港口拥挤附加费

Peak Season Surcharge, PSS　旺季附加费

Shanghai Port Surcharge, SPS　上海港口附加费(船挂上海港九区、十区)

Terminal Handling Charge, THC　码头处理费

War Surcharge, WARS　战争附加费

(八) 货物

for prompt shipment　立即出运

cargo supplier　(供)货方

upcoming shipment　下一载货

same assignment　同一批货

nomination cargo　指定(指派)货

indicated/nominated cargo　指装货

cargo volume　货量

freight volume　货量

reefer cargo　冷冻货

high value cargo　高价货

miss description　虚报货名

agreement rate　协议运价

dangerous and hazardous, D&H　危险品

(九) 单证

Shipping Order, S/O　托(运)单

Bill of Lading, B/L　提单

B/L copy　提单副本

original　正本的, 原件

Ocean Bill of Lading, OBL　海运提单

House Bill of Lading, HBL　无船承运人提单

Through Bill of Lading, TBL　全程提单

advanced bill of lading　预借提单

anti-dated bill of Lading　倒签提单

blank bill of lading　空白提单

to order B/L　指示提单

combined bill　并单(提单)

separate bill　拆单(提单)

straight B/L　记名提单

on board B/L　已装船提单

received for shipment B/L　备运提单

transhipment B/L　转船提单

through B/L　联运提单

shipper(consignee)box　发(收)货人栏(格)

arrival notice　到货通知书

manifest　舱单

manifest discrepancy　舱单数据不符

acknowledgement of manifest receipt　收到舱单回执

packing list　装箱单

cargo receipt　承运货物收据

Dock Receipt,D/R　场站收据

Delivery Order,D/O　提货单(小提单)

shipper's export declaration　货主出口申报单

shipping advice　装运通知(似舱单,NVOCC用)

manifest information　舱单信息

Freight Correction Notice,FCN　舱单更改单(通知)

document　单证,文件

Sales Contract,S/C　销售合同

Number,No.　号码

Letter of Credit,L/C　信用证

documentary credit　跟单信用证

commercial invoice　商业发票

packing list　装箱单

insurance policy　保险单

draft　汇票

certificate of origin,C/O　产地证

S/C No.　合同号码

commodity　商品

specification Spec.　规格

description of goods　货物描述

packing　包装形式

quantity　数量

unit price　单价

amount　总金额

total　总计

say　小计

only　整

shipping mark，marks & numbers　唛头

port of loading　装货港

port of discharge　卸货港

shipment date　装期

partial shipment　分批运输

transhipment　转船运输

allowed，permitted　允许

prohibited　禁止

insurance　保险

FPA；WPA；All Risks　3 个基本险，即平安险、水渍险、一切险

War Risks；Strike Risks　2 个附加险，即战争险、罢工险

payment　支付

CIF New York C5　含 5% 佣金的 CIF 纽约价

N/A　无，不适用

documents required　需要的单据（文件）

date of issue　开证日

form　类型

irrevocable　不可撤销的

Uniform Customs and Practice for documentary Credits，UCP　跟单信用证统一规则

latest version　最新版本（指 UCP 600）

date of shipment　装期

presentation date　交单期

expiry date　有效期

applicant　申请人（进口商，买家）

issuing bank，applicant bank　开证行

beneficiary　受益人（出口商，卖家）

currency code　币制（种）

available by　议付规定

signed　签字盖章的

clean　清洁的

shipped on board　已装船的

to order　凭指示(多为提单抬头人)

freight prepaid　运费预付

freight collect　运费到付

blank endorsement　空白背书

beneficiary certificate　受益人证明

endorse　背书

Gross Weight,G.W.　毛重

Net Weight,N.W.　净重

measurement　体积

dock　码头

receipt　收据、收条

shipper　托运人(发货人)

consignee　收货人

notify party　通知人

ocean vessel　船名

voyage No.　航次

port of loading　装运港

port of discharge　卸货港

container No.　集装箱号

seal No.　铅封号

package　件数

mate receipt　大副收据

(十) 集装箱

Carrier's Own Container,COC　船东自有箱

Shipper's Own Container,SOC　货主箱

container cleaning　洗箱

Ventilated,VEN　通风

Frozen,FRZ　冰冻

Heated,HTD　加热

Inside Dimension,I.D.　箱内尺码

inside measurement　箱内尺码

Tare Weight,TW　箱子皮重

equipment exchange(interchange)receipt　设备交接单

repositioning　集装箱回空

container leasing long-term/short-term lease　集装箱长期／短期租赁

leasing company　租箱公司

premises for longer period than provided in tariff　空箱滞箱费

demurrage　重箱滞箱费

Twenty-foot Equivalent Units, TEU　计算单位,也称 20 英尺换算单位

Full Container Load, FCL　整箱货

Less Container Load, LCL　拼箱货

附录 C　INCOTERMS 2010（国际贸易术语 2010）速记表

业务事项及费用支出

条款	运输方式	业务方	出口国 商检	出口国 报关	集港	装船/机	订舱	运费支付	购买保险	卸货	进口国 商检	进口国 报关	提货	交货性质	备注
FOB 装港	水路	卖方	√	√	√	√								象征性	班轮运输时运费包含装卸费
		买方					√	√	自愿	√	√	√	√		
CFR 卸港	水路	卖方	√	√	√	√	√	√						象征性	班轮运输时运费包含装卸费
		买方							自愿	√	√	√	√		
CIF 卸港	水路	卖方	√	√	√	√	√	√	√					象征性	班轮运输时运费包含装卸费
		买方								√	√	√	√		
FAS 装港	水路	卖方	√	√	√									实质性	船边交货
		买方				√	√	√	自愿	√	√	√	√		
EXW 装地	任何	卖方	买方											实质性	工厂交货
		买方	√	√	√	√	√	√	自愿	自愿	√	√	√		
FCA 装地	任何	卖方	√	√	√	√								象征性	
		买方					√	√	自愿	√	√	√	√		
CPT 卸地	任何	卖方	√	√	√	√	√	√						象征性	卸货费随运费性质
		买方							自愿	√	√	√	√		
CIP 卸地	任何	卖方	√	√	√	√	√	√	√					象征性	卸货费随运费性质
		买方								√	√	√	√		
DAT 卸地	任何	卖方	√	√	√	√	√	√		√				实质性	卖方负责卸货
		买方							自愿		√	√	√		
DAP 卸地	任何	卖方	√	√	√	√	√	√						实质性	卖方不负责卸货
		买方							自愿	√	√	√	√		
DDP 卸地	任何	卖方	√	√	√	√	√	√			√	√		实质性	卖方不负责卸货
		买方							自愿	√			√		

参 考 文 献

[1] 张馥通. 外贸单证操作实务[M]. 北京:对外经济贸易大学出版社,2013.

[2] 全国国际商务单证培训认证考试办公室. 国际商务单证专业培训考试大纲及复习指南
    [M]. 北京:中国商务出版社,2011.

[3] 中国国际货运代理协会. 国际货运代理理论与实务[M]. 北京:中国商务出版社,2012.